Joni Suoverinaho

Vapauteen orjuudesta

Paavalin kirjeet galatalaisille ja Filemonille

© 2024 Joni Suoverinaho

Kustantaja: BoD · Books on Demand GmbH, Helsinki, Suomi

Kirjapaino: Libri Plureos GmbH, Hampuri, Saksa

ISBN: 978-952-80-8299-6

LK 22.22

Raamattusitaatit ovat vuoden 1933/38 raamatunkäännöksestä.

Raamattu sanoo: "Kehukoon sinua toinen, ei oma suusi; vieras, eikä omat huulesi" (Sananl. 27:2). Niinpä minäkin varon kehumasta itseäni ja tekstejäni. Sen sijaan voin kuitenkin lyhyesti kertoa tästä käsillä olevasta teoksesta. Siinä siis käyn läpi Galatalais- ja Filemon-kirjeet järjestyksessään ja jae jakeelta. Olen pyrkinyt antamaan mahdollisimman paljon sijaa Jumalan Sanan kokonaisilmoitukselle, jonka valossa yksittäiset jakeet avautuvat. Raamattu siis selittää itseään. Nähdäkseni kirjoittamani teos on luonteeltaan lähinnä kristillistä opetuskirjallisuutta. Sen voidaan nähdä tulevan lähelle tietokirjaa, vaikkakin siinä on osastaan julistavia ja hartaudellisia jaksoja.

En pyytele anteeksi sitä, mitä tuon esille tässä teoksessa. "Sillä minä en häpeä evankeliumia" (Room. 1:16), kirjoitti apostoli Paavali aikoinaan. Olen tahtonut kantaa oman pienen korteni kekoon siinä työssä, jota Jumalan seurakunnat tekevät tänäkin aikana. Ja kaikesta hyödystä, taidosta ja menestyksestä kuuluu kunnia vain Jumalalle.

Olen saanut Herralta kaksi näkyä tähän kirjaan liittyen. Maallisesti ajatellen tekstini ovat kuin maansiirtokoneen nostamaa hiekkaa. Hengellisesti ajateltuna ne ovat kuin tulesta syntyneitä. Siksi kehotankin nyt sinua erottelemaan nämä kaksi, maallisen ja hengellisen, toisistaan. Teksteistäni löytyy varmasti niin maan tomusta lähteneitä kuin myös Pyhän Hengen vaikuttamia kohtia. Vaikka olenkin pyrkinyt totuudellisuuteen kaikessa, niin olen minäkin vain vajavainen ihminen ja armahdettu syntinen.

Yhdestä olen varma. Käsittelemäni jakeet ovat täyttä Jumalan Sanaa. Ne ovat erehtymättömiä ja fundamentaalisia. Omat tulkintani ovat sen sijaan erehtyväisiä. En ole Jumala enkä Kristus. Kirjan perusteemana on evankeliumi, joka on Jumalan Sanan avain. Pääasiaksi muodostuu hukkuvien sielujen pelastuminen uskon kautta Herraan Jeesukseen Kristukseen. Siinä samalla myös Jumalan lapset saavat Hengen ravintoa. Herra olkoon sinunkin kanssasi.

Kaikki kunnia olkoon Jumalalle korkeuksissa.

Ähtärissä, Joni Suoverinaho

Gal. 1:1   ”Paavali, apostoli, virkansa saanut, ei ihmisiltä eikä ihmisen kautta, vaan Jeesuksen Kristuksen kautta ja Isän Jumalan, joka on hänet kuolleista herättänyt.”

Aluksi on kirjeen lähettäjän esittely. Hän esittelee olevansa nimeltään Paavali. Se, mitä hän tekee, on ”apostoli”. Se on hänen virkansa. Hän ei ole saanut tätä virkaa kenenkään ihmisen kautta, vaan Jeesus ja Isä Jumala ovat valinneet hänet tähän tehtävään. Paavalin tausta on juutalaisuudessa. Hän kuului fariseusten uskonnolliseen puolueeseen. Luullen toteuttavansa Jumalan tahtoa hän vainosi Jeesuksen opetuslapsia. Mutta kulkiessaan kohti Damaskoa Jeesus ilmestyi hänelle. Se oli hänen kristillisen toimintansa alku. Hän sai etuoikeuden olla yhtenä Uuden testamentin kirjoittajista, jotka Pyhä Henki inspiroi.

Paavali todistaa heti tässä kirjeensä ensimmäisessä jakeessa evankeliumin ydintotuuden: Jeesus on noussut kuolleista kolmantena päivänä. Isä Jumala ”on hänet kuolleista herättänyt”. Paavali ei siis jahkaile turhia, vaan hän menee suoraan asiaan eli evankeliumin julistamiseen. Tässä jakeessa hän korostaa myös Jumalan valinneen hänet apostolikseen. Jumala tekee siis mitä tahtoo. Pyhän Hengen todellisuus on yhä tänäkin päivänä linjassa Jumalan Sanan totuuksien kanssa. Paavali ei salaillut Jumalan valintaa. Hän teki asian jo alusta pitäen hyvin selväksi. Hän piti elämäntehtäväänsä korkeassa arvossa tietäen olevansa siitä tilivelvollinen Jumalalle. Hän toteaa: ”Voi minua, ellen evankeliumia julista!” (1. Kor. 9:16.) Näin meidänkin tulisi tehdä; kertoa pelastuksesta Jeesuksessa toisille.

Jos haluan olla suora sen suhteen, onko Jeesus ilmestynyt minulle, niin minun täytyy paljastaa se nyt. Olen sitä peitellyt, mutta nyt tahdon tulla valoon: Jeesus on ilmestynyt minulle. Olen nähnyt hänet ilmestyksessä, kun täytyin Pyhällä Hengellä. Tätä en sano kerskatakseni, mutta en tahdo tuota kolmentoista vuoden takaista kokemusta enää pitää piilossa. Hän elää. Pyhän Hengen todellisuus kertoo Jeesuksesta ja osoittaa häneen. Maailma pitää minua hulluna, mutta toivon siitä huolimatta, etten olisi enää pahennukseksi Herrani nimelle. En pidä itseäni toisia parempana näiden ilmestysten tähden, mutta silti ”luulen, että minullakin on Jumalan Henki” (1. Kor. 7:40). Toivon ja rukoilen, että kaikki Jeesukseen uskovat seurakunnat saisivat tervehtyä ja vahvistua. Seurakuntien Herra tarkkailee niitä ja rukoilee niiden puolesta, ettei usko raukeaisi tyhjiin. Valitettavasti monet ovat maallistuneet, ja osa on luopunut. Meidän, joilla on hätä hukkuvista sieluista, tulisi olla avoimia uskomme suhteen eikä kätkeä lamppuamme ”vakan alle” (Matt. 5:15).

Esirukous hukkuvien sielujen puolesta on rintama, johon sinäkin voit liittyä. ”Rukoilkaa lakkaamatta” (1. Tess. 5:17). Älkää siis vielä lausuko aamenta, vaan etsikää Herran kasvoja. Jumalan syntisiin kohdistuva pelastusoperaatio on käynnissä. Hänen armonsa aikaa on vielä jäljellä. Tee ratkaisu, jos et ole sitä vielä tehnyt. Älä enää jahkaile; ota Jeesus vastaan.

Gal. 1:2   "ja kaikki veljet, jotka ovat minun kanssani, Galatian seurakunnille"

Paavali esittelee yleisluontoisesti ne, jotka olivat hänen kanssaan. Hän tuo tervehdyksen näiltä veljiltä "Galatian seurakunnille". Galatia on suhteellisen laaja alue, joka käsittää suunnilleen nykyisen Turkin alueen. Paavali ei suinkaan toiminut täysin yksin. Veljeys on yksi teema kristillisessä uskossa. Paavali ei nimittäin tarkoita sukulaisiaan vaan miespuolisia kristittyjä, jotka olivat mukana Paavalin matkassa. Osa heistä pysyi uskollisina, osa ei.

Galatiassa sijaitsi useita seurakuntia. Tämä viittaa siihen, että tämä kirje oli niin sanottu kiertokirje, eli sitä luettiin vuorottain Galatian seurakunnissa. On hyvinkin todennäköistä, että Paavali oli perustanut nuo seurakunnat. Siksi hän kantoi niistä huolta ja kirjoitti niille tämän kirjeen. Paavali teki lähetysmatkoja perustaen seurakuntia. Niiden vaiheista saamme tarkemmin lukea Apostolien teoista. Periaatteessa jo se, että Paavali kirjoittaa uskonveljistä, kertoo evankeliumin eteenpäin menemisestä. Työtä oli tehty ja tulosta oli tullut. Kuitenkin Paavali kutsuu heitä veljiksi, vaikka kenties hän oli itse johdattanut heidät uskoon. Näin tehden hän ei asettanut itseään heidän yläpuolelleen vaan rinnalleen. Veljeys vallitseekin niiden kesken, jotka ovat Jeesuksen miespuolisia seuraajia. Voimme nähdä Paavalin teksteissä ja muualla Uudessa testamentissa kristillisen veljeyden periaatteen ja käytännön. Meitä ei ole luotu yksinäisyyteen vaan yhteen toisten kanssa.

Erilaiset ajanjaksot ja ongelmat tulevat kyllä koettelemaan uskollisuuttamme sekä kristillisen veljeyden että muidenkin ihmissuhteiden suhteen. Otettuamme Jeesuksen vastaan meidän kannattaa välittömästi kertoa siitä läheisillemme. Värinsä näyttäminen on kyllä kannattanut. Se voi saattaa jopa vihamiehetkin sovintoon kanssasi. Herrasta todistaminen on pyhä velvollisuutemme. Hän on pelastanut meidät. Meillä ei ole mitään hävettävää, kun tunnustamme uskovamme Jumalaan eli Isään, Poikaan ja Pyhään Henkeen.

Kunpa olisimme vieläkin häpeämättömämpiä Jeesuksen todistajia. Emme siis saa hävetä Jeesusta, vaan meidän tulee tuoda hänet julki ainoana Pelastajana ja tienä Isän Jumalan luokse. Emme saa olla pahennukseksi Herrallemme pidättämällä evankeliumin vain omana tietonamme. "Usko Herraan Jeesukseen, niin sinä pelastut" (Ap. t. 16:31). "Eikä ole pelastusta yhdessäkään toisessa; sillä ei ole taivaan alla muuta nimeä ihmisille annettu, jossa meidän pitäisi pelastuman" (Ap. t. 4:12). "Jeesus sanoi hänelle: Minä olen tie, totuus ja elämä; ei kukaan tule Isän tykö muutoin kuin minun kauttani"" (Joh. 14:6). Kannattaa siis uskoa Jeesukseen, että pääsee taivaaseen. Hänessä on parantava voima yhä tänäkin päivänä. Jeesus voi parantaa sinut. Hän voi tehdä sinut terveeksi. Hänellä on siunaus annettavana sinulle jo tässä elämässä. Hän puhdistaa omantuntosi sydänverellään. Hän on vuodattanut sen Golgatalle, joka on sovituksen paikka. Tule hänen verihaavojensa luokse, kätkeydy sinne virtoihin, ja elä puhtaasti.

Gal. 1:3   "Armo teille ja rauha Jumalalta, meidän Isältämme, ja Herralta Jeesukselta Kristukselta,"

Paavali julistaa galatalaisille Jumalan armoa ja rauhaa. Mekin olemme päässeet uskon kautta niistä osallisiksi. Hänen rakkautensa todisteena on Jeesuksen ristinkuolema, joka oli meidän syntiemme sovitusuhri. Jeesus valmisti meille pääsyn Jumalan armoon. Rauha on tuon armon siunattu seuraus. Jumala on armahtanut meidät Jeesuksen kautta. "Rauhan minä jätän teille: minun rauhani –sen minä annan teille" (Joh. 14:27). "Koska me siis olemme uskosta vanhurskaiksi tulleet, niin meillä on rauha Jumalan kanssa meidän Herramme Jeesuksen Kristuksen kautta, jonka kautta myös olemme uskossa saaneet pääsyn tähän armoon, jossa me nyt olemme, ja meidän kerskauksemme on Jumalan kirkkauden toivo" (Room. 5:1–2). "Älkää mistään murehtiko, vaan kaikessa saattakaa pyyntönne rukouksella ja anomisella kiitoksen kanssa Jumalalle tiettäväksi, ja Jumalan rauha, joka on kaikkea ymmärrystä ylempi, on varjeleva teidän sydämenne ja ajatuksenne Kristuksessa Jeesuksessa" (Fil. 4:6–7).

Vaikka se saattaa tuntua käsittämättömältä, niin on armoakin suurempia asioita, jotka eivät tosin ole saavutettavissa ilman Jumalan armoa Kristuksessa. Sellainen on Herran kirkkaus, josta voimme täällä ajassa nähdä vain pieniä välähdyksiä. Toinen asia, mikä näistä raamatunsitaateista päällimmäisenä jäi mieleen, on rukous. Se ei ole ikävä velvollisuus vaan suuri mahdollisuus ja mitä suurin etuoikeus. Rukouksessa Pyhä Henki saa hengittää meidän kauttamme.

Paavalin galatalaisille toivottama armo ja rauha ovat mahdollisia vain Isän Jumalan ja hänen Poikansa Jeesuksen Kristuksen kautta. Meidän tulisi olla täynnä Jumalan armoa ja rauhaa. Meidän tulisi armahtaa toisia, koska olemme Kristuksessa saaneet paljot syntimme anteeksi. Kun palvelemme tällä tavoin Herraa, niin saamme olla hänen armonsa ja rauhansa kanavia. Meidät, jotka olemme uskovaisia, on lähetetty Kristuksen kirjeiksi niiden ihmisten elämään, jotka tunnemme. Olemme niin kuin tienviittoja, jotka osoittavat Jeesuksen ristin suuntaan. "Sillä sana rististä on hullutusta niille, jotka kadotukseen joutuvat, mutta meille, jotka pelastumme, se on Jumalan voima" (1. Kor. 1:18).

"Ja hän sanoi minulle: "Minun armossani on sinulle kyllin; sillä minun voimani tulee täydelliseksi heikkoudessa." Sen tähden minä mieluimmin kerskaan heikkoudestani, että Kristuksen voima asettuisi minuun asumaan. Sen tähden minä olen mielistynyt heikkouteen, pahoinpitelyihin, hätään, vainoihin, ahdistuksiin, Kristuksen tähden; sillä kun olen heikko, silloin minä olen väkevä" (2. Kor. 12:9–10.) Armo ei tee meistä vahvoja vaan heikkoja. Omavoimaiseen ihmiseen ei ikään kuin mahdu Jumalan voimaa. Hän on täynnä itseään. Siksi juuri heikkous on otollista Jumalan voimalle. Kun olemme itsessämme heikkoja ja herkällä tunnolla Jumalan edessä, niin silloin hän pääsee antamaan meille voimaa armoon ja pyhyyteen.

8

Gal. 1:4 ”joka antoi itsensä alttiiksi meidän syntiemme tähden, pelastaaksensa meidät nykyisestä pahasta maailmanajasta meidän Jumalamme ja Isämme tahdon mukaan!”

Kuunnelkaa, miten syviä sanoja apostoli kirjoittaa. Hänen kynästään lähteneet tekstit ovat täyttä totta. Ne ovat Jumalan pyhää Sanaa. Pyhä Henki inspiroi Paavalin ja antoi meille tämän kirjeen ja jakeen. Jeesus uhrautui ”syntiemme tähden”. Hän oli ja on yhä virheetön ja täydellinen.

Oma lukunsa on tämän maailman pahuus. Siitä Herra on tahtonut meidät pelastaa. Maailma luotiin hyväksi, mutta se turmeltui lankeemuksessa. Riivaajahenget villitsevät tätä maailmaa. ”Sillä meillä ei ole taistelu verta ja lihaa vastaan, vaan hallituksia vastaan, valtoja vastaan, tässä pimeydessä hallitsevia maailmanvaltiaita vastaan taivaan avaruuksista” (Ef. 6:12). Jumala tahtoo varjella meitä kaikelta pahalta.

Jeesuksen uhrikuolema, joka sovitti meidät, oli Isän Jumalan tahto ja tarkoitus. Pelastuksemme perustuu Jeesukseen Kristukseen, jonka Isä Jumala lähetti Pelastajaksi. Se perustuu hänen kuolemaansa ja ylösnousemukseensa. ”Ja on tapahtuva, että jokainen, joka huutaa avuksi Herran nimeä, pelastuu” (Ap. t. 2:21).

Pyhän Hengen todellisuudessa Jeesuksen Kristuksen nimi kirkastetaan meissä. Pyhä Henki osoittaa Jeesukseen, ja Jeesus osoittaa Isään Jumalaan. Eräs hengellinen rukouksen tapa menee, että rukoilemme Isää Jeesuksen nimessä Pyhässä Hengessä. ”Hänessä on teihinkin, sitten kuin olitte kuulleet totuuden sanan, pelastuksenne evankeliumin, uskoviksi tultuanne pantu luvatun Pyhän Hengen sinetti, sen, joka on meidän perintömme vakuutena, hänen omaisuutensa lunastamiseksi – hänen kirkkautensa kiitokseksi” (Ef. 1:13–14).

Vetoaminen Isän Jumalan tahtoon toistuu Raamatun ilmoituksessa. ”Sillä minä olen tullut taivaasta, en tekemään omaa tahtoani, vaan hänen tahtonsa, joka on minut lähettänyt” (Joh. 6:38). Jeesus oli kuuliainen Isän tahdolle. Se oli hänen osansa. Noustuaan kuolleista hän istuutui Jumalan oikealle puolelle taivaassa. ”Herran pelko on kuri viisauteen, ja kunnian edellä käy nöyryys” (Sananl. 15:33). Jeesus oli ja on sydämeltään nöyrä. Hän totteli Isää, ja hänet korotettiin taivaalliseen kunniaan ja kirkkauteen. Meidän onneksemme hän totteli. Hänen ansiostaan meistä on tullut evankeliumin saamamiehiä ja -naisia sekä autuuden perillisiä. Kiittäkäämme siis Jeesusta siitä, että mitä hän on tehnyt meidän vuoksemme. Olkaamme niin kuin se spitaalinen mies, joka palasi kiittämään parantumisestaan Jeesusta. ”Niin Jeesus vastasi ja sanoi: ”Eivätkö kaikki kymmenen puhdistuneet? Missä ne yhdeksän ovat? Eikö ollut muita, jotka olisivat palanneet Jumalaa ylistämään, kuin tämä muukalainen?”” (Luuk. 17:17–18.)

Jumala on siis kiinnostunut siitä, että miten reagoimme hänen armoonsa. Olemmeko siitä kiitosmielellä, vai purnaammeko niin kuin Israelin kansa autiomaassa? Pue yllesi ylistyksen viitta, ja palvo Isääsi salassa. Hän näkee sinut ja palkitsee sinut. Ole Jumalalle peilinä, kun hän katsoo sinuun, ja heijasta hänen kirkkautensa kohti taivasta.

9

Gal. 1:5   "Hänen olkoon kunnia aina ja iankaikkisesti. Amen."

Ylistetty olkoon Herran nimi. Me kaikki saamme yhtyä näihin apostoli Paavalin sanoihin Pyhässä Hengessä palvoen Isää Jeesuksen nimessä. Pukekaamme yllemme ylistyksen viitta, ja kääntäkäämme katseemme Herraan Jeesukseen päin. Tehkäämme niin kuin Paavali. Antakaamme kaikki kunnia Jumalalle. Hänen on kunnia ja voima, kirkkaus ja valta, majesteetti ja ylistys. Kiitos Herralle. Hänessä meillä on voima, joka murtaa synnin kahleet ja parantaa sairaat.

"Jeesus Kristus on sama eilen ja tänään ja iankaikkisesti" (Hebr. 13:8). Jumalan kunnia pysyy ikuisesti. Hän on kirkastanut Poikansa Jeesuksen. Jeesus on korotettu valtaistuimelleen taivaassa Isän Jumalan oikealle puolelle. Mutta jo nyt me saamme täyttyä Pyhällä Hengellä ja tuntea hänen voitelunsa. Liha on lihaa, ja henki on henkeä. Saamme jo nyt seurata Pyhän Hengen johdatusta Herraamme alati rukoillen ja kiittäen. Annetaan Herran kirkkauden valloittaa meidät kokonaan ja hänen armonsa välittyä kauttamme. Hylätään synnin kahleet Jeesuksen nimessä ja Pyhän Hengen voimalla. Hylätään vääryyden teot, ja tehdään uskostamme täyttä totta Herrassa. Käännetään selkä kohti maailmaa ja sydän kohti taivasta. Olkaamme alttiit pyhitykseen ja evankeliumin julistukseen.

Herramme on pyhä ja niin tulee meidänkin olla. Annetaan kaikki kunnia Jumalalle. Ottakaamme vaarin Jeesuksen uhrista meidän rikkomustemme tähden ja meidän puolestamme. Hän sovitti meidät omalla verellään Jumalan kanssa. Kiitos siitä Herralle. Nouskaamme arkielämämme yläpuolelle. Kohotkaamme Pyhässä Hengessä. Juhlikaamme Jeesusta. Kiitos Herra Jeesus, että olet voittanut. Siitä voitosta mekin saamme ammentaa voimaa yli muiden valtojen, voimien ja lihan.

Pelastumme yksin Jeesuksen kautta. Hän vie meidät Isän luokse taivaan kotiin. Sinä hukkuva sielu, joka olet kuin eksynyt lammas: Pelastaudu Jumalan tuomiolta paeten hänen armoonsa Kristuksessa. Älä anna rahan tai minkään muunkaan eksyttää sinua pois. Tunne Jumalasi. Jeesus on tullut pelastamaan sinut. Rukoile häntä. Koe hänen johdatuksensa. Hän antaa sinulle voimaa lopettaa synnin harjoittaminen. Jumalan lapsena sinulla on oikeus hänen perintöönsä. Odota Pyhän Hengen antamaa viisautta, jotta tämä totuus kirkastuisi sinulle.

"Hän antaa väsyneelle väkeä ja voimattomalle voimaa yltäkyllin" (Jes. 40:29). Älä enää elä lihan vaan Hengen mukaan. Tee pyhityksesi täydelliseksi Herrassa. Ole nuhteeton ja rehellinen sekä pienissä että suurissa asioissa. Aloita niistä pienistä. Ole uskollinen Herrallesi. Tule hänen läsnäoloonsa, ja tuo ylistyksesi hänen kuuloonsa. Anna Jumalan ihastua sinuun, ja astu hänen ikuiseen rakkauteensa. Vuodata ylistyksesi hänen eteensä. Laula Jeesukselle sydämesi ylistyslaulu. Veisaa hänen kiitostaan, ja ota vastaan hänen pyhyytensä. "Kaikki, joissa henki on, ylistäkää Herraa! Halleluja!" (Ps. 150:6). Amen.

Gal. 1:6   "Minua kummastuttaa, että te niin äkkiä käännytte hänestä, joka on kutsu-
nut teidät Kristuksen armossa, pois toisenlaiseen evankeliumiin,"

Paavalin teksti on hyvin kohti käyvää. Hän nuhtelee galatalaisia haluten ohjata heidät takai-
sin aitoon ja oikeaan evankeliumiin eli "Kristuksen armoon". Paavali harjoittaa tässä kris-
tillistä johtajuutta. Hän ei todellakaan silitä myötäkarvaan vaan tarttuu ongelmiin ja osoittaa
tahtovansa, että galatalaiset kääntyisivät takaisin Herran puoleen. Paavali ottaa vastuuta
niistä, jotka hän on johdattanut uskoviksi. Apostoli on ihmeissään siitä, että miten nopeasti
Galatian kristityt olivat luopumassa Kristuksesta. Juuri siihen Paavali halusi puuttua ja
tehdä korjausliikkeen heidän pelastamisekseen. Jos Galatian kristityillä oli vaarana eksyä
väärän evankeliumin pauloihin, niin tuo sama vaara on myös meillä. Rukoilen ja kiitän Her-
raa siitä, että hän varjelee meitä ottamasta harha-askeleita ja johdattaa meitä yhä syvem-
mälle Jumalan tuntemiseen.

Sanoma Jeesuksesta Kristuksesta on evankeliumin ydin. Ilman puhetta hänestä, hänen
ristillä aikaansaamastaan sovituksesta sekä kuolleista nousemisestaan, ei Jumalan armon
evankeliumi ole mahdollinen. Pääsemme Jumalan yhteyteen vain Jeesuksen Kristuksen
kautta. Itsessämme olemme syyllisiä, mutta Jumala armahtaa meidät Poikansa Jeesuksen
ansiosta. Hän katselee Jeesuksen seuraajia sen kautta, että mitä Golgatalla tapahtui. Jeesuk-
sen veriuhrin kautta hän näkee meidät puhtaina. Pelastuaksemme meidän täytyy pysyä Ju-
malan armossa. Ikuinen elämä alkaa siitä, kun ihminen tulee uskoon eli syntyy uudesti.
Mutta vasta kokiessaan luonnollisen kuoleman tuo usko muuttuu näkemiseen.

Elin ennen maailmassa ilman Jumalaa. Nyt jo viidentoista vuoden ajan olen saanut seu-
rata Herraa Jeesusta. Olen saanut voimaa parannuksentekoon Jumalalta. Se ei ole ponniste-
lua ollakseni parempi ihminen. Jumalan armo ei perustu ihmisen tekoihin vaan Jeesukseen
Kristukseen. Jumalan armon perusta on Jeesus Kristus. Ihminen voi kyllä tehdä parannuk-
sen mutta ei ilman uskoa Jumalaan. Todellinen parannuksenteko on seurausta elävästä us-
kosta.

Saamme vahvistusta uskollemme Jumalan Sanasta ja Pyhästä Hengestä. Paavalin kirje
galatalaisille ei ole yksityiskirje, vaan se on osoitettu monille. Sen sanoma, oppi, periaatteet
ja käytännön sovellukset ovat voimassa vielä tänäkin päivänä. Herra odottaa meidän ahke-
roivan hyviä tekoja. Mutta uskon täytyy olla ensin. Tämä on armon järjestys. Hyvät teot
ilman uskoa eivät ketään pelasta. Mikään ihmistekoinen ei voi kestää Jumalan edessä. Ju-
malan armolle Kristuksessa ei ole vaihtoehtoja. Meidän tulee tuntea itsemme syntisiksi.
Kuitenkaan meidän ei täydy kantaa itse syntejämme. "Herra heitti hänen päällensä kaikkien
meidän syntivelkamme" (Jes. 53:6). Se tunne, kun synnin kahle murretaan, ja taakka otetaan
pois harteilta, ja omatunto puhdistetaan, on valtavan ihana. Sen koettuasi olet saanut mais-
taa tuota kristityn vapautta, joka on niin siunattua.

Gal. 1:7   "joka kuitenkaan ei ole mikään toinen; on vain eräitä, jotka hämmentävät teitä ja tahtovat vääristellä Kristuksen evankeliumin."

Evankeliumilla on vastustajansa. Uuden testamentin kaanon vahvistaa evankeliumin puhtauden ja välittää sen meille. Olivat hengelliset kokemuksesi miten suuria ja mahtavia tahansa, niin ne eivät ole Jumalan oman Sanan veroisia. Se, mitä on kirjoitettu, on paljon enemmän kuin sielullinen tunnekuohu tai umpihullu ylihengellisyys. Tämä on toinen oja: pelkkää Henkeä ilman Jumalan Sanan ohjausta. Mutta evankeliumin suoran tien toisella puolella on toinen oja: pelkkää Sanaa ilman Pyhän Hengen voimaa ja voitelua. "Jeesus sanoi heille: "Ettekö te siitä syystä eksy, kun ette tunne kirjoituksia ettekä Jumalan voimaa"" (Mark. 12:24). Jumalan tuntemiseen ja Jeesuksen seuraamiseen tarvitaan näitä molempia: Raamattua ja Pyhää Henkeä.

Paavali kirjoittaa niistä, jotka "tahtovat vääristellä Kristuksen evankeliumin". Vaikka evankeliumista on liikkeellä paljon väärennöksiä, niin on myös aitoa ja oikeaa Jeesuksen Kristuksen ilosanomaa, joka tuo valon pimeyteen ja enemmänkin. Herramme kirkkaus ilmenee ajassamme, kun yksikin syntinen kääntyy Jeesuksen puoleen ja syntyy uudesti elävästä vedestä. Evankeliumin täysin puolueeton, meistä riippumaton, luja ja vahva perustus, on Jeesus itse ja hänen täytetty tekonsa. Mutta on myös jotain, jolle voimme tehdä muutoksen parempaan suuntaan. On jotain henkilökohtaista, jotain, joka on annettu meidän vastuullemme. Se on usko.

Miksi Raamattu ylipäätään on kirjoitettu? Se on kirjoitettu meitä varten. Raamattu ei ole mielestäni vaikeaselkoinen teos. Siitä suurin osa on helposti tajuttavissa. Raamattu on uskon kirja. Se on opas, joka johdattaa meidät päähenkilönsä eli Jeesuksen luokse. Se on inhimillinen teos. Ihmiset kirjoittivat Raamatun. Mutta sen juuret ovat Jumalassa. Raamattu on totuuden kirja. Se vastaa todellisuutta, jossa elämme. Se on ankkuroitu lujasti ihmisten historiaan. Tietyt yksilöt ovat saaneet etuoikeuden toimia Jumalan Sanan kirjureina. He olivat juutalaisia. Luukas oli ainoa pakanuudesta uskovaksi tullut Raamatun kirjoittaja.

Myös Paavali oli juutalainen. Herra kirkasti tiensä hänelle, ja niin hän sai olla Kristuksen lähettämä pakanoiden apostoli. Näin ollen voimme todeta, että Uusi liitto ei ole kansallinen vaan kaikille kansoille tarkoitettu pelastussanoma. Meistä on tullut osallisia Jeesuksesta Kristuksesta. Uskon Jeesukseen Kristukseen, Jumalan ainutsyntyiseen Poikaan, jonka Kaikkivaltias Jumala lähetti ratkaisemaan ihmisen ongelman eli synnin. Olemme päässeet osallisiksi juutalaisten hengellisistä aarteista. On suuri tragedia, että juutalaiset eivät tunnistaneet Jeesusta Messiaakseen vaan ristiinnaulitsivat hänet. Kunpa Jumalan oma kansa kääntyisi ja ottaisi Messiaan vastaan. Jeesus on siis juutalaisten kuningas. Evankeliumi "on Jumalan voima, itse kullekin uskovalle pelastukseksi, juutalaiselle ensin, sitten myös kreikkalaiselle" (Room. 1:16).

Gal. 1:8   "Mutta vaikka me, tai vaikka enkeli taivaasta julistaisi teille evankeliumia, joka on vastoin sitä, minkä me olemme teille julistaneet, hän olkoon kirottu."

Väärä evankeliumi voi tulla kenen kautta tahansa. Emme saa antaa eksyttää itseämme. Alkuperäinen Paavalin julistama evankeliumi on oikea. Hän oli saarnannut sitä myös Damaskossa. "Ja kohta hän saarnasi synagogissa Jeesusta, julistaen, että hän on Jumalan Poika" (Ap. t. 9:20). Paavali oli entisenä fariseuksena perillä juutalaisuudesta. Heistä tuli hänelle ensisijaisia kohteita. Voit tuntea kenet tahansa, mutta jos et tunne Jeesusta, niin olet Jumalan tuomion alla, ja olet vaarassa joutua helvettiin. Tämä on vakava varoitus. Tätä taustaa vasten avautuu myös tämä jae Paavalin kynästä. Hän on vakavissaan, kun varoittaa Galatian uskovia väärästä evankeliumista.

Voit olla kuka tahansa, mutta jos et ole vielä ottanut Jeesusta vastaan, niin tee se heti, koska Jumalalla on vain yksi pelastava tie. Hänen nimensä on Jeesus. Päästäksesi taivaaseen sinun täytyy uskoa Jeesukseen. Jeesus kuoli Golgatan keskimmäisellä ristillä sovittaen koko maailman synnin. "Jeesus vastasi ja sanoi hänelle: "Totisesti, totisesti minä sanon sinulle: joka ei synny uudesti, ylhäältä, se ei voi nähdä Jumalan valtakuntaa"" (Joh. 3:3). Tämä on hengellinen tapahtuma. Se on sinulle yhtä henkilökohtainen kuin luonnollinen syntymäsi. Minun luonnollinen syntymäni tapahtui vuonna 1982. Sain uudestisyntyä 6. 1. 2004. Se tapahtui ollessani äitini luona Vantaan Korsossa. Vuosia aiemmin olin vastannut Jumalan kutsuun, että: "Ei vielä, mutta jos näyttää siltä, että unohdan koko jutun, niin tule sinä ja pelasta minut!" Niin myös tapahtui. Kuusi vuotta olin pimeyden kahleissa, Paholaisen sätkynukko ja synnin orja. Mutta sitten Herra tuli ja pelasti minut.

Olin toki lukenut Raamatun ja pidin sen tapahtumia totena. En silti ollut vielä tuolloin uudestisyntynyt Jumalan lapsi. "Jos sinä ostat hebrealaisen orjan, niin hän palvelkoon kuusi vuotta, mutta seitsemäntenä hän pääsköön vapaaksi maksutta" (2. Moos. 21:2). Samalla tavalla kuin hebrealaisorja vapautettiin seitsemäntenä vuotena, niin Herra vapautti minutkin oltuani kuusi vuotta synnin orja. Minäkin lukeudun siihen suureen kokonaisuuteen, jota nimitetään kristinuskoksi. Kaikki se, mitä kirjoitan, kirjoitan tietysti varauksella. En ole Jumala enkä Kristus. Olen vain ihminen. Erehdyksiin on siis mahdollisuus. Tarkistakaa itse Raamatusta, pitävätkö puheeni paikkansa vai eivät. Toiseksi; tarkoitukseni ei ole julistaa itseäni vaan Jeesusta, Jumalan Poikaa. Minä en voi teitä pelastaa. Jeesus voi sen tehdä, kun annatte elämänne hänelle. Se, mitä olen teille kirjoittanut, on silti minun oma käsitykseni evankeliumin totuudesta. En ole kirjoittanut teille viihdyttääkseni teitä, vaan koska evankeliumin tuli palaa sydämessäni ja tahdon välittää sen eteenpäin. Herramme tulee. "Maran ata" (1. Kor. 16:22).

Gal. 1:9   "Niin kuin ennenkin olemme sanoneet, niin sanon nytkin taas: jos joku julistaa teille evankeliumia, joka on vastoin sitä, minkä te olette saaneet, hän olkoon kirottu."

Paavali toistaa kirouksensa kohdistaen sen väärän evankeliumin julistajiin. Se evankeliumi, jonka Galatian kristityt olivat Paavalin kautta saaneet, oli oikea evankeliumi, aito ja alkuperäinen. Paavali vaali evankeliumin puhtautta kaikissa kirjeissään välillä sitä myös ponnekkaasti puolustaen. Hänen puheensa ja saarnansa "ei ollut kiehtovia viisauden sanoja, vaan Hengen ja voiman osoittamista, ettei teidän uskonne perustuisi ihmisten viisauteen, vaan Jumalan voimaan" (1. Kor. 2:4–5). Evankeliumi ei ole ihmismielen mukainen, vaan se on Pyhän Hengen voimaa, joka kirkastaa Jeesuksen Kristuksen.

Vaikka Paavali vastusti jyrkästi kristillistä snobismia, hänen julistuksensa ei silti ollut pelkkää evankelista uhoa. Hän silti tunsi sen evankeliumin arvon ja merkityksen, jonka Jeesus oli hänelle henkilökohtaisesti antanut. Hän varoitti vakavasti omaksumasta jotain sellaista, joka oli vastoin alkuperäistä evankeliumin totuutta. Varo, ettet rakenna ihmisviisauden varaan. "Minä ylistän sinua, Isä, taivaan ja maan Herra, että olet salannut nämä viisailta ja ymmärtäväisiltä ja ilmoittanut ne lapsenmielisille. Niin, Isä, sillä näin on sinulle hyväksi näkynyt. Kaikki on minun Isäni antanut minun haltuuni, eikä kukaan muu tunne Poikaa kuin Isä, eikä Isää tunne kukaan muu kuin Poika ja se, kenelle Poika tahtoo hänet ilmoittaa" (Matt. 11:25–27.)

Älä anna myöskään elatuksen murheiden tukahduttaa sitä Sanaa, joka sydämeesi on kylvetty. Älä anna Paholaisen vietellä sinua millään tavalla. Turvaa Herraan. Turvaa hänen Sanaansa. Herra Jeesus on voittanut Paholaisen ja on voimakkaampi kuin hän. Sinä kristitty, olet Voittajan puolella. Älä anna kenenkään viedä kruunuasi. Emme saisi niin helposti jäädä mukavuuksiin ja eristyksiin toisista. Meidän kannattaisi vaalia veljesyhteyttä rukouksen merkeissä. Luota Jeesukseen. Uskoa sinulla ei ole koskaan liikaa.

Apostoli vetoaa galatalaisiin. He eivät saa antaa houkutella itseään mihinkään sellaiseen, mikä on heidän saamansa evankeliumin vastaista. Paavali kantoi siis huolta niistä, jotka hän oli johdattanut tuntemaan Jeesuksen. Emme saisi olla niin herkkiä uskomaan uusia opintuulia, vaan meidän tulisi pysyä Kristuksen armossa. Syntiongelma on ratkaistu Golgatan keskimmäisellä ristillä jo lähes kaksi tuhatta vuotta sitten. "Ja tämä valtakunnan evankeliumi pitää saarnattaman kaikessa maailmassa, todistukseksi kaikille kansoille; ja sitten tulee loppu" (Matt. 24:14). Jeesus elää. Hän nousi kolmantena päivänä kuolleista. Jeesuksen alkuperäiset opetuslapset saivat olla hänen ylösnousemuksensa todistajia. Myös me saamme uskoa siihen, vaikka emme ole sitä omin silmin nähneet. "Jeesus sanoi heille: "Sen tähden, että minut näit, sinä uskot. Autuaat ne, jotka eivät näe ja kuitenkin uskovat!"" (Joh. 20:29.) Jeesus siis arvostaa myös nykyajan uskovia, jotka "eivät näe ja kuitenkin uskovat".

14

Gal. 1:10 ”Ihmistenkö suosiota minä nyt etsin vai Jumalan? Tai ihmisillekö pyydän olla mieliksi? Jos minä vielä tahtoisin olla ihmisille mieliksi, en olisi Kristuksen palvelija.”

Monet mielistelevät toisia oman etunsa tähden. Paavali ei tehnyt niin, vaan hän julisti Jeesusta, pitivät ihmiset siitä tai sitten eivät. Hänen tehtävänsä ei ollut helppo. Evankeliumilla oli paljon vastustajia. Häntä vainottiin monelta suunnalta, ja hän joutui kärsimään paljon. Paavalin julistama evankeliumi ei miellyttänyt kaikkia, mutta hän ei vetäytynyt julistamasta heille Jumalan tahtoa. Mitä merkitsee ihmisten suosionosoitukset Jumalan mielisuosioon verrattuna? Ei mitään. Silti ihmisten mielisteleminen on yleistä pinnallisissa kulttuureissa.

Paavali teroittaa galatalaisille olevansa ”Kristuksen palvelija”. Hän ei niinkään palvellut ihmisiä kuin Jumalaa. Jumalan tahto oli selvinnyt hänelle. Jumala oli kutsunut hänet työhön. Hän julisti evankeliumia. Paavali kutsui pelastukseen sekä juutalaisia että pakanoita. Nykyajan seurakunnat ovat täynnä erilaisia tehtäviä. Tuo kaikki on turhuutta, jos evankeliumia ei pidetä etusijalla. Meidän tulee auttaa hädänalaisia myös aineellisesti. Ikuisuuden näkökulmasta evankeliumin julistaminen on silti tärkeämpää kuin se. Emme saisi olla niin ahneita ja itsekeskeisiä. Meidän ei tulisi elää itsellemme vaan Jumalalle ja lähimmäiselle. Meidän tulisi ennen kaikkea etsiä Jumalan tahtoa. Oman tahtomme meidän tulisi alistaa Jumalan tahtoon. Hän ei vaadi meiltä mahdottomia, mutta Herra tietää meitä paremmin sen, että mihin pystymme. Jumalalle on kaikki mahdollista. Hänessä meillä on voima. Jumala on vanhurskauttanut meidät. Siihen Paavali tulee vielä palaamaan. Se on hänen kirjeissään hyvin keskeinen teema.

Paavalin kirje galatalaisille alkaa ja jatkuu räväkästi. Väärän evankeliumin opettajat saavat kuulla kunniansa. Emme saisi kuvitella itsestämme liikoja. Jumalan laki osoittaa meidät syntisiksi. Mutta Jumala armahtaa meidät Jeesuksen sovitustyön kautta. Emme saa ohittaa Jeesusta ja hänen ristintyötään. Ainoa, joka kykeni täyttämään Jumalan lain, oli Jeesus itse. Kaikki muut ovat syntisiä. Evankeliumin uskominen on Kristuksen, hänen Henkensä, joka on Jeesuksen edustaja maan päällä, vastaanottamista. Uskominen ei ole ihmistekoista vaan Jumalan Hengen työ. Kunpa Pyhä Henki saisi enemmänkin toimia keskuudessamme, eikä epäuskomme olisi sitä aina sammuttamassa. Jeesus kirkastetaan, kun Jumalan Henki alkaa vaikuttamaan. Saakoon hän valloittaa sydämemme Isän Jumalan rakkaudella.

Usko on sydämen asia. ”Sillä jos sinä tunnustat suullasi Jeesuksen Herraksi ja uskot sydämessäsi, että Jumala on hänet kuolleista herättänyt, niin sinä pelastut; sillä sydämen uskolla tullaan vanhurskaaksi ja suun tunnustuksella pelastutaan” (Room. 10:9–10). Me, joissa Pyhä Henki asuu, olemme saaneet kalliin lahjan. Olemme Kristuksessa osallisia Jumalasta. Jumalan Sanan mukaan eläminen ja Pyhän Hengen täyteys ovat voittoisan elämän elementtejä. Saakoon elämämme kulmakivi, Jeesus Kristus, tulla kirkastetuksi meissä ja myös meidän kauttamme Hengessä.

Gal. 1:11　　　"Sillä minä teen teille tiettäväksi, veljet, että minun julistamani evanke-
liumi ei ole ihmisten mukaista."

Paavali julisti evankeliumia, joka ei ollut "ihmisten mukaista". Se ei ollut kevyttä viihdettä vaan kaukana siitä. Paavali ei kumarrellut maailman suuntaan. Galatalaiset olivat kääntyneet elävän Jumalan puoleen, kun Paavali oli julistanut heille Jeesuksesta Kristuksesta ristiinnaulittuna. Maailma on kuitenkin vain toinen oja evankeliumin totuuden vieressä. On toinen oja eli uskonnollisuus. Siihen galatalaiset olivat langenneet ja juuttuneet. Uskonnollinen ihminen ponnistelee kelvatakseen Jumalalle. Hän luottaa itseensä ja omiin tekoihinsa. Hän luulee kelpaavansa Jumalalle omien ansioidensa kautta. Mikä oli galatalaisten ongelma? He olivat langenneet pois Kristuksesta luullen, etteivät enää tarvitse Jeesusta.

Meilläpäin puhutaan viidenkympin villityksestä. Sillä tarkoitetaan keski-ikäisen suomalaisen miehen reaktiota lähenevään vanhuuteen. Se ilmenee valtavana ponnisteluna, yrityksinä saavuttaa jotain suurta. Ponnistelu saattaa olla joko maailmallista tai uskonnollista. Tiesittekö, että useimmiten miehet yliarvioivat itsensä ja omat kykynsä. Naiset toimivat yleensä vastakkaisella tavalla. Naiset monesti aliarvioivat kykynsä. Vaikka kumpienkin arvio menee harhaan, niin näen näissä tapauksissa luonnollista komiikkaa. Mies luulee itsestään liikoja ja nainen liian vähän. Nämä reaktiot ovat varsin inhimillisiä.

Lainopettajat, jotka olivat tulleet eksyttämään Galatian kristittyjä, vetosivat heidän uskonnolliseen ylpeyteensä. He väittivät jotain siihen suuntaan, että he pelastuisivat noudattamalla Mooseksen lakia. Nuo lainopettajat siis ohittivat Jeesuksen heidän syntiensä sovittajana väittäen, että he eivät tarvitse uskoa evankeliumiin, vaan he kelpaisivat Jumalalle omien tekojensa kautta. Juuri näihin ongelmiin apostoli Paavali tahtoi puuttua. Hän halusi palauttaa Galatian uskovat Jumalan armon alle Kristuksessa.

Se, mitä tapahtui Galatiassa, voi tapahtua myös meillä. Emme pelastu omien tekojemme ansiosta vaan Jeesuksen Kristuksen kautta. Pelastus lepää hänen varassaan. Jeesus ei koskaan hylkää meitä. Älkäämme mekään koskaan luopuko hänestä. Jeesus on tuonut vapauden meille. Se koskee myös uskonnollista ponnistelua, jota myös lakihenkisyydeksi kutsutaan. "Sillä laki on annettu Mooseksen kautta, armo ja totuus on tullut Jeesuksen Kristuksen kautta" (Joh. 1:17).

Olemme saaneet vapauden uskonnon ikeestä Jeesuksessa Kristuksessa. Uskonto on yksinkertaisesti ihmisen pyrkimystä kelvata Jumalalle. Totuus on, ettemme voi pelastaa itse itseämme. Vapautemme lepää Herrassa Jeesuksessa. Emme pelastu uskonnon vaan uskon kautta. Elävä usko alkaa Jumalan puoleen kääntymisestä ja Jeesuksen vastaanottamisesta ja Pyhän Hengen saamisesta. Kristinuskon sanoma on vapauden sanoma. Jeesus on vapauttanut sinut, kun uskot. "Raamattu on sulkenut kaikki synnin alle, että se, mikä luvattu oli, annettaisiin uskosta Jeesukseen Kristukseen niille, jotka uskovat" (Gal. 3:22).

Gal. 1:12   ”enkä minä olekaan sitä ihmisiltä saanut, eikä sitä ole minulle opetettu, vaan Jeesus Kristus on sen minulle ilmoittanut.”

Paavalilla oli henkilökohtainen suhde Jeesukseen Kristukseen. Usko on aina henkilökohtaista. Se ei ole kuitenkaan yksityisasia siinä mielessä, että meidän ei tarvitsisi kertoa Jeesuksesta toisille. Monet luulevat, että usko Jumalan olemassaoloon riittää. Näin asia ei kuitenkaan ole, koska vain uskon kautta Jeesukseen Kristukseen pääsemme yhteyteen Isän kanssa. Meille tämä tarkoittaa osallisuutta Pyhään Henkeen. Hän on Puolustajamme. Jeesus on taivaallinen esirukoilijamme. ”Sillä niin monta kuin Jumalan lupausta on, kaikki ne ovat hänessä ”on”; sentähden tulee hänen kauttaan myös niiden ”amen”, Jumalan kunniaksi meidän kauttamme” (2. Kor. 1:20).

Jeesus oli Paavalin julistuksen päähenkilö. Julistus ohi ristin ei johda armoon vaan laittomuuteen. Jeesuksen ristinkuolema on perusta Jumalan armolle. Tie syntien anteeksisaamiseen vie Jeesuksen ristin kautta. Älkäämme jääkö pelkästään ristin juurelle, vaan menkäämme yhdessä ristille Kristuksen kanssa. ”Ja ne, jotka ovat Kristuksen Jeesuksen omat, ovat ristiinnaulinneet lihansa himoineen ja haluineen” (Gal. 5:24). Tämä on enemmän kuin se, että saamme kaikki syntimme anteeksi. Se on synnistä vapautuminen. Tämä on Uuden liiton todellisuutta. Emme enää tee syntiä, koska meidät on ristiinnaulittu Jeesuksen kanssa. Kristuksessa olemme vapaita synnistä. Se on voittovoimaa yli synnin, lihan ja kuoleman. ”Sillä minä olen lain kautta kuollut pois laista, elääkseni Jumalalle. Minä olen Kristuksen kanssa ristiinnaulittu, ja minä elän, en enää minä, vaan Kristus elää minussa, ja minkä nyt elän lihassa, sen minä elän Jumalan Pojan uskossa, hänen, joka on rakastanut minua ja antanut itsensä minun edestäni. En minä tee mitättömäksi Jumalan armoa, sillä jos vanhurskaus on saatavissa lain kautta, silloinhan Kristus on turhaan kuollut.” (Gal. 2:19–21.)

Olemme vapautettuja synnistä Jeesuksen kuoleman kautta. Usko on osallisuutta Jeesuksen kuolemaan. Muuten meillä ei olisi voimaa syntiä vastaan. Syvä Raamatun totuus ja oppi on, että kun Jeesus kallisti kuolleena päänsä riippuessaan ristillä, niin myös minä kuolin hänen kanssaan. Siinä on voima ja lääke syntiongelmaan. Synti ei ole enää ongelma. Kristus tiivisti lain rakkauden käskyyn. ”Sillä kaikki laki on täytetty yhdessä käskysanassa, tässä: ”Rakasta lähimmäistäsi niin kuin itseäsi.” (Gal. 5:2). Lakia ei voida enää lyhentää. Myös laki paljastaa meille Isän sydämen; hän ”on rakkaus” (1. Joh. 4:16). Meidän tulee rakastaa toisiamme eli varsinkin niitä lähimmäisiämme, joiden elämään meidät on lähetetty.

Gal. 1:13   "Olettehan kuulleet minun entisestä vaelluksestani juutalaisuudessa, että minä ylen määrin vainosin Jumalan seurakuntaa ja sitä hävitin"

Paavali tekee mielenkiintoisen viittauksen omaan menneisyyteensä. Juutalaisuus on siinä mielessä optimistinen uskonto, että siinä uskotaan ihmiseen, ihmisen kykyihin ja ansioihin. Vaikka kristinuskon juuret ovat juutalaisuudessa, niin ne ovat toisistaan erillisiä. Juutalaisuus ilman evankeliumia ei johda Jumalan yhteyteen. Jeesuksen Kristuksen varjo lankeaa Vanhan testamentin ylle. Kirjoitukset "todistavat" (Joh. 5:39) Jeesuksesta. Mutta Jeesuksen olemus löytyy Uudesta testamentista. Hänestä kerrotaan evankeliumeissa ja kirjeissä. Paavali oli entinen Jumalan seurakunnan vainooja. Sitten Jeesus ilmestyi hänelle Paavalin matkatessa Damaskokseen, ja hänestä tuli Herran ase, apostoli.

Herraa palvellessaan Paavali ei suinkaan pyrkinyt etusijoille tässä maailmassa, vaan hän tavoitteli Jumalan valtakuntaa. Paavalin tehtävä oli julistaa ilosanomaa Jeesuksesta. Se, että Jeesus ilmestyi Paavalille, teki hänestä Jeesuksen ylösnousemuksen todistajan. Hän julisti Jeesuksen ristinkuolemasta ja hänen ylösnousemuksestaan. "Veljet, minä johdatan teidät tuntemaan sen evankeliumin, jonka minä teille julistin, jonka te myöskin olette ottaneet vastaan ja jossa myös pysytte ja jonka kautta te myös pelastutte, jos pidätte siitä kiinni semmoisena, kuin minä sen teille julistin, ellette turhaan ole uskoneet. Sillä minä annan teille ennen kaikkea tiedoksi sen, minkä itse olin saanut: että Kristus on kuollut meidän syntiemme tähden, kirjoitusten mukaan, ja että hänet haudattiin ja että hän nousi kuolleista kolmantena päivänä, kirjoitusten mukaan" (1. Kor. 15:1–4.)

Paavali vetosi Raamattuun evankeliumia julistaessaan. Emme saisi elää niin itsekeskeisesti. Meidän tulisi seurata Jeesusta sekä arkena että pyhänä. Meidän tulisi olla Jumalan lapsia siellä, missä ikinä liikummekaan. Saisimme antaa Jumalan voiman enemmän virrata kauttamme. Hän on rakastanut meitä. Meidän tulisi jakaa hänen rakkauttaan. Pyhän Hengen tulisi liikkua kauttamme. Jos sydämemme on jäässä tai tukossa, niin rukoilkaamme Herraa, että Pyhän Hengen tuli saisi polttaa tuon jään, ja saisimme palata ensiajan rakkauteen. Elämä Herrassa ei suinkaan ole pelkkää kärsimystä, kiusauksia ja kuria, vaan se on myös Herran pelkäämistä ja rakkautta. Jumala puhdistaa meidät. Hän tekee sen Poikansa verellä. Siitä kiitos, kunnia ja ylistys Herralle. Menneisyytemme saattaa olla synkkä. Silti tulevaisuutemme voi olla valoisa ja jopa kirkas. Elämä Kristuksessa on hänen valtakuntansa todellisuutta: "vanhurskautta ja rauhaa ja iloa Pyhässä Hengessä" (Room. 14:17).

Gal. 1:14 "ja että edistyin juutalaisuudessa pitemmälle kuin monet samanikäiset hei-mossani ja ylen innokkaasti kiivailin isieni perinnäissääntöjen puolesta."

Uskontoihin, niin kuin juutalaisuuteen, kuuluvat gurut. He ovat uskonnon ammattilaisia eli eliittiä ja pitemmälle edistyneitä. Totuus meistä ei ole niin valoisa. Jos näkisimme itsemme totuuden valossa, niin kauhistuisimme näkemäämme. Jos näkisimme kaiken sen synnin, jolla olemme rikkoneet Herraa vastaan, niin emme kestäisi. Totuus on karu. Ei voida puhua pitemmälle edistyneistä. Meidän pienet ja inhimilliset arviomme osuvat väistämättä harhaan. Emme tunne Jumalaa. Hän on transsendentti eli tuonpuoleinen. Pitemmälle edistymi-nen on harhaa. Kaikki uskonnot ovat väärässä. Ne kaikki vievät harhaan ja umpikujaan.

Laki on uskonnollinen mahtitekijä. Se vaatii. Yksikään ihminen ei voi täyttää lakia. Mi-kään ponnistus ei riitä. Lainalainen on tuomion alla. Jumala tuomitsee vääryydentekijät. Edes meidän, jotka olemme uudestisyntyneitä ja Pyhällä Hengellä täytettyjä, ei sovi kers-kata pelastuksesta. Raamatussa sanotaan "vanhurskas vaivoin pelastuu" (1. Piet. 4:18). Kristinusko ei ole helppo tie taivaaseen. Jeesus ei luvannut seuraajilleen helppoa elämää. Toki saamme kokea Jumalan siunauksia jo täällä ajassa. Silti emme saisi niin äkkiä olla luopumassa Kristuksesta. Ajattelimmeko Jeesusta lankeemuksemme hetkellä? Ei, vaan olimme kääntäneet hänelle selkämme ja turvanneet syntiin. Kaikki toivo ei silti ole lopussa. "Sillä seitsemästi vanhurskas lankeaa ja nousee jälleen" (Sananl. 24:16).

Vanhurskaalla on pelastuksen toivo, jumalattomalla sitä ei ole. Niin kuin Jeesus armahti langennutta Pietaria, niin samoin hän armahtaa meitä. Samalla tavalla kuin Jeesus ei tuo-minnut avionrikkojanaista, niin hän ei tuomitse meitäkään, koska Jumalan armontarjous on Jeesuksessa vielä voimassa. Jeesuksen lävistetty ruumis on tuonut sovituksen meille. Jee-suksen veri, joka virtasi Golgatalla, toi armon. Pelastus perustuu tuohon tapahtumaan. Jee-suksella Kristuksella on tänäkin päivänä iankaikkisen elämän sanat. Vain hän voi pelastaa. Ota hänet uskossa vastaan. Usko häneen. Luota Jeesukseen. Evankeliumi perustuu todelli-siin tapahtumiin. Se ei ole satua vaan totta. Taivas avautuu niille, jotka uskovat Herraan Jeesukseen. Kyse ei ole omaan voimaamme tai viisauteemme luottamisesta, vaan kyse on Jeesuksesta, meidän Herrastamme. Hänessä lepää pelastus ja iankaikkinen elämä. Kuol-kaamme synnille, ja eläkäämme Jumalalle. Periaatteessa uskokaan ei meitä pelasta vaan uskon kohde eli Jeesus itse. Jumalan armon evankeliumi on täyttä todellisuutta niille, jotka ovat Kristuksessa.

Gal. 1:15–16   "Mutta kun hän, joka äitini kohdusta saakka on minut erottanut ja kutsu
nut armonsa kautta, näki hyväksi ilmaista minussa Poikansa, että minä
julistaisin evankeliumia hänestä pakanain seassa, niin minä heti alunpitä
enkään en kysynyt neuvoa lihalta ja vereltä,"

Jälleen apostolin kynästä lähtee voimallisia totuuksia. Hän ikään kuin selittää asioita, joita
ei voi selittää. Ne eivät ole ihmisjärjellä käsitettävissä, vaan ne perustuvat kristilliseen us-
koon ja vakaumukseen. Miten sisältörikasta tekstiä Paavalilta, joka neuvoo meitä jumali-
suuteen. Raamattu on uskon ja elämän kirja. Se on Jumalan ilmoitus ja Sana. Tutustu nyt
Jeesukseen. Hänestä pyhä Raamattu todistaa. Avaa Raamattusi, ja etsi Jumalaa, kunnes hä-
net löydät. Hän on Jeesuksessa. Pannessasi koko luottamuksesi Herraan Jeesukseen, niin
saat häneltä lahjaksi Pyhän Hengen, joka on Jumalan Pojan maanpäällinen edustaja. Tule
täyteen Herramme tahdon tuntemista ja Pyhää Henkeä, joka on kuin tuli, joka polttaa jään.
Anna elävän veden virrata kauttasi. Anna Kristuksen valon heijastaa pimeyteen.

Paavali oli saanut sen armon, että hän sai kohdata Jeesuksen. Hän oli "erottanut ja kut-
sunut" tämän apostoliksi. Jumala oli nähnyt "hyväksi ilmaista" Paavalissa "Poikansa".
Tämä on jotain suurta ja mahtavaa. Kristus ilmeni Paavalissa. Ilmeneekö hän meissä, si-
nussa ja minussa? "Koetelkaa itseänne, oletteko uskossa; tutkikaa itseänne. Vai ettekö tunne
itseänne, että Jeesus Kristus on teissä? Ellei, niin ette kestä koetusta" (2. Kor. 13:5.) On
Jumalan suurta armoa, että hän tuntee meidät. Hän tunsi meidät jo äitimme kohdusta lähtien,
jopa jo ennen sitä. Jumalamme on siitäkin syystä ihmeellinen, että hän tietää ajatuksemme-
kin jo ennalta. Raamattu sanoo: "hänessä me elämme ja liikumme ja olemme" (Ap. t.
17:28).

Minua on viime aikoina puhutellut kaksi toisiaan täydentävää sananpaikkaa. Ensimmäi-
nen on: "Sillä ruumiillisesta harjoituksesta on hyötyä vain vähään" (1. Tim. 4:8). Ja toinen:
"vanhurskaan rukous voi paljon, kun se on harras" (Jaak. 5:16). Tämä maailma arvostaa
inhimillistä suorituskykyä. Uskon laita ei ole niin. Rukous on tärkeämpää kuin ruumiin har-
joittaminen. Meidän kannattaa laittaa oma arvojärjestyksemme Jumalan Sanan mukaiseksi.
Hengellinen elämä tarvitsee yhteyden Jumalaan. Rukous on tuon yhteyden vaalimista ja
vahvistamista. Sitä voidaan verrata hengittämiseen.

Meidän on huomattava myös Paavalin "erottaminen". Jumala erotti hänet maailmasta,
ja niin hänestä tuli maailmasta uloskutsuttujen apostoli. Se on Jumalan armoa. Sen tulisi
enentyä seurakunnissa. Seurakunta ei ole osa tätä maailmaa vaan on sen ulkopuolella. Tä-
män ymmärtämisen tulisi lisätä keskinäistä rakkauttamme. Toisaalta tämän asian tulisi oh-
jata meitä siihen missioon, jonka Herra on käskenyt meidän tehdä eli opetuslasten lisäänty-
miseen. Meidän tulee ottaa samanlainen asenne kuin Paavalilla oli. Evankeliumin julista-
minen oli hänelle ykkösasia eikä mitään vapaa-ajan harrastetoimintaa.

"Ja kohta hän saarnasi synagoogissa Jeesusta, julistaen, että hän on Jumalan Poika" (Ap.
t. 9:20). Luukas jatkaa: "Mutta Saulus sai yhä enemmän voimaa ja saattoi Damaskossa

asuvat juutalaiset ymmälle näyttäen toteen, että Jeesus on Kristus" (Ap. t. 9:22). Vaikka evankeliumi Jeesuksesta on toisaalta saavuttanut maan ääret, niin toisaalta nyky-Eurooppa on kuvattu jälkikristilliseksi. Luulen kuitenkin, että monet eurooppalaiset kääntävät selkänsä Jeesukselle, koska he eivät tiedä, että mitä he menettävät. Vaikka kuulemme uutisia siitä, miten Afrikassa, Etelä-Amerikassa ja paikoitellen myös Aasiassa on karismaattista herätystä, niin uskon, että sama voi tapahtua myös Euroopassa. Jumalan Henki liikkuu eri alueilla, ihmisiä tulee uskoon, ja sieluja pelastuu.

Olen hämmästynyt siitä, että millainen jumalattomuus piinaa tätä kaupunkia. Uskovat ovat heikkoja, koska he eivät pukeudu Jumalan armoon ja pyhyyteen rukoillen joka hetki Jumalaa uskossa vahvistuen ja täynnä Jumalan rakkautta hukkuvia kohtaan. On niitä, jotka ovat lähteneet liikkeelle evankeliumin asialla. On myös niitä, joilla on etsikkoaika tälläkin hetkellä. Kunpa vain maan elo tulisi korjatuksi taivaan aittaan. Mutta jos uskovat ajavat pelkästään omaa etuaan, eivät todista Herrasta, vaan ajattelevat ainoastaan mammonaa, niin en usko seurakuntien Herran olevan kansaansa tyytyväinen.

Kuulemmeko nämä sanat: "Hyvä on sinä hyvä ja uskollinen palvelija. Vähässä sinä olet ollut uskollinen, minä panen sinut paljon haltijaksi. Mene Herrasi iloon" (Matt. 25:21, 23.) Vai nämä: "Sinä paha ja laiska palvelija! Sinä tiesit minun leikkaavan sieltä, missä en ole viskannut. Sinun olisi siis pitänyt jättää minun rahani rahanvaihtajille, niin minä tultuani olisin saanut omani takaisin korkoineen. Ottakaa sen tähden leiviskä häneltä pois ja antakaa sille, jolla on kymmenen leiviskää. Sillä jokaiselle, jolla on, annetaan, ja hänellä on oleva yltäkyllin; mutta jolla ei ole, siltä otetaan pois sekin, mikä hänellä on. Ja heittäkää tuo kelvoton palvelija ulos pimeyteen; siellä on oleva itku ja hammasten kiristys" (Matt. 25:26–30.) Kumpi näistä kahdesta palvelijasta sinä haluat olla? Leiviskät, jotka olemme saaneet, on tarkoitettu lisääntymään. Herra odottaa, että asioimme leivisköillä, joita olemme häneltä saaneet. Kunpa oppisimme tämän ajoissa ennen kuin on liian myöhäistä. Se päivä ja se hetki lähestyy, jolloin Herra Jeesus tulee takaisin. Silloin hän palkitsee toiset ja tuomitsee toiset.

Gal. 1:17   "enkä lähtenyt ylös Jerusalemiin niiden luo, jotka ennen minua olivat apostoleja, vaan menin pois Arabiaan ja palasin taas takaisin Damaskoon."

Emme tiedä, että mitä Arabiassa tapahtui. Sana vaikenee siitä ja niin minäkin teen. Paavali tuntuu korostavan tässä kohtaa kuitenkin sitä, että hän ei hakeutunut niiden kahdentoista seuraan. Paavali ikään kuin kasvaa uskossa omalta pohjalta turvautumatta keneenkään ihmiseen. Arabia ja Damasko olivat paikkoja, joissa Paavali aluksi vaikutti. Hän ei mennyt välittömästi Jerusalemiin, jossa Jeesus oli kuollut, vaan hän seurasi Jumalan johdatusta. "Katso, ne, jotka lähtivät pohjoiseen maahan, saattavat minun Henkeni lepäämään pohjoisessa maassa" (Sak. 6:8).

Tässä kohtaa teemme yhdessä sen huomion, että lepääminen ja toimettomuus ovat kaksi aivan eri asiaa. "Vain hyödyksi ovat ahkeran ajatukset, mutta kaikki touhuilijat saavat vain vahinkoa" (Sananl. 21:5). Jumala ei tahdo meidän olevan velttoja vaan ahkeria. Sana ei nosta näennäistoimintaa kovin korkealle. Varmasti on paljon turhaa touhuilua. "Parempi on pivollinen lepoa kuin kahmalollinen vaivannäköä ja tuulen tavoittelua" (Saarn. 4:6). En ole näennäistoiminnan kannalla. Se, mitä pidetään tehokkuutena, ei välttämättä sitä ole. "Jokainen kirjoitus, joka on syntynyt Jumalan Hengen vaikutuksesta, on myös hyödyllinen opetukseksi, nuhteeksi, ojennukseksi, kasvatukseksi vanhurskaudessa, että Jumalan ihminen olisi täydellinen, kaikkiin hyviin tekoihin valmistunut" (2. Tim. 3:16–17). Hyvät teot kuuluvat kristilliseen uskoon. Yksi hyve on, että on oikeassa paikassa oikealla hetkellä. Kun seuraamme Jumalan johdatusta, niin saamme sitä olla. Kun seuraamme Herraa, niin opimme tuntemaan häntä paremmin, ja Jumalan tahto toteutuu kauttamme. Silloin saamme siunauksen Jumalalta. Saamme olla niin kuin Simeon, joka "tuli Hengen vaikutuksesta pyhäkköön" (Luuk. 2:27) kohtaamaan Messiasta.

Vaikka apostoli Paavali ei "kysynyt neuvoa lihalta ja vereltä" (Gal. 1:16), niin oli hän varmasti altis Pyhän Hengen johdatukselle. Jeesus ilmestyi Paavalille hänen ollessaan matkalla Damaskoon vangitsemaan Jeesuksen seuraajia. Tuosta hetkestä tuli hänen elämänsä käännekohta. Hänestä itsestään tuli Herramme opetuslapsi ja evankeliumin julistaja innokkaimmasta päästä. "Muista Jeesusta Kristusta, joka on kuolleista herätetty ja on Daavidin siementä minun evankeliumini mukaan, jonka julistamisessa minä kärsin vaivaa, kahleisiin asti, niin kuin pahantekijä; mutta Jumalan Sana ei ole kahlehdittu" (2. Tim. 2:8–9). Voi kunpa uudestisyntyneillä kristityillä olisi tuo sama asenne kuin Paavalilla. Kaikki eivät ole evankelistoja, mutta todistaminen kuuluu jokaiselle Herraan uskovalle. Mikä valtava elämää synnyttävä ja uutta luova voima on kristittyjen todistuksessa. Kuitenkin vain harvat näyttäisivät tuota mahtavaa asetta käyttävän. Se on valitettavaa.

Gal. 1:18   ”Sitten, kolmen vuoden kuluttua, minä menin ylös Jerusalemiin tutustuak-
seni Keefaaseen ja jäin hänen tykönsä viideksitoista päiväksi.”

Kaksi pientä huomiota ennen Pyhästä Hengestä ja Jumalan Sanasta nousevia kehotuksia. Ensinnäkin on huomattava, että Paavali oli täysijärkinen mies. Se ilmenee noista tarkoista aikamääreistä, jotka hän tässä antaa. Jos hän olisi ollut sekaisin päästään, niin hän ei jälki-käteen varmaankaan olisi pystynyt noin tarkasti kertomaan vaiheistaan. Toinen huomio, jonka saamme tehdä, on se, että Paavali kuitenkin hakeutui yhteyteen Jeesuksen alkuperäis-ten opetuslasten kanssa. Hän tapaa Keefaksen eli Pietarin Jerusalemissa. Kolmen vuoden aika, jonka Paavali oli Arabiassa, oli luultavasti hänelle hengellisen kasvun aikaa. Paavali tosiaan kasvoi uskossaan ikään kuin omalta pohjaltaan.

Riippuvuussuhde toisiin ihmisiin on kaksitahoinen asia. Toisaalta emme saisi olla niin riippuvaisia toisista, mutta toisaalta käsky: ”rakasta lähimmäistäsi niin kuin itseäsi” (3. Moos. 19:18) on voimassa. Emme saisi olla sosiaalisia laumaeläimiä emmekä erakkoja vaan jotain siltä väliltä. Paavali kirjoittaa: ”Sillä vaikka olen riippumaton kaikista, olen tehnyt itseni kaikkien palvelijaksi, voittaakseni niin monta kuin suinkin” (1. Kor. 9:19). Ei Jumala luonut meitä yksinäisyyttä varten vaan elämään yhdessä toisten ihmisten kanssa, ”Ja Herra Jumala sanoi: ”Ei ole ihmisen hyvä olla yksinänsä, minä teen hänelle avun, joka on hänelle sopiva” (1. Moos. 2:18). ”Ja Jumala loi ihmisen omaksi kuvaksensa, Jumalan kuvaksi hän hänet loi; mieheksi ja naiseksi hän loi heidät” (1. Moos. 1:27). Avioliitto ja lasten hankki-minen kuuluvat luomisjärjestykseen. Ne ovat Jumalan säätämiä.

On olemassa arveluja siitä, että Paavali olisi ollut leski. Pidän kuitenkin luultavampana sitä, että hän oli naimaton, kenties jopa neitsyt. Vaikka Paavali tulisi opettamaan siviilisää-tyihin liittyen, niin sen johtopäätöksen tekeminen, että hänellä olisi ollut omaa kokemusta avioliitosta, on liian pitkälle vietyä. ”Jos olet sidottu vaimoon, älä pyydä eroa; jos et ole sidottu vaimoon, älä pyydä itsellesi vaimoa” (1. Kor. 7:27), Paavali kirjoittaa. Paavali ei ollut moraaliltaan heikko, seksuaalisynteihin taipuvainen elostelija.

Hän otti Jumalan todesta. Tämä piirre pysyi hänessä. Paavali oli taistelija, ”valittu ase” (Ap. t. 9:15). Hän kärsi paljon. Nuo kärsimykset osaltaan tekivät hänestä apostolin. ”Pidä itsesi puhtaana” (1. Tim. 5:22), hän ohjasi nuorempaa Timoteusta. Yli päänsä Paavalin voi-daan sanoa olleen paljon matkoilla. Tästä syystä saattoi olla parempi, ettei hän ollut naimi-sissa. Apostoli kiertää maata ja perustaa seurakuntia voitettuaan sieluja Herralle Jeesuk-selle. Hän on lähetti. ”Ja heidän toimittaessaan palvelusta Herralle ja paastotessaan Pyhä Henki sanoi: ”Erottakaa minulle Barnabas ja Saulus siihen työhön, johon minä olen heidät kutsunut” (Ap. t. 13:2). Tämä periaate lähetyskäskyn täyttämiseksi on voimassa yhä: seu-rakunta lähettää apostolit perustamaan uusia seurakuntia kaikkialle.

Gal. 1:19   "Mutta muita apostoleja minä en nähnyt; näin ainoastaan Jaakobin, Herran veljen."

Jeesuksen veljestä, Jaakobista, oli tullut myös hänen seuraajansa. Hänestä tuli pylväs Jerusalemin seurakuntaan ja sen johtaja. Jaakob kirjoitti myös kirjeen, joka löytyy Uudesta testamentista. Siinä hän käsittelee esimerkiksi köyhien asemaa ja kielen syntejä. Perinteinen teologinen kiista käsittelee kysymystä uskon ja tekojen suhteesta, joissa Paavali ja Jaakob ovat näennäisesti eri linjoilla. He puhuvat kuitenkin eri asioista. Paavali puhuu vanhurskauttamisesta, ja Jaakob puhuu pyhityksestä. Vanhurskauttaminen tapahtuu Jumalan armosta, uskon kautta Kristukseen. Se on saamamme vanhurskauden ainoa perusta.

Myös asemamme on muuttunut sen myötä. Emme ole enää orjia vaan Jumalan lapsia. Olemme saaneet armon. Meistä on tullut vanhurskaita Jeesuksen Kristuksen ansiosta. Jeesus kuoli ristillä meidän syntiemme tähden. Hän sovitti meidät ja lunasti meidät vapaiksi. Vanhurskauttamisessa Jumala, vanhurskas tuomari, on Poikansa Jeesuksen uhrin tähden antanut meistä vapauttavan tuomion. Armon perusta on Kristuksessa. Emme voi tehdä tyhjäksi luonnollista suhdettamme omiin vanhempiimme. Yhtä vähän voimme tehdä tyhjäksi Jumalan isyyttä meihin nähden. Uudestisyntymässä meidät on irrotettu maailmasta ja istutettu Jeesukseen Kristukseen.

Mutta entä pyhitys? Mainitsinkin jo Jaakobin kirjoittaneen uskon tekoihin eli pyhitykseen liittyen. Nähdäkseni kiista Paavalin ja Jaakobin välillä on näennäinen. Jaakob nimittäin opettaa siitä, että mitä meidän tulee jo uskossa vartuttuamme tehdä. Jaakob korostaa esimerkiksi laupeuden harjoittamista. Se ei ole uskon perusta eli Kristus. Se on seurausta todellisesta uskosta. Jaakob ei opeta perustukseen vaan hedelmään liittyen. Myös Paavali kirjoittaa uskon teoista: "Sillä muuta perustusta ei kukaan voi panna, kuin mikä pantu on, ja se on Jeesus Kristus. Mutta jos joku rakentaa tälle perustukselle, rakensipa kullasta, hopeasta, jalokivistä, puusta, heinistä tai oljista, niin kunkin teko on tuleva näkyviin; sillä sen on saattava ilmi se päivä, joka tulessa ilmestyy, ja tuli on koetteleva, minkälainen kunkin teko on" (1. Kor. 3:11–13.)

Vanhurskauttamisemme perustuu paitsi Jeesuksen kuolemaan mutta myös hänen ylösnousemukseensa. Jeesus "on alttiiksi annettu meidän rikostemme tähden ja kuolleista herätetty meidän vanhurskauttamisemme tähden" (Room. 4:25). Tässä käsillä olevassa jakeessa Paavali kertoo lyhyesti tavanneensa Jaakobin. Näiden kahden miehen työkenttä poikkesi hieman toisistaan. Jaakob johti juutalaiskristillistä seurakuntaa, Paavali oli pakanoiden apostoli. Yhteistä heille kuitenkin oli näky hukkuvien sielujen pelastumisesta. Se meni ja menee opillisten kysymysten edelle.

Gal. 1:20   ”Ja minä kirjoitan teille, katso, Jumalan kasvojen edessä, etten valhettele.”

Paavali vakuuttaa puhuvansa totta. Hänen sanansa ohjaavat raamattukäsitystämme inhimillisempään suuntaan. Raamattu on se, mikä sanookin olevansa eli Jumalan Sana. Silti se ei ole suoraan taivaasta meille laskeutunut, vaan Raamattu on ihmisten kirjoittama. Paavali sai yhtenä Raamatun kirjoittajista etuoikeuden olla tallentamassa ja välittämässä Jumalan puhetta. Jumala inspiroi Raamatun kirjoittajat. He saivat Pyhän Hengen vaikutuksesta toimia Jumalan Sanan välittäjinä. Meidän käsityksemme Raamatusta saattaa välillä olla liiankin korkea. Paavali katsoi kirjoittavansa ”Jumalan kasvojen edessä”. Hän kutsuu Jumalan todistajaksi sille, että hän puhuu totta. Juuri totuus onkin eräs Raamatun keskeisimmistä ulottuvuuksista. Se vaikuttaa Raamatun läpi.

Paavali kirjoittaa tässä jaksossa vaiheisiinsa liittyen. Hän tekee taustojaan selväksi. Pyhä Henki vaikuttaa myös meidän kauttamme, jotka olemme uudestisyntyneitä. Toki Jumala voi käyttää tarkoituksiinsa ketä tai mitä tahansa. Minulle tapahtui tänään jotain sellaista, mitä ei ole tapahtunut aikaisemmin. Ollessani kävelyllä vastaani tulee sokea tyttö. Hän oli eksynyt ja pyysi minua neuvomaan hänet oikeaan suuntaan. Jos en olisi auttanut häntä, niin en voisi pitää itseäni Jeesuksen opetuslapsena vaan pelkästään nimikristittynä. Raamattua ei tarvitse lukea kovin pitkälle, kun sieltä voi jo huomata sen, että lähimmäistä täytyy auttaa. Ohjattuani sokean tytön hänen etsimänsä paikan lähelle ja varmistuttuani, että hän pystyy siitä pääsemään perille, tulin erittäin hyvälle tuulelle. Masentunut mieleni piristyi. Olin kerrankin saanut tehdä jotain hyödyllistä. Ajattelin myös, että periaatteessa tuo sokea tyttö auttoi minua enemmän kuin minä häntä. Auttaessaan toisia hyötyy itse.

Itse olen saanut apua hyvin paljon. Jo siitäkin syystä tahdon olla avuksi. Tuo kohtaaminen mursi minussa jotakin. Itsekeskeisyyteni ainakin väheni. Raamatussa sanotaan rakkaudesta, että se ”ei etsi omaansa” (1. Kor. 13:5). Tämä on suuri vedenjakaja. Hyvin monet elävät vain itselleen ja itseään varten. Kuinka vähän onkaan niitä, jotka eivät ”etsi omaansa”. Jo aiemmin olin huomannut erään toisen vedenjakajan eli katkeruuden. Nuoruudessani huomasin tarkkailtuani vanhempia ihmisiä heissä erään asian. Monet olivat katkeria. Silloin päätin, että en katkeroidu, tuli mitä tuli. Tämäkin piirre liittyy rakkauteen. Se ”ei katkeroidu” (1. Kor. 13:5). Herra laajentakoon aluettamme lähimmäisen rakastamisen suhteen. Hän avartakoon sydämemme olemaan enemmän avuksi toisille. Saakoon Jumalan rakkaus toteutua kauttamme. Tulkaamme tuntemaan Jeesus kaikilla teillämme ja joka askeleella.

Gal. 1:21   "Sitten menin Syyrian ja Kilikian paikkakuntiin."

Paavali matkusti paljon. Hän oli apostoli. Hän liikkui paikkakunnalta toiselle. Uskon, ettei hän vain vaeltanut ilman määränpäätä, vaan hän seurasi johdatusta. Hän oli altis. Vaikka näemme tässäkin jakeessa myös sen hengellisen ulottuvuuden, niin sen sisältö on lähinnä inhimillinen. Joku voisi kirjoittaa kaksi kirjaa noista aiheista. Toisen matkasta Syyriaan ja toisen matkasta Kilikiaan. Paavali puolestaan kertoo noista matkoista vain yhdessä ainoassa jakeessa. Tuona aikana matkan tekeminen oli luultavasti paljon vaivalloisempaa kuin ny-kyään. Nuo matkat saattoivat kestää viikkoja. Nykyisin ne olisi mahdollista tehdä tunneissa. Tämä kaikki on kuitenkin luonnollista eikä hengellistä. Paavali ei mainitse myöskään teke-miensä matkojen syytä. Ehkä hänen tarkoituksenaan on vain lyhyesti kertoa vaiheistaan perustamilleen Galatian seurakunnille.

Minua on puhutellut seuraava jae. "Mutta hänen oli kuljettava Samarian kautta" (Joh. 4:4). Jeesus oli tämän jakeen valossa aivan samojen luonnonlakien rajoittama kuin muut. Hänen piti kulkea Samarian kautta, koska matkatessaan Juudeasta kohti Galileaa Samaria sijaitsi niiden välissä. Vaikka voimme nähdä pintaa syvemmälle tämänkaltaisten jakeiden suhteen, niin meidän on silti syytä muistaa niiden peruslähtökohta. Se on luonnollinen. Ei edes Uusi testamentti ole kokonaan täynnä ihmeitä ja tunnustekoja, syvällisiä hengellisiä totuuksia tai voimakkaita kehotuksia. Voi olla, että kokonaisuuden kannalta liittoteologia, kolminaisuusoppi sekä Jeesuksen sovitustyö ovat keskeisempiä kuin muinaisen Lähi-Idän historia ja maantiede. Nämä seikat eivät silti vähennä Raamatun arvoa vaan rikastuttavat sitä.

Vilkaisu Vanhaan testamenttiin osoittaa, että Jumala on sijoittanut Sanaansa paljon his-toriallista aineistoa. Monesti on mainittu paikkojen ja henkilöiden nimiä. Seuratessamme Paavalin vaiheita meidän on mietittävä niitä paikkoja, jotka hän tässä jakeessa mainitsee. Syyria ja Kilikia olivat suhteellisen laajoja maa-alueita, joissa oli monia kaupunkeja. An-tiokia oli tärkein Syyriassa sijainnut Paavaliin liittyvä kaupunki. Siellä sijaitsi voimakas kristillinen seurakunta, jossa myös Paavali toimi, ja josta hän myös aloitti lähetysmatkansa. Tärkein Kilikian kaupungeista, joka liittyy Paavaliin, on Tarsos, hänen synnyinkaupun-kinsa. Kristus syntyi Beetlehemissä, Paavali Tarsoksessa, minä Ähtärissä. Tässäkin nä-emme aivan luonnollisen ilmiön. Ei kaiken tarvitse olla niin hengellistä. Jokaiselle on oma taustansa. Toinen ei ole toistaan huonompi syntymäpaikkansa perusteella. Luonnolliset asiat muodostavat kehyksen hengellisille. Hyvä niin.

Gal. 1:22   "Mutta olin kasvoiltani tuntematon Juudean seurakunnille, jotka ovat Kristuksessa."

Tehdään katsaus tieteenaloihin. Raamattuun liittyen tärkein tiede on teologia. Sillä on tosin yhteyksiä myös sellaisiin tieteenaloihin kuin filosofia, historia ja filologia eli kielitiede. Filosofia tarkastelee todellisuutta lähinnä järjen näkökulmasta, teologia uskon. Teologia on laaja oppiaine. Se koostuu käytännöllisestä ja systemaattisesta teologiasta, uskontotieteestä, kirkkohistoriasta ja eksegetiikasta. Lista ei ole kattava. Teologiaa voi soveltaa myös psykologiaan.

Paavali oli "tuntematon Juudean seurakunnille". Niin suuri Hengen mies kuin Paavali olikin, häntä ei kuitenkaan tunnettu Juudeassa. Mistä sinut tunnetaan? Oletko kenties tunnettu lujasta ja rohkeasta uskosta Jumalaan? Vai inhimillisestä viisaudesta? Edellä mainitut tieteenalat liittyvät luonnon alueeseen eivätkä hengen. Jeesus opettaa: "mikä ihmisten kesken on korkeata, se on Jumalan edessä kauhistus" (Luuk. 16:15). Vaikka olisit inhimillisesti katsottuna viisas, niin se ei sinua hyödytä, jos et tunne Jumalaa. Sinulla saattaa olla hyvä virka seurakunnassa tai yhteiskunnassa. Se on pelkkää roskaa Jeesuksen tuntemisen rinnalla. "Älä pidä muita jumalia" (2. Moos. 20:3). Usko yhteen ainoaan Jumalaan, häneen, joka on ilmoitettu Jeesuksen Kristuksen kautta ja hänessä. Ellei sinulla ole Pyhää Henkeä sydämessäsi, niin ihmisviisaus ei voi auttaa sinua. Mammonasi ei sekään sinua pelasta. "Ja maailma katoaa ja sen himo" (1. Joh. 2:17).

Miksi siis elää tälle maailmalle, kun se kerran katoaa? Meidän on tehtävä täyttä totta evankeliumista omalta osaltamme, tai muuten emme peri taivasten valtakuntaa. Voit olla niin kuin Paavali, "tuntematon". Pääasia on, että tunnet Jeesuksen Kristuksen ja hänen ylösnousemusvoimansa. Vielä enemmän kuin tämä on se, että Jumala tuntee sinut. Jeesus sanoo: "ja hän kutsuu omat lampaansa nimeltä" (Joh. 10:3). Joko sinä olet saanut kutsun Karitsan häihin? Onko Jumala kutsunut sinut "nimeltä"? Tarkoitukseni ei ole pakottaa ketään taipumaan omiin ajatuksiini. Sen kuitenkin saan sanoa, että mitä Jumala on vastuulleni antanut eli evankeliumin. Jumalan armosta saan olla tienviittana Jeesuksen luokse. Uskoessasi Jeesukseen myös sinulla on tämä armo. Saat olla hänen todistajansa. Se sanoma, mikä meillä on, on arvokkaampi kuin se, mikä maailmassa on.

Voi olla, ettei sinuakaan tunneta seurakunnassa, vaikka olet jäsen, ja käyt kokouksissa. Se ei ole pelastuksen ehto. Esteeksi pelastukselle voi muodostua mammona, oma voima tai viisaus, ylpeys tai maine. Nuo mainitut pitää viedä uhrialttarille. Luovuta syntisi Herralle, ja saat armon. Pidä omatuntosi puhtaana Jeesuksen veren kautta, ja täyty hänen Hengellään.

Gal. 1:23   "Heidän kuuloonsa oli vain tullut: "Meidän entinen vainoojamme julistaa nyt sitä uskoa, jota hän ennen hävitti";"

Paavali jatkaa kertomustaan. Juudean kristityt olivat saaneet jonkinlaisen käsityksen muuttuneesta Paavalista. "Minä kiitän häntä, joka minulle on voimaa antanut, Kristusta Jeesusta, meidän Herraamme, siitä, että hän katsoi minut uskolliseksi ja asetti palvelukseensa minut, entisen pilkkaajan ja väkivallantekijän. Mutta minä sain laupeuden, koska olin tehnyt sitä tietämättömänä, epäuskossa" (1. Tim. 1:12–13.) Epäusko kulkee monesti tietämättömyyden kanssa. Eihän sokea tiedä, että miltä maailma näyttää. Epäusko on hengellistä sokeutta.

Paavali tuo ilmi sen, että farisealainen juutalaisuus ja kristinusko ovat toisistaan erillisiä. Paavalin maine oli kulkenut hänen edellään. Vaikka he eivät tunteneet Paavalia näöltä, niin he olivat kuitenkin kuulleet hänestä. Paavalin käsitys Jumalasta oli muuttunut siinä mielessä, että nyt hän ymmärsi Jeesuksen Kristuksen merkityksen. Herra oli ilmestynyt hänelle. Hän tiesi nyt, että Jeesus on Messias, juutalaisten kuningas. Ennen hän oli ollut juutalaisen uskonnon innokkaimpia kannattajia, ja nyt hänestä oli tullut evankeliumin sanoman innokkain saarnaaja. Ennen hän vainosi kristittyjä, mutta myöhemmin häntä itseään vainottiin sekä juutalaisten että pakanoiden taholta. Mutta mitä voimme oppia tästä käsiteltävänä olevasta jakeesta? Tiedämme sillä olevan vain yksi ainoa tarkoitus eli kirjoittajan tekstilleen antama. Sillä on silti useita sovelluksia.

On hyvä tietää, että Juudeassa oli tuolloin kristillisiä seurakuntia. Toisaalta, jos tarkastelemme aihetta evankelisesta näkökulmasta, niin eteemme avautuu uskon näköala. Saatat olla seurakunnan vainooja. Älä viivy enää pitempään Jumalan vihollisena. Muista Paavalia. Hänen radikaali uskoontulonsa muutti hänen elämänsä suunnan. Sinäkin voit muuttua. Jumalan armon osallisuus on todellista sinunkin kohdallasi, jos vain uskot. Evankeliumi on yleinen, mutta se on omistettava henkilökohtaisesti. Usko ei ole myöskään yksityisasia, vaan se pitää julkistaa. Evankeliumi on tarkoitettu levitettäväksi.

Jeesus pelasti minutkin, kurjan syntisen. Se voi olla totta sinullekin. Syntiset kelpaavat Jeesukselle, mutta hän ei jätä meitä synteihimme. Jumala armahtaa meidät Jeesuksen ansiosta. Tuo siunattu armo omistetaan uskolla. "Kristus on kuollut meidän syntiemme tähden, kirjoitusten mukaan, ja että hänet haudattiin ja että hän nousi kuolleista kolmantena päivänä, kirjoitusten mukaan" (1. Kor. 15:3–4.) Evankeliumi Jeesuksesta Kristuksesta on Raamatun kaanonin ydin. Raamattu avautuu evankeliumin totuuden valossa.

Gal. 1:24   "ja he ylistivät Jumalaa minun tähteni."

Paavali käyttää voimakasta kieltä. Mitä on ylistys? Se on jonkin kiittämistä tai korottamista. Se on Jumalan palvontaa. Siinä päästään osallisuuteen Jumalan kirkkaudesta. "Ylistä, minun sieluni, Herraa" (Ps. 146:1). Juudean kristityt toivat ylistyksensä Herran eteen Paavalin vuoksi. Hänen uskoontulonsa sai heidät reagoimaan näin. He "ylistivät Jumalaa". Ylistäminen ei ole pelkkää musiikkia, vaikka se on myös sitä. Ylistäminen on kiitollisuutta Jumalaa kohtaan. Se on sydämen asenne. "Halleluja! Hyvä on veisata kiitosta meidän Jumalallemme. Se on suloista; ylistäminen on soveliasta" (Ps. 147:1.)

Olemme kääntyneitä Jumalan puoleen. Monesti kohotamme kätemme ja päämme taivasta kohti. Odotamme Jumalaa. Usko saa näkyä ja kuulua. Ei luovuta ilosta, jonka Jeesus antaa, synnin tai epäuskon vuoksi. Ylistetään yhdessä Herraa. Ylistys on sydämen- mutta myös elämänasenne. "Herran armoa on, ettemme ole aivan hävinneet, sillä hänen laupeutensa ei ole aivan loppunut: se on joka aamu uusi, ja suuri on hänen uskollisuutensa" (Val. 3:22–23).

Ylistys on rukouksen korkein muoto. Siinä annetaan kunnia Jumalalle. Hänelle, joka on luonut kaiken. Hänelle, joka lunasti meidät oman Poikansa uhriveren tähden. Hänelle, joka vuodatti Pyhän Hengen meihin. Ottakaa vastaan Jumalan rakkaus Pyhässä Hengessä. Korottakaa Jeesusta. Laulakaa hänelle. Hän on Voittaja. Kuoleman vallat väistyvät. Pimeyden valta murtuu. Pahat henget pakenevat. Turvaamalla Herraan Jeesukseen mekin voitamme pahan. "Ja rauhan Jumala on pian musertava saatanan teidän jalkojenne alle. Herramme Jeesuksen armo olkoon teidän kanssanne" (Room. 16:20.)

Ylistetty olkoon Herran nimi. Kuka on niin kuin HERRA? Ei ole ketään hänen vertaistaan. Hän on ainoa Jumala, yksi. Hänen herruutensa on mittaamaton. Hänen valtasuuruutensa edessä maan kansat taipuvat. Hänelle, Jumalalle, on kaikki mahdollista. Hän teki maailman kuudessa päivässä. Jumala loi universumin pelkällä Sanallaan. Hän teki ihmisen "omaksi kuvaksensa" (1. Moos. 1:27). Raamatun käsitys ihmisestä on korkea. Paitsi että meidät on luotu Jumalan kuviksi, on Jumalan rakkaus annettu meitä kohtaan Jeesuksessa. "Kuka voi tuomita kadotukseen? Kristus Jeesus on se, joka on kuollut, onpa vielä herätettykin, ja hän rukoilee meidän edestämme" (Room. 8:34.) Ainoa selitys sille, miksi Jumala lähetti oman Poikansa pelastamaan ihmiskunnan, on hänen rakkautensa. Evankeliumi avautuu uskolle. Evankeliumi on kuin ovi. Usko on kuin avain, jolla se avataan. Se on ovi, joka johtaa Jeesuksen syliin. Hän on avannut portin Jumalan läheisyyteen vuodattamalla Pyhän Hengen.

Gal. 2:1   "Sitten, neljäntoista vuoden kuluttua, minä taas menin ylös Jerusalemiin Barnabaan kanssa ja otin Tiituksenkin mukaani."

Vaikka Paavali oli saanut evankeliumin suoraan Jeesukselta, hän ei toiminut täysin yksin, vaan hänellä oli luotettavia apumiehiä ympärillään. Tässä jakeessa Paavali kertoo käyneensä uudestaan Jerusalemissa. Hän mainitsee Barnabaan ja Tiituksen olleen hänellä mukana. Tässä jakeessa Paavali avaa hieman taustoja sille, että mitä hänellä on sanottavana Galatian kristityille. Hän tunsi Juudean kristilliset johtajat. Hän teki matkoja Jerusalemiin heidän luokseen. Hän tunnusti heidät todellisiksi Kristuksen apostoleiksi mutta ei mielistellyt heitä. Paavali asetti evankeliumin etusijalle. Tärkeintä oli sielujen pelastuminen. Niin kuin Jeesus, niin myös Paavali matkusti paljon. Hän kierteli ympäriinsä tehden opetuslapsia Kristukselle. Hänellä oli mukanaan useita matkatovereita. Hänen pääasiallinen tehtävänsä oli evankeliumin julistaminen. Niin on tänäkin päivänä. Jumalan pelastusoperaatio on yhä käynnissä. Evankeliumi sielujen pelastusvälineenä on pysynyt samana. Sanoma Jeesuksesta Kristuksesta toimii tänäänkin. Se toimii aina maailmanloppuun asti.

Vaikka Paavalilla oli hyvä ymmärrys, hän ei saarnannut "puheen viisaudella, ettei Kristuksen risti menisi mitättömäksi" (1. Kor. 1:17). Hän tunnusti sen kristillisen johtajuuden, joka oli Pietarilla ja muilla apostoleilla. Hyvä kysymys on mielestäni se, että kenelle johtajuus kuuluu. Toinen on se, että millainen on hyvä kristillinen johtaja. Vaikka on toisaalta niin, ettei kansanvallan aatteen tulisi ulottua seurakuntaan, en kannata myöskään jyrkkää hierarkiaa ja raskasta hallinnollista byrokratiaa. Sokea ei voi johtaa. Suoraan sanottuna on mitä suurin vääryys, että ei-uskova johtaa seurakuntaa. Oli hän miten korkeasti koulutettu tahansa, mutta jos hän ei usko Jeesukseen Kristukseen, niin hän ei saa hallita seurakuntaa.

Emme silti ole uskovaistenkaan kesken täysin tasapäistä porukkaa, vaan Jumala on tehnyt meistä erilaisia. Jo maallisestikin ajateltuna johtajuutta on kahta tyyppiä. On nimittäin henkilöstö- ja hallintojohtajia. Nähdäkseni hyvä hengellinen johtaja on sekä herkkä että luja. Paimen johtaa enemmän sydämellään kuin aivoillaan. Monesti henkilökohtainen karisma yhdistetään johtajuuteen. On niin, ettei suurin osa ihmisistä ole johtajatyyppiä. Valitettavasti monet pyrkivät johtajiksi, vaikka se ei ole heidän talenttinsa. Paavali oli vahva, itsenäinen ja vastuuntuntoinen. Hänessä yhdistyivät suuri henkinen ja hengellinen kapasiteetti, herkkyys sekä nöyryys. Hän oli valmis seuraamaan Herraa kärsimyksiin ja seisomaan totuuden puolesta, tuli mitä tuli.

Gal. 2:2	"Mutta minä menin sinne ilmestyksen johdosta ja esitin heille sen evanke-liumin, jota julistan pakanain keskuudessa, esitin sen yksityisesti arvok-kaimmille heistä, etten ehkä juoksisi tai olisi juossut turhaan."

Paavali näki ilmestyksen, joka sai hänet lähtemään Jerusalemiin. Samalla näemme syyn sille, että miksi Paavali teki matkansa. Hän teki sen evankeliumin tähden. Paavali meni Jerusalemiin hyväksyttämään julistamansa evankeliumin niillä, jotka ennen häntä olivat apostoleja. Paavalin puhe "arvokkaimmille heistä" saattaa nykylukijasta tuntua vieraalta. Meidän postmoderni aikamme tekee kaikista samanarvoisia. Raamatun mukaan näin ei vält-tämättä ole. Ilmeisesti Paavali tarkoitti Jerusalemin seurakunnan johtomiehiä eli apostoleja. Hän kunnioitti heitä. Silti Paavali joutui taistelemaan Juudean kristittyjä vastaan evanke-liumin totuuden puolustamiseksi. Juudealaiset miehet sekoittivat keskenään lain ja evanke-liumin. Kukaan ei kuitenkaan pelastu siitä syystä, että hänet on ympärileikattu. Kukaan ei myöskään pelastu lakia noudattamalla, kuten Paavali tulisi oikaisemaan galatalaisia.

Mekään emme saa kääntyä juutalaisuuteen. Vaikka meidät on pakanuudesta liitetty tosi Israeliin, niin se on tapahtunut uskon eikä uskonnon kautta. Juutalaisuuden keskeisin ele-mentti on Mooseksen laki. Toki sekin todistaa osaltaan Jeesuksesta Kristuksesta, Jumalan Pojasta. Emme saa joutua juutalaisen lakiuskonnon tai minkään uskonnon alle. Uskomme perustuu Jumalan vapaaseen armoon Kristuksessa Jeesuksessa, meidän Herrassamme. En-tisenä fariseuksena Paavali tunsi Mooseksen lain sekä farisealaisen tulkinnan juutalaisuu-desta. Jos vain juutalaiset olisivat tunnistaneet Jeesuksen kuninkaakseen ja Messiaakseen, niin hekin olisivat päässeet sisälle pelastukseen.

Evankeliumi julistettiin ensiksi juutalaisille ja vasta sitten muille kansoille. Tämä oli Paavalin tehtävä. Hän sai toimia pakanoiden apostolina, joka välitti evankeliumin heille. "Sillä ei se ole juutalainen, joka vain ulkonaisesti on juutalainen, eikä ympärileikkaus se, joka ulkonaisesti lihassa tapahtuu, vaan se on juutalainen, joka sisällisesti on juutalainen, ja oikea ympärileikkaus on sydämen ympärileikkaus Hengessä" (Room. 2:28–29). Jos olet Kristuksessa, niin olet Jumalan valtakunnan kansalainen. Oli poliittinen ajattelutapasi ja vaikutusalasi mikä tahansa, niin olet taivaan kansalaisena osallinen Jeesuksen Kristuksen kuningaskuntaan. Jeesus kuvataan toisaalla "Päämieheksi" (Ap. t. 5:31). Ehkä tämä on sana, joka on helpommin omaksuttavissa länsimaiseen demokratiaan. Varmaa on se, että meidän tulee tunnustaa Jeesuksen johtajuus meihin nähden. Hän on Herra. Silti hän näytti meille mallin palvelemiseen liittyen. Jeesus kuvataan evankeliumeissa myös Jumalan Palvelijana.

Gal. 2:3   "Mutta ei edes seuralaistani Tiitusta, joka oli kreikkalainen, pakotettu ym-
                pärileikkauttamaan itseänsä."

Evankeliumi ei perustu ympärileikkaukseen, Luojan kiitos. Meillä ei ole muuta evanke-
liumin lähtökohtaa ja päämäärää kuin Jeesus Kristus. Hän on kallio. Muu on hiekkaa. Pietari
ymmärsi tämän: "Herra, kenen tykö me menisimme? Sinulla on iankaikkisen elämän sanat;
ja me uskomme ja ymmärrämme, että sinä olet Jumalan Pyhä" (Joh. 6:68–69.) Paavali hy-
väksyi sen, ettei Tiitusta ympärileikattu. Samoin tekivät myös Jerusalemin johtavat kristityt.
Ympärileikkaus oli juutalaiseen uskontoon kuuluva toimenpide. Se ei todellakaan kuulu
pakanuudesta uskoon tulleille. Uusi liitto ei opeta ympärileikkausta muuten kuin kieltei-
sessä merkityksessä. Silti Juudeasta oli tullut Galatiaan valheen opettajia, jotka väittivät
asian olevan päinvastoin.

Tässä jakeessa Paavali pohjustaa aihettaan noita valheapostoleja vastaan. Hän oli saanut
hyväksynnän julistamalleen evankeliumille niiltä, jotka olivat apostoleja ennen häntä. Raa-
matun totuus on täysin riittävä. Meille riittää ainakin periaatteessa se oppi, joka löytyy Uu-
desta testamentista. Mutta ymmärtääkseen hyvin Uutta testamenttia on hyödyllistä tuntea
Vanha testamentti. On silti eri asia noudattaa oppeja kuin tietää niistä. Esimerkkinä tästä
voidaan pitää sapattia. Jeesus ei noudattanut sapattia ainakaan samalla tavalla kuin aikansa
fariseukset. Hän myös joutui riitaan sapattikäsityksensä takia. Kuten ympärileikkaus niin
myös sapatti liittyy enemmän juutalaisuuteen kuin kristinuskoon. Juutalaisuudessa on kyse
lain noudattamisesta. Jeesus kuitenkin täytti lain. Paavalin kirje galatalaisille on taistelukir-
joitus oikean uskon puolesta. "Mutta kun aika oli täytetty, lähetti Jumala Poikansa, vaimosta
syntyneen, lain alaiseksi syntyneen, lunastamaan lain alaiset, että me pääsisimme lapsen
asemaan" (Gal. 4:4–5).

Meidän tulee osata erottaa toisistaan laki ja evankeliumi. Juuri tästähän Paavali kirjoit-
taa. Laki on uskonnon aluetta. Evankeliumi on uskon aluetta. Emme pelastu lain kautta. "Ja
selvää on, ettei kukaan tule vanhurskaaksi Jumalan edessä lain kautta, koska "vanhurskas
on elävä uskosta"" (Gal. 3:11). Meillä ei ole muuta tietä pelastukseen kuin Jeesus Kristus.
Evankeliumi on pelastuksen sanoma. Isä Jumala lähetti oman Poikansa pelastamaan ihmis-
kunnan ja myös luomakunnan. Hänessä on armo ja totuus. Olemme kaikki syntisiä, ja tar-
vitsemme Jumalan pelastavaa armoa. Tarvitsemme enemmän Jeesusta. "Hänen tulee kas-
vaa, mutta minun vähetä" (Joh. 3:30). Meidän tulee kasvaa meidän Herramme ja Vapahta-
jamme Jeesuksen Kristuksen armossa ja tuntemisessa.

Gal. 2:4–5   ”Noiden pariimme luikertaneiden valheveljien tähden, jotka orjuuttaakseen meitä olivat hiipineet vakoilemaan vapauttamme, mikä meillä on Kristuksessa Jeesuksessa, me emme hetkeksikään alistuneet antamaan heille myöten, että evankeliumin totuus säilyisi teidän keskuudessanne.”

On myös valhekristittyjä. He eivät elä vapaudessa vaan lain orjuudessa. He tulivat Galatiaan eksyttämään uskovia pois vapaudesta ja evankeliumin totuudesta. Meille on annettu vapaus laista. ”Kristus on lunastanut meidät lain kirouksesta” (Gal. 3:13). Kun ihminen uudestisyntyy, niin hänestä tulee Kristuksen oma. Saatana pyrkii saamaan vasta uskovaksi tulleen lain alle. Siksi Jeesuksen seuraajan on tärkeää juurtua Jumalan armoon. Tässä tarvitaan myös ymmärrystä. Ei kaikki, mitä saarnapöntöstä julistetaan, ole linjassa evankeliumin totuuden kanssa.

Galatia sijaitsi nykyisen Turkin alueella. Siellä sijainneet seurakunnat olivat ilmeisesti pakanataustaisia. Heille Paavali kirjoitti tämän kirjeen. Siinä hän kiivaasti puolustaa kristittyjen vapautta ja evankeliumin totuutta. Toisaalla hän kirjoittaa: ”ettei mikään liha tule vanhurskaaksi lain teoista; sillä lain kautta tulee synnin tunto” (Room. 3:20). Laki siis kertoo meille, että mikä on syntiä, mutta se ei vie meitä vapaaksi siitä. Laki on kuin lääkärin tekemä diagnoosi. Se vain toteaa, että mikä sairaus on kyseessä. Evankeliumia voidaan verrata toisaalta parantavaan lääkkeeseen, toisaalta se on vertaansa vailla oleva ilosanoma.

Seurakuntien sisältä nousee eksyttäjiä, jotka pyrkivät hajottamaan ja hämmentämään Jumalan lauman. He saarnaavat lakia mutta eivät evankeliumia. He käännyttävät uskovia pois Kristuksesta ja pois armosta. Armo on Kristuksessa. Näitä kahta ei saa irrottaa toisistaan. Saamme syntimme anteeksi uskomalla Jeesukseen emmekä oman itsemme ansiosta. Jumala armahtaa meidät Poikansa uhrikuoleman kautta. Jumala hyväksyy sinut Jeesuksen kautta. Tule Golgatalle. Ota risti. Kanna sitä iloiten. Se on kallein aarteemme tässä maailmassa. Yhteys Jeesuksen kuolemaan vapauttaa meidät synnistä. ”Me, jotka olemme kuolleet pois synnistä, kuinka me vielä eläisimme siinä?” (Room. 6:2.) Risti on hyödyllinen. Se on aseemme syntiä vastaan. Osuutemme ristiinnaulittuun Jeesukseen näyttää olevan salaisuus, joka on piilossa monilta uskonnollisilta ja maailmallisilta kristityiltä.

Jos todella ”olemme kuolleet pois synnistä” (Room. 6:2), niin olemme saaneet suuren hengellisen voiton. Ristin salaisuus odottaa julkistamista. Toivon, että se saa tulla yleiseen tietoon ja käyttöön. Siinä on vapaus synnistä. Samalla se tekee meistä vastuullisia. Jos teemme syntiä, niin olemme tehneet sitä omasta tahdostamme. ”Sillä niillä, jotka elävät lihan mukaan, on lihan mieli, mutta niillä, jotka elävät Hengen mukaan, on Hengen mieli” (Room. 8:5).

Paavali todellakin suoristaa mutkat. Hänen opetuksensa on toisaalta hyvin kirkasta ja selkeää, toisaalta se on hyvin syvällistä ja kohti käyvää. Paavali puhuu Hengestä ja lihasta. Uusina luomuksina meidän vanha ihmisemme on ristiinnaulittu Jeesuksen kanssa. Henki ja liha taistelevat uskovassa toisiaan vastaan. Periaatteessa tämä liittyy lainopettajiin sillä tavoin, että hekin ovat lihallisia, koska heidän uskonnollisuutensa hivelee heidän ja heidän seuraajiensa ylpeyttä. Juuri siksi heitä nimitetään ulkokultaisiksi. "Sinä sokea fariseus, puhdista ensin maljan sisus, että sen ulkopuolikin tulisi puhtaaksi" (Matt. 23:26). "Mutta antakaa almuksi se, mikä sisällä on; katso, silloin kaikki on teille puhdasta" (Luuk. 11:41).

Nämä aiheet liittyvät omaantuntoon ja sen puhtauteen. Karitsan veri tuo puhtauden syylliseen omaantuntoon. Näin Jumala antaa rauhan levottomalle sielullesi. Hän armahtaa. Vaikka pinnistelet ja ponnistelet, niin Jumala ei siitä järkähdä. Hänen olemuksensa ei muutu. Hänen tekonsa ovat ikuiset. Ihminen on pieni ja säälittävä. Jumala on suuri ja mahtava. Sinun ei silti tarvitse hävetä itseäsi. Jeesus rakastaa sinua. Olet hänen verensä hinta, pyhä ja kallis. Sinut on ostettu vapaaksi. Älä enää tee syntiä. Turvaa Herraan. Tee sitä, mikä on oikein. Noudata totuutta, ja vaella nuhteettomasti Herran edessä. Sekä sinun uskosi vilpittömyyttä että kärsivällisyyttäsi tullaan koettelemaan.

Evankeliumi on vertaansa vailla oleva totuus. Se vapauttaa synnin kahleista. Vapaus on elävän kristillisyyden tunnus ja ominaisuus. Kun osaamme erottaa lain ja evankeliumin toisistaan, niin samalla osaamme erottaa toisistaan myös uskon ja uskonnon. Laki on uskonnon aluetta, jossa ihminen ponnistelee saavuttaakseen Jumalan. Kaikki uskonnot ovat tällaisia. Yksikään niistä ei johda elävän Jumalan yhteyteen. Ne johtavat kaikki umpikujaan. Ihmisviisauden ja -voiman kumartaminen ovat tyypillisiä uskonnon piirteitä. Jumala on tullut ihmiseksi Jeesuksessa Kristuksessa. Se on armoa. Jeesuksessa Jumala on ilmoittanut itsensä. Jumala on tuonpuoleinen eli transsendentti. Hän on tullut tähän maailmaan Poikansa Jeesuksen kautta. Hänessä Jumala on tämänpuoleinen eli immanentti. Vaikka Jeesus on astunut ylös taivaaseen, saamme silti tuntea hänet Pyhän Hengen kautta. Vaikka eksyttäjät sekoittavat lain ja evankeliumin, meidän ei niin tarvitse tehdä.

Pahin synkretismi eli uskontojen sekoitus on juuri elävän uskon ja kuolleen uskonnon sekoittaminen keskenään. Lakiin ja evankeliumiin liittyen apostoli Paavali on kirjoittanut, että Jumala "on tehnyt meidät kykeneviksi olemaan uuden liiton palvelijoita, ei kirjaimen, vaan Hengen; sillä kirjain kuolettaa, mutta Henki tekee eläväksi" (2. Kor. 3:6). Anna elämäsi Jeesukselle, jos et ole vielä uskossa. Jos olet lain alla, niin käänny Jumalan puoleen, rukoile Jeesusta, ja tule hänen armoonsa, niin saat rauhan.

Gal. 2:6–9   "Ja nuo, joita jonakin pidettiin - millaisia lienevät olleet, ei kuulu minuun; Jumala ei katso henkilöön - nuo arvossapidetyt eivät velvoittaneet minua mihinkään enempään, vaan päinvastoin, kun näkivät, että minulle oli uskottu evankeliumin julistaminen ympärileikkaamattomille, samoin kuin Pietarille sen julistaminen ympärileikatuille - sillä hän, joka antoi Pietarille voimaa hänen apostolintoimeensa ympärileikattujen keskuudessa, antoi minullekin siihen voimaa pakanain keskuudessa - ja kun olivat tulleet tuntemaan sen armon, mikä oli minulle annettu, niin Jaakob ja Keefas ja Johannes, joita pidettiin pylväinä, antoivat minulle ja Barnabaalle yhteisen työn merkiksi kättä, mennäksemme, me pakanain keskuuteen ja he ympärileikattujen."

Paavali ei ollut mikään hengellinen sooloartisti. Hän teki matkatovereineen vierailun Jerusalemiin. Siellä hän tapasi apostoleja saadakseen heiltä hyväksynnän julistamalleen evankeliumille. Samoin kuin Jumala antoi voimaa muille apostoleille, niin samoin hän antoi voimaa siihen myös Paavalille. Paavali oli apostoli, joka oli avainroolissa pakanalähetyksen suhteen. Ilman häntä evankeliumi ei välttämättä olisi levinnyt pakanakansojen keskuuteen, vaan se olisi saattanut jäädä juutalaisuuden helmaan. Hänen julistuksensa keskittyi Jeesukseen Kristukseen, joka on Jumalan ilmoitus. "Alussa oli Sana, ja Sana oli Jumalan tykönä, ja Sana oli Jumala" (Joh. 1:1). Meille on annettu yksi Vapahtaja. Hänen nimensä on Jeesus. Hän on Jumalan ainutsyntyinen Poika. Hänessä evankeliumi käy toteen. Hän on voima syntiä vastaan. Jeesuksen ristinkuolema on meille todiste Isän Jumalan rakkaudesta meitä jokaista kohtaan. "Sillä te olette kaikki uskon kautta Jumalan lapsia Kristuksessa Jeesuksessa" (Gal. 3:26).

Meille tarjotaan vapaa pääsy uskon kautta meidän Herramme Jeesuksen Kristuksen yhteyteen. Vain hänen kauttaan voimme tuntea Isä Jumalan. Isä loi maailman Sanallaan. Jeesus on Sana. Jeesuksen opimme tuntemaan Pyhän Hengen kautta. Et voi lähestyä Isää muutoin kuin Pojan kautta. "Sillä Isä ei myöskään tuomitse ketään, vaan hän on antanut kaiken tuomion Pojalle, että kaikki kunnioittaisivat Poikaa, niin kuin he kunnioittavat Isää. Joka ei kunnioita Poikaa, se ei kunnioita Isää, joka on hänet lähettänyt" (Joh. 6:22–23.) Kristillinen tunnustus perustuu siihen, että Jeesus Kristus on Herra. Tähän me uskomme. "Sen tähden minä teen teille tiettäväksi, ettei kukaan, joka puhuu Jumalan Hengessä, sano: "Jeesus olkoon kirottu", ja ettei kukaan voi sanoa: "Jeesus olkoon Herra", paitsi Pyhässä Hengessä" (1. Kor. 12:3). Pyhä Henki kirkastaa meille Kristuksen. Olemme pyhiinvaeltajia tämän pimeän ja langenneen maailman halki. Tämä maailma tulee katoamaan. Aika tulee loppumaan. Apostolit lähetettiin kaikkeen maailmaan julistamaan evankeliumia Herrasta Jeesuksesta.

Galatiaan oli tullut Juudeasta valheapostoleja, jotka saarnasivat seurakunnille lakia eivätkä evankeliumia. Emme kuitenkaan pelastu lain vaan armon kautta Kristuksessa.

Juudeasta tulleet lainopettajat olivat juutalaisia miehiä. He aiheuttivat huolta apostoli Paavalille, joka halusi varjella Galatiaan perustamiaan seurakuntia lain alle joutumiselta. Seurakuntaa vastaan hyökätään sekä sisältä että ulkoa. Seurakuntaa vainotaan. Se on hyökkäys, joka tulee sen ulkopuolelta. Sisältä tulevat hyökkäykset ovat silti vielä vainoakin vaarallisempia. Vainot saavat monesti aikaan vain sen, että uskovaisten rivit tiivistyvät entisestään. Marttyyrien veri on seurakunnan siemen. Väärä evankeliumi on turmiollinen ja vaarallinen harhaoppi, joka hämmentää ja hajottaa Jumalan laumaa. Siinä lisätään ihmisansio Kristuksen työhön. Emme pelastu lain kautta vaan yksin armosta.

Apostoli Paavali viittaa tässä käsitellyssä tekstissä siihen, että Pietari, Jaakob ja Johannes hyväksyivät hänen julistamansa evankeliumin. Täten hän sai apostolisen auktoriteetin julistamansa sanoman taakse. Siten Paavali todisti, että lainopettajat olivat väärässä, ja hän oli oikeassa. Paavali kirjoitti kirjeensä galatalaisille tiettyyn historialliseen tilanteeseen. Se on taistelukirjoitus väärää evankeliumia vastaan. Juuri tähän taustaan hän kirjoittaa Galatian uskoville, että Pietari, Jaakob ja Johannes olivat evankeliumin suhteen samoilla linjoilla kuin hän. Emme siis pelastu lain ja armon kautta vaan yksin armosta.

Evankeliumi on Jeesuksen teko meidän edestämme. Lainopettajat saarnasivat uskontoa eivätkä uskoa. He olivat juutalaisia, ja he saarnasivat juutalaisuutta galatalaisille. Ympärileikkaus on juutalaisuuteen kuuluvat toimenpide. Kristittyjen ei tarvitse ympärileikkauttaa itseään. Oikeastaan emme saa ympärileikkauttaa itseämme, koska se on uskosta lankeamista pois. Sillä, että Paavali sai muiden apostolien hyväksynnän julistamalleen evankeliumille, hän ajoi lainopettajat marginaaliin ja teki heistä väärän evankeliumin julistajia. Jumala ei armahda meitä siitä syystä, että pyrimme noudattamaan Mooseksen lakia. Hän armahtaa meidät Jeesuksen Kristuksen ja hänen täytetyn työnsä tähden. Lainopettajat vetosivat galatalaisten uskonnolliseen ylpeyteen. Jos pelastus perustuisi sekä Mooseksen lain noudattamiseen että Jumalan armoon, niin ihminen saisi osan Jumalan kunniasta. Kaikki kunnia kuuluu kuitenkin vain Jumalalle.

"Älkää luulko, että minä olen tullut lakia tai profeettoja kumoamaan; en minä ole tullut kumoamaan, vaan täyttämään" (Matt. 5:17). Olemme päässeet osallisiksi Jumalan vanhurskaudesta. Ihmistekoinen vanhurskaus ei kestä Jumalan edessä. Meidän on oltava realisteja ja tunnettava oma vajavaisuutemme. "Savu te olette, joka hetkisen näkyy ja sitten haihtuu" (Jaak. 4:14). Ei edes Mooses kyennyt täyttämään lakia, mutta Jeesus on sen täyttänyt. Jeesus eli täydellisen elämän. Mooseksen lain valossa hän oli synnitön. Siksi hän kelpasi uhriksi, joka sovitti syntimme. Jeesus on ainoa, joka ei koskaan tehnyt ainuttakaan rikkomusta. Mooseksen laki on moraalin mitta. Se opettaa meille, että mikä on oikein, ja mikä on väärin. Jeesus täytti lain vaatimukset. Ollessaan ristillä hän sanoi, että: "Se on täytetty" (Joh. 19:30). Meidän vanhurskauttamisemme lepää Jeesuksen Kristuksen kuuliaisuuden varassa. Hän teki Isän tahdon.

Käsillä olevassa tekstissä Paavali puhuu kahdesta lähetyksestä. Ne ovat juutalais- ja pakanalähetys. Jumala oli antanut Paavalin tehtäväksi julistaa evankeliumia pakanoille aina maan ääriin saakka. Juutalaiset eivät ottaneet Jeesusta vastaan, vaan he ristiinnaulitsivat kuninkaansa. On huomattava, että Jeesus itse ja hänen opetuslapsensa olivat juutalaisia. Samoin myös Paavali oli juutalainen. He edustivat Israelin jäännöstä eivätkä koko kansakuntaa. Jeesus lausui tämän profetian saapuessaan Jerusalemiin: "Jospa tietäisit sinäkin tänä päivänä, mikä rauhaasi sopii! Mutta nyt se on sinun silmiltäsi salattu. Sillä sinulle tulevat ne päivät, jolloin sinun vihollisesi sinut vallilla saartavat ja piirittävät sinut ja ahdistavat sinua joka puolelta; ja he kukistavat sinut maan tasalle ja surmaavat lapsesi, jotka sinussa ovat, eivätkä jätä sinuun kiveä kiven päälle, sen tähden ettet etsikkoaikaasi tuntenut" (Luuk. 19:42–44.) Historia todistaa, että juuri näin tapahtui. "Hän tuli omiensa tykö, ja hänen omansa eivät ottaneet häntä vastaan" (Joh. 1:11). On suuri historiallinen draama, että juutalaiset ristiinnaulitsivat Messiaan eli oman kuninkaansa.

Jos Jerusalem kulki etsikkoaikansa ohi, niin se vaara on myös kaikkialla muuallakin. Älä kulkeudu etsikkoaikasi ohi! Kun olet herätyksen tilassa, niin olet tavallista herkempi hengellisille asioille. Silloin tunnet, että Jumala vetää sinua puoleensa. Jos koet näin, niin suosittelen sinua ottamaan Jeesuksen Kristuksen vastaan ottamalla vastaan hänen Henkensä. Silloin tulet uskoon. Jerusalem oli herätyksen tilassa, mutta se ei kääntynyt Jumalan puoleen. Älä sinä tee sitä samaa virhettä, vaan anna elämäsi Jeesukselle.

Jeesuksen ristinkuolema oli maksu meidän synneistämme, jonka kautta olemme saaneet vapauden. Jeesuksen veri vuoti Golgatalle. Sen kautta sydämesi puhdistuu, ja saat puhtaan ja hyvän omantunnon. Anna menneiden olla. Älä ajattele, että mitä ihmiset sanovat, jos sinusta tulee uskova Jeesuksen opetuslapsi. Tartu tilaisuuteen, ja käänny Jumalan puoleen. Usko Jeesukseen, ja tee parannus synnistä. Kristinusko perustuu todellisiin historiallisiin tapahtumiin. Galatian seurakunnat, joille Paavali kirjoitti, olivat oikeita. Niiden ihmiset olivat vaarassa eksyä elävästä uskosta kuolleeseen uskontoon.

Lain alle joutuminen on todellinen uhkatekijä myös nykyajan seurakunnille. Jotkut luulevat, että Jumalan armosta saarnaaminen johtaa uskovat syntiin. Näin ei ole. Saamme kyllä syntimme anteeksi Jumalan armosta Kristuksen tähden, mutta Jumalan armo ei johda syntiin vaan siitä pois. Synti on orjuutta. "Sillä synnin ei pidä teitä vallitseman, koska ette ole lain alla, vaan armon alla" (Room. 6:14). Meille tarjotaan vapautta synnin orjuudesta. Olemme saaneet hyvin paljon, kun meidät on armahdettu. Tämä ei suinkaan vähennä vastuutamme. Päinvastoin. Mitä enemmän Jumala on antanut sinulle, sitä suurempi on sinun vastuusi. Vanha liitto liittyy lakiin. Uusi liitto perustuu Jumalan vapaaseen armoon Kristuksessa. Usko on synnin hylkäämistä. Se on Jumalan puoleen kääntymistä ja selän kääntämistä maailmalle. Itse asiassa juuri armo antaa meille voiman olla tekemättä syntiä. "Sillä Jumalan armo on ilmestynyt pelastukseksi kaikille ihmisille ja kasvattaa meitä, että me, hyljäten jumalattomuuden ja maailmalliset himot, eläisimme siveästi ja vanhurskaasti ja jumalisesti nykyisessä maailmanajassa" (Tiit. 2:11–12).

Jumalan voimasta varjellumme pelastukseen, johon hän on meidät kutsunut ja valinnut. Jumalan armosta saamme elää pyhää elämää puhtaina. "Herran pelko on viisauden alku, ja

Pyhimmän tunteminen on ymmärrystä" (Sananl. 9:10). Mutta kuka tänä päivänä enää puhuu Jumalan pelkäämisestä? Harvoin enää kuulee puhuttavan siitä. Silti Raamattu sanoo: "Herran pelko on pahan vihaamista" (Sananl. 8:13). On myös kirjoitettu: "Älä ole viisas omissa silmissäsi. Pelkää Herraa ja karta pahaa" (Sananl. 3:7.) Näyttää siltä, että jumalanpelko on kadonnut. Ennen vanhaan vielä sentään kunnioitettiin Jumalaa. Nykyisin vaan pilkataan. Emme saa taipua jumalattomuuden emmekä jumalattomien edessä.

Talvisota ja Jatkosota pitivät suomalaiset nöyrinä. Nykyinen ylellinen elämäntapamme on vieraannuttanut monet Jumalasta. Meistä on tullut hovikelpoisia. Olemme ylpeitä ja nautinnonhaluisia. En ihannoi sotaa. Katson Jumalan varjelleen Suomea. Maassamme on eletty herätyksen aikoja. Vaikka kuulemme sanomia siitä, että miten valtavasti ihmisiä on tullut uskoon Euroopan ulkopuolella, niin uskon silti, että meilläkin on mahdollisuus uudistua. Monet eurooppalaiset elävät seurakuntayhteyden ulkopuolella. On uskovia, joita ei ole kastettu. On tarpeetonta edes sanoa, että Eurooppa on lähetyskenttä. "Sillä sinä sanot: Minä olen rikas, minä olen rikastunut enkä mitään tarvitse" (Ilm. 3:17). Laodikea tarkoittaa kansanvaltaa. Juuri tuo äsken siteeraamani Ilmestyskirjan jae puhuu Jumalan ankarista nuhteista Laodikean seurakunnalle. On syytä kuitenkin muistaa se, että hyvin suuret lupaukset koskivat tuota penseyteen langennutta seurakuntaa. Laodikean seurakunnan saamat nuhteet ja lupaukset koskevat juuri meitä nykypäivän eurooppalaisia ja suomalaisia. Meidän täytyy uudistua, tai muuten elämä katoaa seurakunnasta, ja se kuolee. Meidän täytyy asettaa Jeesus kaikkien rikkauksiemme, nautintojemme ja ansioidemme edelle. Vain niin tehden me saamme omistaa ne Jumalan armon ja iankaikkisen elämän lupaukset, jotka ovat Kristuksessa.

Gal. 2:10   ”Meidän oli vain muistaminen köyhiä, ja juuri sitä minä olenkin ahkeroinut tehdä.”

Sen lisäksi, että Jerusalemin kristilliset johtajat hyväksyivät Paavalin julistaman evankeliumin ja suostuivat yhteistyöhön hänen kanssaan, he neuvoivat häntä auttamaan ”köyhiä”. Juuri laupeuden teot, kuten almujen antaminen, sisältyvät kristilliseen uskoon. Laupeus on kuin armon toimeliaampi sisar. Mielestäni laupeudesta puhutaan seurakunnissa vähemmän kuin armosta. Ehkä näin on siitä syystä, että sanan tekijöitä on vähemmän kuin niitä, jotka ovat pelkkiä sanan kuulijoita. Laupeus on kuin armon jatke. Se vie Jumalan armon käytäntöön. Raamattu puhuu suhteellisen paljon köyhien auttamisesta. Se kuuluu sekä Vanhan että Uuden testamentin opetukseen.

Köyhyys on merkittävä rasite ihmiselle. Hän on kuitenkin siinä mielessä autuaampi kuin rikas, koska hänellä ei ole omaisuutta, mihin kiintyä sydämestään. Jeesus sanoo: ”Autuaita ovat laupiaat, sillä he saavat laupeuden” (Matt. 5:7). Usein on niin, että joka on auttanut muita, saa myös itse apua toisilta. Asian toinen puoli on se, että usein autetusta tulee auttaja. Hän siis tekee laupeutta, koska on saanut laupeutta. Näin muodostuu hyvän tekemisen kehä, joka laajenee. Laupeuden teot myös antavat tekijälleen henkistä ja hengellistä tyydytystä. ”Pitäkää pyhien tarpeet ominanne” (Room. 12:13). Näin ollen on syytä huomauttaa, että uskolla on myös käytännön ulottuvuus. Jos uskosi ei mitenkään näy, niin on syytä miettiä sitä, että oletko uskossa alkuunkaan. Jaakobin mukaan ”ihminen tulee vanhurskaaksi teoista eikä ainoastaan uskosta” (Jaak. 2:24).

Köyhillä on pulaa rahasta. Monesti köyhän elintaso on matalampi kuin rikkaan. Olisi tervettä antaa omastaan köyhille. Rikas länsimainen elämäntapamme on hyvin kallis. Elämme hirvittävän kulutushysterian keskellä. Meidän tulisi määrätietoisesti alentaa omaa elintasoamme auttaaksemme köyhiä. Jos elämme jatkuvasti yli varojemme, niin emme pysty auttamaan ketään taloudellisesti. Jos olet kovin velkaantunut, niin tarvitset jokaisen lantin itsellesi. Silloin olet periaatteessa hyödytön köyhien kannalta. Olemme hyväosaisia. Siitä ei ole epäilystäkään. Köyhyyden käsite on kuitenkin viimeisen puolen vuosisadan aikana muuttunut täällä Suomessa. 1950–luvulla kymmenlapsinen köyhä perhe saattoi omistaa yhdet kengät. Nykyisin, 2020–luvulla, perhe, jonka jokainen lapsi omistaa kymmenet kengät, saatetaan luokitella köyhäksi. Meillä on materiaalia. Aineellinen hyvinvointi on lisääntynyt samalla, kun henkinen ja hengellinen pahoinvointi on lisääntynyt. Meidän tulisi tyytyä vähempään, etsiä kohtuutta talouteen liittyen ja muistaa köyhiä. Emme ole täällä itseämme vaan toisia varten.

Gal. 2:11   "Mutta kun Keefas tuli Antiokiaan, vastustin minä häntä vasten kasvoja, koska hän oli herättänyt suurta paheksumista."

Jumala ei katso henkilöön. Mekään emme saisi tehdä niin. Keefas oli toiminut väärin: "hän oli herättänyt suurta paheksumista". Antiokia, joka sijaitsi Syyriassa, oli eräs alkukirkon keskuspaikoista. "Ja Antiokian seurakunnassa oli profeettoja ja opettajia" (Ap. t. 13:1). Kyseessä oli vahva seurakunta. Sieltä Paavali lähti lähetysmatkoilleen. Jos joku tekee väärin, niin meidän tulisi nuhdella häntä, vaikka kyseessä olisi kristillinen johtaja, kuten Pietari. Meidän tulee taistella evankeliumin totuuden puolesta. Jumalaa kiinnostaa se, että miten toimimme ihmisten kanssa. Meidän tulee välittää Jumalan armoa ei-uskoville. Tämä on selvä evankelinen peruslähtökohta: "Menkää kaikkeen maailmaan ja saarnatkaa evankeliumia kaikille luoduille" (Mark. 16:15).

Jeesus ei kuollut Golgatan keskimmäisellä ristillä pelkästään juutalaisten vaan kaikkien ihmisten puolesta. Uskoviksi tulleet pakanat on yhdistetty todelliseen Israeliin eli niihin juutalaisiin, jotka uskovat Jeesukseen. Mutta miten meidän tulisi toimia toisten uskovaisten kanssa? Tässä on se lähtökohta, että juuri heitä meidän tulee erityisesti rakastaa. Tämä ei silti tarkoita kaikkien heidän tekojensa hyväksymistä, päinvastoin. Meille, joille on annettu valo, on samalla annettu vastuu. Se, kun nuhtelemme toisia uskonveljiä tai -sisaria, on osoitus rakkaudestamme heitä kohtaan. Jeesus opetti: "Mutta jos veljesi rikkoo sinua vastaan, niin mene ja nuhtele häntä kahden kesken; jos hän sinua kuulee, niin olet voittanut veljesi" (Matt. 18:15).

Paavali vastusti julkisesti ja "vasten kasvoja" Pietaria, joka oli tehnyt pesäeroa juutalaisten ja pakanoiden kesken, vaikka he kaikki olivatkin kristittyjä. Kirjeessään galatalaisille Paavali kertoo tästä tapauksesta. Se saattaa tuntua nykylukijasta yllättävältä. En tiedä, että olisinko itse tehnyt tapauksesta niin suurta numeroa. Toinen asia, mikä meidän on huomattava, on se, että Galatia ja Antiokia olivat aivan eri paikkoja. Ne olivat molemmat pakanataustaisia seurakuntia. Vaikka ne sijaitsivat satojen kilometrien päässä toisistaan, niitä molempia uhkasi sama vaara: judaismi eli lakihenkisyys. Ehkä juuri siksi Paavali nosti Antiokian tapauksen esiin kirjeessään Galatian kristityille.

Pakanuudesta uskoviksi tulleiden ei saa joutua lain alle. Mooseksen laki ei meitä pelasta vaan Jumalan armo Jeesuksessa Kristuksessa. Uskonto ei voi sinua vapauttaa. Usko Herraan Jeesukseen, ja aseta kaikki luottamuksesi häneen, niin saat levon hänessä. Monien uskontojen orjat etsivät vapautta, mutta vain Jeesus voi sen antaa. Vapaus on yksi tärkeimpiä evankeliumin todellisen omistamisen tunnuspiirteitä. Lepää Jumalan armossa, ja osoita sitä myös muille.

Gal. 2:12–13   "Sillä ennen kuin Jaakobin luota oli tullut muutamia miehiä, oli hän syö nyt yhdessä pakanain kanssa, mutta heidän tultuaan hän vetäytyi pois ja pysytteli erillään peläten ympärileikattuja, ja hänen kanssaan lankesivat ulkokultaisuuteen muutkin juutalaiset, niin että heidän ulkokultaisuutensa tempasi mukaansa Barnabaankin."

Paavali jatkaa kertomustaan Antiokian tapaukseen liittyen. Hän valottaa sen taustoja. Hän kiinnittää huomion siihen muutokseen, joka tapahtui Pietarin käytöksessä juudealaisten saavuttua. Pietari oli ollut ateriayhteydessä pakanoiden kanssa. Kuitenkin "hän vetäytyi pois ja pysytteli erillään peläten ympärileikattuja". Johtajan esimerkki on tärkeä, koska hänellä on suurempi vastuu kuin toisilla. Epäilemättä Pietari oli yksi alkuseurakunnan johtajista. Hänellä oli sen myötä myös suuri vastuu. Vaikka evankeliumi julistettiin juutalaisille ensin, niin uskovaisten keskinäisen ateriayhteyden rikkominen oli väärin. Johtajan vastuu tekee hänen lankeemuksestaan syvän. ""Miksi teidän opettajanne syö publikaanien ja syntisten kanssa?" Mutta kun Jeesus sen kuuli, sanoi hän: "Eivät terveet tarvitse parantajaa, vaan sairaat. Mutta menkää ja oppikaa, mitä tämä on: 'Laupeutta minä tahdon enkä uhria.' Sillä en minä ole tullut kutsumaan vanhurskaita, vaan syntisiä"" (Matt. 9:11–13.)

Pietarin toiminta Antiokiassa muistutti enemmän fariseuksen kuin evankelistan tekoa. Hän lankesi tekopyhyyteen. Jos kerran Jeesus hyväksyi syntiset aterialle kanssaan, niin tottahan toki myös hänen opetuslastensa tulisi tehdä niin. Pietari oli ollut Jeesuksen kanssa hänen aterioidessaan publikaanien ja syntisten kanssa. Kastijärjestelmä on kuitenkin murrettu Kristuksessa. Jeesus ei katsonut ketään ylen. Hän itse "oli ylenkatsottu, kipujen mies ja sairauden tuttava, jota näkemästä kaikki kasvonsa peittivät, halveksittu, jota emme minäkään pitäneet" (Jes. 53:3).

Evankeliumi ja ulkokultaisuus eivät kuulu yhteen. Pelastumme yksin Jumalan armosta. Olemme armon alla. Syntimme on sovitettu. Jeesus teki sen. Hän uhrasi verensä tähtemme. Jeesus kuoli vuoksemme. Jeesus on lunastanut meidät vapauteen. Hänessä lepää Jumalan armo ja armahdus. Usko Jeesukseen. Omista Jumalan armo häneen luottaen. Älä antaudu epäuskolle. Jeesus on kaiken luottamuksen arvoinen. Hän antaa rauhan levottomalle sielulle. Meillä on suuri aihe kiitokseen. Saamme iloita evankeliumista ja siitä voitosta, jonka Jeesus sai. Hän kuoli meidän puolestamme. Syntien anteeksisaaminen on Jeesuksen ristinkuoleman varassa. Siinä lepää myös se vapaus, joka meillä on Kristuksessa. Kutsun sinut armoliittoon Jeesuksen kanssa. Evankeliumi on tarkoitettu levitettäväksi kaikkialle maailmaan. "Jos te minua rakastatte, niin te pidätte minun käskyni. Ja minä olen rukoileva Isää, ja hän antaa teille toisen Puolustajan olemaan teidän kanssanne iankaikkisesti, totuuden Hengen" (Joh. 14:15–16.)

Lähetyskäsky on voimassa. Jos evankeliumi on etusijalla sydämessämme, niin pysymme ateriayhteydessä sekä syntisten että pyhien kanssa. "Menkää siis teiden risteyksiin ja kutsukaa häihin, keitä tapaatte" (Matt. 22:9). Evankeliumi kaipaa tulla kerrotuksi. Sen kautta pelastumme. Jumala ei silti tarkoittanut meitä tekemään lähetystyötä oman voimamme tai viisautemme kautta vaan Pyhän Hengen voimalla.

Sota odottaa sinua. Se on sota, johon kaikki osallistuvat. Olet joko pimeyden puolella tai valon. Tuo kosminen taistelu koskettaa meitä. Se on taistelu sieluista. Sielujen pelastuminen ei suinkaan miellytä kaikkia, vaikka se onkin ihmisille parasta. Meillä on mahtavat vastustajat astuessamme kentälle. Niitä ovat turmiovallat: Saatana enkeleineen, synti, liha ja kuolema. Tehtävämme ei ole helppo. Emme saa sammuttaa Pyhän Hengen tulta. Emme saa turmella Jumalan työtä. Jumalan rakkaus evankelioi paremmin kuin tuhat järkisyytä uskomiselle. Tietysti on myös muita esteitä evankeliumin leviämiselle kuin turmiovallat. Niitä ovat rakkauden sammuminen, rukoilemattomuus, epäusko ja penseys, jotka kalvavat seurakuntaruumista kuin hivutustauti.

Kunpa Jumala johdattaisi meidät kypsän viljan eli niiden ihmisten luokse, jotka tahtovat tulla uskoon. Kunpa rahan himoitseminen ei enää saisi tukahduttaa evankeliumin tulta Jeesuksen opetuslasten sydämissä. Olemme saaneet paljon. Vastuu on meidän. Kerran meiltä tullaan kysymään, että mihin käytimme sen ajan, mikä meille annettiin. Toimimmeko Jumalan kunniaksi vai häpeäksi? Käytimmekö lahjamme Jumalan asiaan vai omiin intresseihimme? Tuliko ketään kauttamme uskoon? Kerroimmeko Jeesuksesta? Nämä ovat uskoville vakavia kysymyksiä. Pelkäämmekö ihmisiä enemmän kuin Jumalaa? Me emme saisi vaieta Jeesuksesta.

Paavali suhtautui vakavasti Pietarin lankeemukseen. Me emme saa asettaa mitään estettä Jumalan evankeliumille Kristuksessa Jeesuksessa. Kunpa koko Eurooppa syttyisi Jumalan tuleen ja evankeliumi menisi eteenpäin saavuttaen kaikki kansat. Kunpa Pyhä Henki saisi valloittaa ihmisten sydämet rakkaudellaan. Kunpa Jeesus kirkastettaisiin ja maanosamme uskovat uudistuisivat. Emme saa enää antaa vihollisille ja epäuskolle myöten, vaan meidän tulee elää evankeliumi todeksi joka päivä ja hetki. Ylistetty olkoon Herran nimi. Kiitos Jeesus. Tee evankeliumista totta. Moukaroi esirukouksillasi viholliset alas niin kuin Jerikon muurit aikoinaan. Ne sortuivat Jumalan voimalla. Koe Pyhän Hengen kaste, ja anna hänen voimansa vaikuttaa kauttasi. Tulkoon Jumalan rakkauden hyökyaalto maanosamme yli, ja saakoon tämä vanha mantereemme uudistua Jumalan vanhurskauteen ja armoon.

Gal. 2:14   "Mutta kun minä näin, etteivät he vaeltaneet suoraan evankeliumin totuu-
den mukaan, sanoin minä Keefaalle kaikkien kuullen: "Jos sinä, joka olet
juutalainen, noudatat pakanain tapoja etkä juutalaisten, miksi sinä pakotat
pakanoita noudattamaan juutalaisten tapoja?""

Paavali päättää Antiokian tapaukseen liittyvän jakson paljastamalla Pietarin rikkomuksen.
Pietari ja muut eivät "vaeltaneet suoraan evankeliumin totuuden mukaan". Olivat tapasi
juutalaisia tai pakanallisia, niin ne eivät saa muodostua esteeksi evankeliumille. Paavali
nuhteli Pietaria yleisön edessä. Raamattu sanoo: "Syntiä tekeviä nuhtele kaikkien kuullen,
että muutkin pelkäisivät" (1. Tim. 5:20). Missä ovat ne, jotka puolustavat evankeliumia tänä
päivänä? Paavalin kirje galatalaisille on hyvin ajankohtainen seurakuntakirje. Se on taiste-
lukirjoitus evankeliumin puhtauden puolesta. Meillä nykypäivän uskovilla on sama vaara
kuin Galatian kristityillä. Emme saa sekoittaa lakia ja evankeliumia.

Jos olet taustaltasi pakana, niin älä ryhdy noudattamaan juutalaisia tapoja. Jos olet juu-
talainen, niin älä pakota pakanataustaisia noudattamaan niitä. Juutalaisuuden ja pakanuuden
välillä kulkee ylitsepääsemätön kuilu. Myöskään kristittyjen ei tarvitse ryhtyä juutalaisiksi.
Oman huomionsa ansaitsee se, että Paavali ja Pietari pysyivät juutalaisina uskostaan huoli-
matta. Tapaus, josta Paavali kertoo, ei kuvasta valtataistelua kahden alkuseurakunnan joh-
tohenkilön, Pietarin ja Paavalin, välillä. Kyseessä on pikemminkin taistelu totuuden puo-
lesta.

Usko Jeesukseen ei velvoita sinua noudattamaan juutalaisia tapoja. Kristuksessa saat
olla vapaa Jumalan lapsi. Et tarvitse uskonnollisia muotomenoja tai riittejä. Pelastumme
yksin armosta, Kristuksen tähden. Meillä ei ole muuta tapaa tulla vanhurskaiksi kuin usko
Jeesukseen. Hänen tähtensä kelpaat Jumalalle sellaisenaan. Hänen tähtensä Jumala armah-
taa sinut. Oikeastaan hän on jo armahtanut sinut. Se tapahtui silloin, kun Jeesus kuoli Gol-
gatalla. Kun roomalaisten naulat lävistivät hänen ranteensa ja nilkkansa, ja kun häntä oli
ensin ruoskittu, ja orjantappurakruunu oli painettu hänen päähänsä, ja kun keihäs lävisti
hänen kylkensä, ja Jeesus heitti henkensä, niin silloin meidät armahdettiin. Jumalan armo
perustuu nimittäin Jeesuksen kuolemaan. Mutta pääsy tuohon armoon tapahtuu uskon
kautta. Emme pelastu tekojen kautta vaan uskon kautta. Se on väline, jolla omistamme Ju-
malan armon. Syntimme on annettu anteeksi. Velkamme on nollattu. Olet vapaa. Kahleesi
on murrettu. Silti meidänkin tulisi enemmän valvoa seurakuntien hengellistä tilaa, jotta
evankeliumi säilyisi puhtaana keskuudessamme. Meidän tulee vaalia evankeliumin totuutta
ja vaeltaa suoraan sen mukaan.

Gal. 2:15–16 "Me olemme luonnostamme juutalaisia, emmekä pakanasyntisiä; mutta koska tiedämme, ettei ihminen tule vanhurskaaksi lain teoista, vaan uskon kautta Jeesukseen Kristukseen, niin olemme mekin uskoneet Kristukseen Jeesukseen tullaksemme vanhurskaiksi uskosta Kristukseen eikä lain te oista, koska ei mikään liha tule vanhurskaaksi lain teoista."

Paavalin kirje galatalaisille voidaan tiivistää kahteen käsitteeseen. Ne ovat laki ja evankeliumi. Ne liittyvät siihen Raamatun opetukseen, joka käsittelee ihmisen pelastumista. Vanhurskas on perinteisesti määritelty Jumalalle kelpaavaksi. Paavali kirjoitti: "Me olemme luonnostamme juutalaisia, emmekä pakanasyntisiä." Pelastus ei kuitenkaan riipu kansallisuudestasi. Mikäli olet syntynyt uudesti, niin sinä olet Jumalan lapsi. Asemasi on muuttunut. Sinusta on tullut vanhurskas ja pyhä. Et ole enää orja vaan vapaa. Meillä ei ole muuta keinoa tulla vanhurskaiksi kuin usko Jeesukseen Kristukseen. Tätä Paavali korostaa. Se on hänen kirjeensä ydinteema. Vanhurskauttaminen lepää Jeesuksen Kristuksen varassa. Häneen perustuu armo ja syntien anteeksisaaminen. Jumala antoi meille oman Poikansa, joka lunasti meidät vapauteen. Lain kautta meille näytetään, että mitä synti on. Evankeliumin kautta meille on lahjoitettu armo ja vapaus. Emme "tule vanhurskaiksi lain teoista, vaan uskon kautta Jeesukseen Kristukseen".

Jeesus on mittaamattoman arvokas aarre. Usko on Jumalan lupausten omistamista. Pelastavan uskon ainoa kohde on ristiinnaulittu Jeesus. Kertomus ei kuitenkaan päättynyt ristille. Synnin valta murrettiin Golgatan keskimmäisellä ristillä jo lähes kaksi tuhatta vuotta sitten. Voitto synnistä saavutettiin siellä. Mikäli olet saanut kokea ristin, niin olet päässyt osalliseksi vapaudesta. Yhteys Jeesuksen ristinkuolemaan on voitto synnistä. Mutta kuolemansa ja hautaamisensa jälkeen Jeesus nousi kuolleista kolmantena päivänä. Kuolema on voitettu valta. Jeesus teki sen. Hänet otettiin ylös taivaaseen monien nähdessä sen omin silmin.

Puhuttaessa pelastuksen ehdosta kaikki kiteytyy yhteen sanaan. Se on usko. Jumala on tehnyt osuutensa lähettämällä oman Poikansa, joka kuoli meidän puolestamme ja sovitti meidät. Ihmisen osaksi jää uskoa. Jos Jeesusta ei olisi lähetetty, niin meillä ei olisi mitään, mihin uskoa. Koska yhteys ihmisen ja Jumalan välillä katkesi syntiinlankeemuksessa, niin Jumalasta tuli ihmisille luoksepääsemätön eli transsendentti. Mutta Jumala päätti ilmoittaa itsensä Pojassaan. Jeesus on Jumalan ilmoitus. Hän on Jumalan Sana. Opiskellessasi Raamattua avoimin sydämin ja mielin opit tuntemaan Jumalan Pojan, Jeesuksen. Anna Pyhän Hengen pukea sinut Jeesukseen Kristukseen. Ensin on kuitenkin riisuuduttava pois ylpeydestä ja omavanhurskaudesta. Synnintunto on armontunnon looginen edellytys. Jaakob on kirjoittanut: "pankaa pois kaikki saastaisuus ja kaikkinainen pahuus ja ottakaa hiljaisuudella vastaan sana, joka on teihin istutettu ja joka voi teidän sielunne pelastaa" (Jaak. 1:21).

Meidän on hyväksyttävä koko Raamattu eikä vain osia siitä. Jumalan Sana ei jätä meitä toimettomiksi. Siksi myös Jaakob jatkaa: "olkaa sanan tekijöitä, eikä vain sen kuulijoita, pettäen itsenne" (Jaak. 1:22). Kaikilla meillä on jokin lahja. Se voi olla luonnollinen tai hengellinen, mutta se on tarkoitettu käyttöön. Meidän tulee kääntyä Herran puoleen palvellen häntä ja rukoillen häntä. "Sillä ei Ihmisen Poikakaan tullut palveltavaksi, vaan palvelemaan ja antamaan henkensä lunnaiksi monen edestä" (Mark. 10:45).

Elämä tulee koettelemaan uskollisuutesi. Et välttämättä saa sitä, mitä haluaisit. Joudut pettymään. En kaavaile sinulle helppoa elämää uskoontulon jälkeen, päinvastoin. Sinulla tulee olla se asenne, että olet valmis kärsimään Jeesuksen vuoksi. Me emme saa luopua Kristuksesta, tuli mitä tuli. Emme saa taipua kuoleman tai kidutuksenkaan edessä. Edessämme avautuu taivas. Maailma, tuo eksyttäjä, nousee meitä vastaan. Älä luovuta, vaan kestä vielä vähän. Mikäli et luovu Herrasta, niin pääset ikuiseen osallisuuteen hänen kirkkaudestaan. Taivaassa saamme iloita. Se on ikuisen ilon ja lohdutuksen paikka. "Sillä minä päätän, että tämän nykyisen ajan kärsimykset eivät ole verrattavat siihen kirkkauteen, joka on ilmestyvä meihin" (Room. 8:18). Paavali jatkaa: "kaikki yhdessä vaikuttaa niiden parhaaksi, jotka Jumalaa rakastavat, niiden, jotka hänen aivoituksensa mukaan ovat kutsutut" (Room. 8:28).

Meillä on suuret lupaukset avoimina Kristuksessa. Niitä ovat vapaus, ilo ja rauha. Ne ovat Jeesuksen opetuslapsen hengellisiä etuoikeuksia. Kun jatkamme uskomista, niin pääsemme perille taivaan kotiin. Seuratessamme Jeesusta tämän pimeän maailman halki eteemme tulee vaikeuksia. Emme saa lannistua niiden vuoksi. Meillä tulisi olla suurempi hätä hukkuvien sielujen tähden. Uskoessasi Jeesukseen pelastat vain oman sielusi. Mutta entä ne kaikki muut? Jumalan tuomio tulee jumalattomille hänen armonsa ajan päättyessä.

Monet huojuvat kahden vaiheilla: Uskoako vai ei? Jotkut ajattelevat ensin nauttivansa tämän maailman herkuista ja vasta sen jälkeen tekevänsä ratkaisun. Joillekin oma maine on tärkeämpää kuin Jumalaan tutustuminen. Meillä ei kuitenkaan ole loputtomasti aikaa. Jos jäät epävarmuuteen Kristuksen suhteen, niin olet vaarassa joutua helvettiin. Taivas on kaiken vaivan arvoinen. Se on ihana paikka. Pyhän Hengen läsnäolo, jota jo nyt saamme kokea, ohjaa meitä Jeesuksen Kristuksen tuntemiseen sekä hänen vanhurskauteensa ja armoonsa. Paavali kirjoitti Jumalan vanhurskaudesta, jota myös hän itse oli saanut kokea. Elä uskosi todeksi, ja ota vastaan Jumalan armo. Se tekee sinut vanhurskaaksi ja pyhäksi.

Gal. 2:17–18   "Mutta jos meidät itsemmekin, pyrkiessämme vanhurskautumaan Kris tuksessa, on havaittu syntisiksi, onko sitten Kristus synnin palvelija? Pois se! Sillä jos minä uudestaan rakennan sen, minkä olen hajottanut maahan, osoitan minä olevani lain rikkoja."

Paavali tiesi, mistä puhua. Hän opetti syntiin ja vanhurskauteen liittyen. Jos tavoittelet vanhurskautumista Kristuksessa, niin sinulla on elämässäsi hyvä, Jumalan mielen mukainen, tavoite. Vaikka meidät tuhannesti havaittaisiin syntisiksi, niin se ei koskaan voi tehdä Kristuksesta syntistä tai synnin palvelijaa. Uskonelämä ei ole pelkkää rukouskokousta ja jumalanpalvelusta, vaan siihen sisältyy paljon muutakin. Katsokaa Jeesukseen. Hän kulki siellä, missä ihmiset olivat. Hän ei liikkunut pelkästään kotinsa ja synagogan välillä, vaan hän liikkui jalan ympäri Israelia. Hän pysyi moraaliltaan täydellisenä, vaikka hän kohtasi paljon syntisiä. Kuka oli kasvattanut Jeesuksesta sellaisen? Tiedän, että Jeesus sai juutalaisen kasvatuksen. Hän osallistui juutalaisten juhliin. Tämän lisäksi hän kävi synagogajumalanpalveluksissa sekä eli pyhää elämää Mooseksen lain mukaan.

Jos olisi yksikin Mooseksen lain käsky tai kielto, jota Jeesus ei olisi täyttänyt, niin hän olisi meidän kaltaisemme syntinen. Jeesus oli kuitenkin ainoa täydellinen ihminen. Hän oli täysin puhdas ja synnitön. Hänestä ei voida löytää syntiä. Juuri sen tähden hän kelpasi siksi uhriksi, joka hänestä tuli Golgatalla. Vaikka hän tavallaan oli osallinen juutalaisesta yhteisöstä, niin tahdon korostaa sitä, että hän kasvoi täysin omalta pohjaltaan. Hänellä ei ollut hengellisiä isiä tai äitejä, vaan hänen Isänsä oli Jumala itse. Jeesuksen elämän keskipiste oli Jumala. Aika ajoin hän vetäytyi yksinäisyyteen siitä syystä, että sai rukoilla Isäänsä. "Hän kasvoi Herran edessä niin kuin vesa, niin kuin juuri kuivasta maasta" (Jes. 53:2). Jeesuksen koko elämä perustui ja tähtäsi Jumalaan ja täyttyi Jumalassa, Isässä. Jeesus on Jumalan ilmoitus, Jumalan Sana.

Paavali ohjaa meitä kirjeessään galatalaisille siihen vanhurskauteen, joka perustuu Jeesuksen Kristuksen tuntemiseen. Jeesuksen ylösnousemus on voitto kuolemasta. Tämän selvemmin en voi sitä sanoa. Sanon sen silti yhä uudestaan ja uudestaan siihen luottaen koko sydämestäni: Jeesus nousi kuolleista kolmantena päivänä Isän Jumalan herättämänä. Vielä tänäkin päivänä mennessäsi Jerusalemiin ja Puutarhahautaan löydät sen seinään kirjoitettuna usealla eri kielellä: "Älkää te peljätkö; sillä minä tiedän teidän etsivän Jeesusta, joka oli ristiinnaulittu. Ei hän ole täällä, sillä hän on noussut ylös, niin kuin hän sanoi" (Matt. 28:5–6.) Olen käynyt Jeesuksen haudassa. Se oli häämatkamme kohokohta. Se oli kokemus, joka jäi mieleen. Se toi Jeesuksen lähelle. Isä Jumala herätti Jeesuksen kuolleista kolmantena päivänä. Tämän uskomalla olet ottanut vastaan koko kristillisen uskon perustavimman totuuden.

Tässä on kyseessä aivan ainutlaatuinen tilaisuus. Ota Jeesus vastaan. Käänny hänen puoleensa. Anna elämäsi Jeesukselle. Seuraa häntä. Uskottuasi Jumalaan Jeesuksen kautta

46

sinusta on tullut kristitty. Syntisi on annettu anteeksi. Ne on pyyhitty pois, olivat ne millaisia tahansa. Älä enää tee syntiä. Tee parannus. Käänny Jumalan puoleen. Hän antaa sinulle voimaa. Tule puhtaaksi Jeesuksen nimessä ja veressä. Hylkää syntisi. Käännä selkäsi maailmalle. Elä Jumalalle ja hänen kunniakseen. Taivas on sinulle avoinna Kristuksessa. Ei ole muuta tietä Jumalan luokse kuin Jeesus Kristus.

Evankeliumin sanoma on hyvin yksinkertainen. Oi Herra, avaa ihmisten sydämet ottamaan se vastaan. Älköön mikään inhimillinen viisaus tulko sille esteeksi. Kun kerran olet tullut uskoon, niin muista, mitä Paavali kirjoitti Galatian uskoville: "jos minä uudestaan rakennan sen, minkä olen hajottanut maahan, osoitan minä olevani lain rikkoja". Usko Jeesukseen ei suinkaan ole ristiriidassa Mooseksen lain kanssa. Se ei johda meitä laittomuuteen. Rikollisuus ja lain rikkominen ei ole koskaan ollut Jumalan tahto ja tarkoitus. Evankeliumi ei ole lakia vastaan.

Suurin osa Mooseksen laista ei kosketa meitä pakanuudesta uskoviksi tulleita. Näin asia ei ole kymmenen käskyn kanssa. Noita Jumalan lain käskysanoja kutsutaan moraalilaiksi. Toisaalla Paavali, pakanoiden apostoli, muistuttaa: "Ei ympärileikkaus ole mitään, eikä ympärileikkaamattomuus ole mitään, vaan Jumalan käskyjen pitäminen" (1. Kor. 7:19). Mihin siis pyhät kirjoitukset ohjaavat meitä pakanuudesta uskoviksi tulleita? Paavali kiteyttää Mooseksen lain merkityksen Uudesta liitosta osallisille: "Älkää olko kenellekään mitään velkaa, muuta kuin että toisianne rakastatte; sillä joka toistansa rakastaa, se on lain täyttänyt. Sillä nämä: "Älä tee huorin, älä tapa, älä varasta, älä himoitse", ja mikä muu käsky tahansa, ne sisältyvät kaikki tähän sanaan: "Rakasta lähimmäistäsi niin kuin itseäsi." Rakkaus ei tee lähimmäiselle mitään pahaa. Sen tähden on rakkaus lain täyttämys" (Room. 13:8–10.)

Rakkautesi määrä kertoo hengellisyytesi ja uskosi laadun. Oma mielipiteesi ei paljon paina tässä asiassa. Toisten ihmisten käsitys sinusta merkitsee enemmän kuin se. Todellinen rakkaus on ikuista. Se on lähtöisin Jumalasta, ja se on annettu meille Pyhän Hengen kautta. Mutta jos Jumalan rakkaus ei välity kauttasi, niin on syytä arvioida uskosi laatua. Elätkö pelkästään itsellesi? Meillä tulisi olla Jumalan rakkauden välittäminen kirkkaana periaatteena ja käytäntönä. Kunpa Jumala vain murtaisi sen kylmän rakkaudettomuuden, joka meissä niin usein vallitsee. Kunpa hän sulattaisi sydämemme jään Pyhän Hengen tulella. Oi, että Jumalan rakkaus palaisi roihuna meissä aina ja polttaisi sydämemme tukokset avoimiksi niin, että elävän veden virrat saisivat virrata kauttamme.

Gal. 2:19–20   ”Sillä minä olen lain kautta kuollut pois laista, elääkseni Jumalalle. Minä olen Kristuksen kanssa ristiinnaulittu, ja minä elän, en enää minä, vaan Kristus elää minussa; ja minkä nyt elän lihassa, sen minä elän Jumalan Pojan uskossa, hänen, joka on rakastanut minua ja antanut itsensä minun edestäni.”

Paavali puhuu osallisuudesta evankeliumiin. Hän on ”lain kautta kuollut pois laista”. Jeesus syntyi lain alle ja ainoana koskaan eläneenä täytti sen. Saamme vapauden lain alaisuudesta Jeesuksen Kristuksen kautta. Juuri osallisuus Jeesuksen ristinkuolemaan tuo meille vapauden laista. En ole lain alla. ”Minä olen Kristuksen kanssa ristiinnaulittu”. Paavali paljastaa syvällisen totuuden. Olemme osallisia Jeesuksen kuolemaan uskon kautta. Meille tarjotaan siinä vapaus synnistä. Risti on Jumalan antama vastaus syntiongelmaan. Jeesus kuoli puolestamme Golgatalla. Siihen perustuu armo. Meidän täytyy tulla ristiinnaulituiksi Jeesuksen kanssa. Vanha lihallinen luontomme on kuollut, kun otamme ristin. Osallisuus siihen on hyvin keskeinen voittoisan hengellisen elämän periaate. Se on voima, joka vapauttaa synnistä.

Paavali ei tässä jaksossa opeta niinkään uskon tekoihin vaan uskon perusteisiin liittyen. Jakso käsittelee ristin teologiaa, mikä on hänen kirjeensä galatalaisille keskeinen aihe. Usko on yhteyttä Jeesukseen ja hänen ristinkuolemaansa, jonka kautta saamme vapauden synnistä. Kun rukoilemme, että ”äläkä saata meitä kiusaukseen, vaan päästä meidät pahasta” (Matt. 6:13), niin se on valvovaa asennetta, joka tekee uskonvaelluksesta vaivattoman ja menestyvän. Ilman ristiä meillä ei olisi oikeaa jumalasuhdetta. Ilman ristiä emme olisi armon vaan lain alla. Ilman ristiä ei ole elävää uskoa vaan kuollutta uskontoa.

Meillä on pääsy Isän Jumalan läsnäoloon Jeesuksen uhrikuoleman ansiosta. Velkamme on maksettu. Syntimme on sovitettu. Meidät on lunastettu. Meistä on tullut vanhurskaita Jumalan armosta. Hän on valinnut meidät armoonsa ja pyhyyteensä. Olemme kasvaneet häneen. Juuremme ovat Jumalassa. Olemme saaneet uudestisyntyä Jumalan rakkauden Hengestä. Hänen Sanansa elää meissä. Olemme vapaita ja vapautettuja. Se, että risti tekee työtään meissä, ei tunnu aina hyvältä. Ei Jeesuksestakaan tuntunut hyvältä, kun häntä ruoskittiin, ja hänen kätensä ja jalkansa lävistettiin. Hän kärsi. ”Koska Kristus on kärsinyt lihassa, niin ottakaa tekin aseeksenne sama mieli – sillä joka lihassa kärsii, se lakkaa synnistä – ettette eläisi tätä lihassa vielä elettävää aikaa ihmisten himojen mukaan, vaan Jumalan tahdon mukaan” (1. Piet. 4:1–2).

Emme saisi hakeutua nautintoihin. Olemme liian mukavuudenhaluisia. Meistä on tullut pehmoja. Meidän tulisi pyhässä pelossa kääntyä Jumalan puoleen ja syttyä Jumalan tulesta. Meidän tulisi ottaa vastaan Pyhän Hengen öljyä ja iloita Herrassa. Jos meiltä puuttuu Pyhän Hengen öljy, niin olemme hyödyttömiä Herran palvelijoita. Silloin kun pimeys laskeutuu, niin vaeltamiseen tarvitaan valoa. Jos meillä ei ole öljyä, niin meillä ei ole myöskään valoa. Saakoon Herra täyttää öljyastiamme ja antaa meille tulensa.

Evankeliumi ei etene ilman Pyhän Hengen voimaa ja voitelua. Enkelit taivaassa iloitse-vat yhdenkin ihmisen kääntymisestä Jumalan puoleen. Saakoon Jumalan tuli syttyä Suo-messa, ja saakoon väkevä herätys pyyhkäistä yli koko Euroopan. Meidän on sitä varten muututtava. On luovuttava itsekeskeisestä ja hekumoivasta elämäntyylistä. On altistettava itsensä Jumalalle sekä hänen palvontaansa ja johdatukseensa. Meidän on seurattava Jee-susta. Käännä katseesi Jeesukseen. Hän on Herra. Astu sisälle siihen elämään, johon Jumala on sinut tarkoittanut. Isää voit lähestyä vain hänen Poikansa Jeesuksen kautta. Ei ole muuta tietä. Kyse ei ole siitä, että elätkö ikuisesti vaan siitä, että missä elät ikuisesti: taivaassa vai helvetissä? Armoa on se, jos pääsemme perille taivaan kotiin. Jumalan armoa saamme ko-kea jo nyt, ajassa. Herran kirkkaus on kuitenkin jotain vielä sitäkin enemmän.

Saakoon Jumala puhdistaa meidät tulellaan. Usko Herraan Jeesukseen. Aseta täysi luot-tamuksesi häneen. Tee parannus. Sinun on hylättävä syntisi ja käännettävä selkäsi maail-malle ja sen ruhtinaalle. Tee parannus. Se on mielenmuutos. Se on kääntyminen Jumalan puoleen. Älä jää horjumaan kahden tien vaiheille, vaan anna koko elämäsi Jeesukselle Kris-tukselle. Ota hänet hetimmiten vastaan. Kunpa seurakunnat saisivat myös Euroopassa täyt-tyä uusista uskovista. Meidän on herättävä. Näin näyn, jossa oli kirkon kellotorni. Oli yö. Kello näytti lyövän kovasti, mutta ääntä en kuullut. Jumala puhuu useilla tavoilla, myös näkyjen kautta. Jeesuksen paluun hetki ei ole vielä tullut, mutta se lähestyy. Nyt jos koskaan uskovaisten on herättävä valvomaan. Lähetyskäsky on vielä voimassa. "Ja tämä valtakun-nan evankeliumi pitää saarnattaman kaikessa maailmassa, todistukseksi kaikille kansoille; ja sitten tulee loppu" (Matt. 24:14).

Kunpa Jumalan tuuli saisi jo puhaltaa täyteen roihuun herätyksen tulen. Meille on an-nettu tehtävä, jolla on merkitystä ikuisuuden kannalta. Jumalan rakkauden ajamina meidän tulisi tehdä evankeliumin työtä. Emme saa väsyä turvaamasta Jumalaan. Kun seuraamme hänen johdatustaan ja olemme kuuliaisia, niin saamme siunauksia ja voittoja. Kunpa evan-keliumin voittoisa sanoma saisi levitä kaikkialle maailmaan. Kunpa sanoma siitä, miten Jeesus mursi synnin vallan Golgatan keskimmäisellä ristillä, saisi valloittaa koko luoma-kunnan.

Gal. 2:21   "En minä tee mitättömäksi Jumalan armoa, sillä jos vanhurskaus on saatavissa lain kautta, silloinhan Kristus on turhaan kuollut."

Jumalan armo on yleinen, mutta se täytyy omistaa henkilökohtaisesti uskolla. Emme tule vanhurskaiksi lain kautta. Jos niin olisi, silloin Kristus olisi "turhaan kuollut". Paavali paljastaa yhden tärkeän merkityksen sille, että miksi Jeesus kuoli ristillä. Hän kuoli, jotta Jumala armahtaisi meidät ja tekisi meistä vanhurskaita. On vain jumalattomia syntisiä ja armahdettuja syntisiä. Se, että luulee tulevansa vanhurskaaksi lakia noudattamalla, mitätöi Jumalan armon. Jumala kuitenkin armahtaa sinut. Hän tekee niin Poikansa ristinkuoleman ansiosta. Uskoessasi Jeesukseen sinusta tulee vanhurskas. Jumala antaa sinulle voimaa olla tekemättä syntiä. Hän johtaa sinut armoonsa ja pyhyyteensä. Muutos on välttämätön. Synnistä sinun täytyy vapautua jo täällä ajassa.

Usko ja parannuksenteko ovat kuin saman kolikon kaksi puolta. Paavali korostaa armon perustetta eli Kristusta. Ilman Jeesusta uskolta puuttuu kohde. Usko Jumalan olemassaoloon ei vielä sinua pelasta. Sinun "täytyy syntyä uudesti, ylhäältä" (Joh. 3:7). Paavali korostaa kirjeessään galatalaisille sitä, ettemme tule vanhurskaiksi lakia noudattamalla. Paavalin kirje on taistelemista evankeliumin totuuden puolesta. Uskosi ei kannattele Jumalaa. Hän pysyy Jumalana, uskoit häneen tai sitten et. Jumala ei ole riippuvainen meidän uskostamme. Pelastumme yksin armosta, uskon kautta, Kristuksen tähden, niin kuin kirjoitettu on. Jokainen vastaa itse sydämensä tilasta Jumalan edessä. Toisen usko ei voi sinua pelastaa. Uskomalla Jeesukseen syntiesi sovittajana pelastat vain itsesi.

Usko on henkilökohtainen asia, mutta se ei ole yksityisasia. Meidän tulee levittää ilosanomaa Jeesuksesta kaikkialle maailmaan. Uskonto on suuri mahtitekijä tässä maailmassa. Uskonnolliset kuvittelevat olevansa lähellä Jumalaa. He luulevat pelastuvansa omilla teoillaan. Meissä ei kuitenkaan ole mitään hyvää itsessämme. Jos jumalattomassa olisi vähänkin hyvyyttä, niin Jumala tekisi väärin tuomitessaan hänet. Kelpaamme kuitenkin Jumalalle hänen Poikansa uhrikuoleman ansiosta.

Saakoon sydämemme tulla pestyiksi Jeesuksen verellä puhtaaksi kaikesta omavanhurskaudesta. Saakoon Jumala johtaa meidät armoonsa ja pyhyyteensä. Päästäksesi Jumalan kirkkauteen taivaassa sinun täytyy ensin tulla osalliseksi hänen armostaan täällä ajassa. Saakoon Isän Jumalan mielisuosio levätä ylläsi. Saakoon Herra Henkensä kautta johdattaa sinua oikeuden ja vanhurskauden polulla. Älä anna minkään eksyttää sinua. Ole valmis uskon tekoihin, jotka ovat Jumalan vanhurskauttavan armon seurausta, sen hedelmää. Ole valmis. Altista itsesi Jumalan Sanalle ja Jumalan Hengelle. Astu Jumalan suunnitelmaan. Kulje Jeesuksen läsnäolossa kohti taivasta tämän pimeän maailman läpi.

Gal. 3:1–2   "Oi te älyttömät galatalaiset! Kuka on lumonnut teidät, joiden silmäin eteen Jeesus Kristus oli kuvattu ristiinnaulittuna? Tämän vain tahdon saada teiltä tietää: lain teoistako saitte Hengen vai uskossa kuulemisesta?"

Paavalin kirjeen galatalaisille taistelukirjoituksen luonne alkaa tulla yhä enemmän esille. Hän puolustaa evankeliumin totuutta. Jo aiemmin hän kirjoitti siitä, että miten Pietari ja Barnabas lankesivat ulkokultaisuuteen. Paavali koettaa palauttaa galatalaiset takaisin evankeliumin opin alle. Lainopettajat olivat eksyttäneet heidät pois Kristuksen armosta. Tämä on kirjeen tausta ja sen kirjoittamisen syy. Galatian seurakuntien ongelma ei ollut liiallinen vapaus vaan lakihenkisyys. Kukaan ei kuitenkaan tule vanhurskaaksi lakia noudattamalla vaan armosta.   Galatalaiskirjeen sanoma on vielä tänäkin päivänä hyvin ajankohtainen. Emme pelastu lain ja armon kautta vaan yksin armosta. Jumalan vanhurskauttava armo käy toteen sinunkin kohdallasi, jos uskot Jeesukseen Kristukseen. Kun uskot häneen, niin saat Pyhän Hengen. Mutta miten tulla uskoon? Voit ottaa Jeesuksen vastaan siellä, missä olet. Rukoile Jeesusta tulemaan elämäsi Herraksi ja antamaan sinulle kaikki syntisi anteeksi sekä vapauttamaan sinut niistä. Saakoon Jumalan Pyhä Henki kirkastaa sinulle Kristusta ja hänen sovitustyötään. Anna elämäsi Herralle Jeesukselle, ja tee parannus. Usko Jumalaan Jeesuksen kautta, ja käänny hänen puoleensa. Hän auttaa. Jeesus pelastaa sinut. Hänessä on armo ja iankaikkinen elämä. Hän on turvakallio.

Älä jää yksin uskosi kanssa. Liity seurakuntaan. Kaikki eivät tajua seurakunnan, uskovien yhteyden, merkitystä. Kaikessa vajavaisuudessaankin seurakunta on parempi kuin ei mitään. Vaikka toisten kadehtiminen ja riidat repivät seurakuntia, on se uskovaisten yhteys, jota ne tarjoavat, tärkeä osa uskovan vaellusta. Sana ja rukous ovat seurakuntien keskeisimpiä toimintoja. Niin kuin dieselmoottori pitää hehkuttaa ennen käynnistämistä, samoin rukouksen tulee edeltää evankeliumin julistamista. Sinunkin tulee liittyä rukousrintamaan lähetyskäskyn täyttämisen puolesta. Monet ovat kristittyjä vain nimellisesti. Heissä ei ole Jumalan Henkeä. Pelastuaksesi sinulla tulee olla henkilökohtainen suhde Jeesukseen Kristukseen.

Taivasten valtakunnan kansalaiseksi pääset syntymällä uudesti. On siis kaksi syntymää. Ne ovat luonnollinen ja hengellinen. Luonnollisen syntymän koettuasi sinusta on tullut jonkin kansan jäsen. Hengellinen syntymä tekee sinusta Jumalan kansan jäsenen. Sinulla on ollut luonnolliset vanhemmat, mutta uuden syntymän myötä sinusta tulee Jumalan lapsi. On järjetöntä kerskailla luonnollisesta syntymisestä, samoin on uudestisyntymisen suhteen. Sen, että meistä on tullut Jumalan lapsia, ei pitäisi tehdä meistä ylpeitä vaan nöyriä. Itsessämme ei nimittäin ole mitään hyvää, vaan olemme Jumalan pyhyyden valossa hänen tuomionsa ja vihansa alaisia.

Kun olemme Kristuksessa, niin osaksemme on suotu Jumalan vanhurskaus. Uskon kautta olemme päässeet osallisiksi Jumalan armosta. Vaikka on niin, että synnintunto on voimakkaan armontunnon edellytys, niin armo ei suinkaan johda syntiin vaan siitä pois. Jos olet tullut uskoon, niin älä enää elä synnissä, vaan lopeta synnin harjoittaminen. Sellainen ihminen, joka on päässyt osalliseksi Jumalan armosta, on mahdollinen hänen pyhyyteensä. Sellainen, joka yhä jatkaa syntielämää uskoontulostaan huolimatta, on vaarassa menettää pelastuksen, jos ei tee parannusta. On Isän Jumalan tahto, ettemme elä synnissä, vaan elämme pyhää elämää. Synti erottaa Jumalasta. Saatuamme jumalallisen valon vastuumme on kasvanut. Meiltä odotetaan enemmän.

Mikäli Perkele, tuo sielujemme vihollinen, ei onnistu lannistamaan meitä mollaamalla meitä, niin hän vaihtaa taktiikkaa. Hän alkaa kehumaan meitä tehdäkseen meistä ylpeitä. Meidän tulisi pitää itsemme nöyrinä ja palvella Herraa. Meidän täytyy tajuta riippuvaisuutemme Jumalasta. Emme ole ansioituneita. Olemme riippuvaisia Jumalan armosta. Lakihenkisyys vetoaa ihmisen ylpeyteen. Omilla teoillamme ei silti ole pelastavaa merkitystä. Pelastus on alusta loppuun Jumalan teko. Siksi on tärkeää pysytellä armon alla ja olla luulematta itsestään liikoja.

Jumala on tarkoittanut armonsa sinunkin kohdallesi. Sen omistaminen tapahtuu uskon kautta. Jumala rakastaa sinua. Siksi hän lähetti oman, ainoan Poikansa kuolemaan ristillä sinun vuoksesi. Olet hänen rakkautensa kohde. Lepää Jumalan armossa. Anna sen vaikuttaa kauttasi. Anna puhdistaa itsesi kokonaan puhtaaksi Jeesuksen veressä. Jeesuksen kuolema mursi synnin vallan. Kun olet osallinen Kristuksen kuolemasta, niin olet vapaa synnistä. Mutta Jeesuksen veri tuo sinulle puhtauden ja pyhyyden. Olet vanhurskas sen ansiosta. Jumala katsoo sinuun Poikansa pyhän ja kalliin veren kautta. Siitä syystä hän ei tuomitse sinua. Omista myös terveys Jeesuksen veren kautta, ja kätkeydy hänen haavoihinsa. "Rangaistus oli hänen päällänsä, että meillä rauha olisi, ja hänen haavainsa kautta me olemme paratut" (Jes. 53:5).

Karitsan veri on myös suoja pahaa vastaan. Niin kuin Jumala Egyptissä antoi tuomionsa mennä ohi niiden kohdalla, jotka olivat sivelleet karitsojen verta oviinsa, samoin tapahtuu Uudessa liitossa. Jumala ei tuomitse sinua Poikansa uhriveren ansiosta, vaan hän katsoo puoleesi lempeästi ja armollisesti. Evankeliumi on pelastuksen sanoma Jumalan armosta Jeesuksessa Kristuksessa. Tule uskoon. Omista ikuinen elämä Herrassa. Anna elämäsi Jeesukselle. Se kannattaa. Ota Kristus vastaan. Seuraa hänen johdatustaan taivaaseen asti.

Gal. 3:3–4   "Niinkö älyttömiä olette? Te alotitte Hengessä, lihassako nyt lopetatte? Niin paljonko olette turhaan kärsineet – jos se on turhaa ollut."

Paavali todella kantoi huolta ja murhetta Galatian uskovista. Hän koettaa vedota heihin. Hän ei mollaa Galatian kristittyjä vaikka kirjoittaakin terävästi. Hänen huolenaan on hengetön ja lihallinen uskonnollisuus, johon nuo "älyttömät galatalaiset" (Gal. 3:1) olivat judaistien takia langenneet. Kristinusko ja juutalaisuus todella ovat kaksi toisistaan erillistä asiaa. Emme pelastu omien tekojemme kautta vaan Jeesuksen kautta. Jotkut sekoittavat keskenään elävän hengellisyyden ja kuolleen uskonnon. Galatalaiset olivat aloittaneet "Hengessä". He olivat Jumalan armosta saaneet tulla osallisiksi Pyhästä Hengestä. Lakihenkinen uskonnollisuus kuitenkin tukahduttaa hengellisen elämän. Paavalin huoli galatalaisten tähden oli todella aitoa.

Emme saa sekoittaa Henkeä ja lihaa keskenään. Jos maailmallisuus on suuri eksyttäjä, niin on myös uskonnollisuus eli lakihenkisyys. Ne molemmat houkuttelevat uskovaa lankeamaan pois kaidalta tieltä. Lihamme täytyy kuolla, tai muuten lankeamme. Se tapahtuu, kun olemme osallisia Jeesukseen ristiinnaulittuna. "Minä olen Kristuksen kanssa ristiinnaulittu, ja minä elän, en enää minä, vaan Kristus elää minussa" (Gal. 2:19–20). Paavali vetoaa myös niihin kärsimyksiin, joita galatalaiset olivat uskonsa vuoksi kokeneet. Jos kuvittelemme, ettemme joudu ollenkaan kärsimään uskoviksi tultuamme, niin olemme vakavasti erehtyneet. Vaikka elämämme on monin tavoin helpottunut, jos vertaamme sitä antiikin ajan ihmisten elämään, niin silti kohtaamme monia vaikeuksia matkallamme. Ei helppous aina ole helppoa. Nautinnot eivät nimittäin kasvata luonnettamme niin kuin kärsimykset. Jumala tahtoo meidän olevan nykyistä lujempaa tekoa. Olemme erehtyneet myös siinä, ettemme pidä tiukasti kiinni niistä periaatteista, joita Jumalan Sana meille tarjoaa. Olemme periaatteettomia pehmokristittyjä.

Toisaalla apostoli Pietari ojentaa meitä: "Koska Kristus on kärsinyt lihassa, niin ottakaa tekin aseeksenne sama mieli – sillä joka lihassa kärsii, se lakkaa synnistä – ettette enää eläisi tätä lihassa vielä elettävää aikaa ihmisten himojen mukaan, vaan Jumalan tahdon mukaan" (1. Piet. 4:1–2). Kärsimykset kuuluvat uskoon. Enemmänkin: Ne kuuluvat elämään. Meidän tulee sekä altistaa itsemme kärsimyksiin että seurata Isämme johdatusta niihin. Velttous vaikuttaa jo moraaliinkin vieden sitä kohti rappiota. On väliä, miten elämme. Meidän on tehtävä pikaisesti parannus kurittomuudestamme. Meille on tärkeää oppia tukahduttamaan himomme ja seuraamaan Herraa hänen pyhyyteensä. Emme saa enää tehdä kompromisseja synnin suhteen. Emme saa antaa lihalle myöten.

Korkeana tavoitteena meillä on oppia hallitsemaan itsemme. Jo Raamatun alkulehdillä todetaan, että "niin väijyy synti ovella, ja sen halu on sinuun, mutta hallitse sinä sitä" (1. Moos. 4:7). Onko mikään muuttunut? Olemme syyllisiä synteihimme. Meidän täytyy julistaa täyttä evankeliumia eikä vain osia siitä. Jumala tahtoo johdattaa meidät pyhyyteensä. Synnille täytyy kääntää selkä. Jumala tarjoaa sinulle parannuksen armoa. Evankeliumi ei ole sellainen, että Jumala antaa sinulle kaikki syntisi anteeksi vain, että jatkaisit synnillisten tottumustesi harjoittamista. Ei, vaan evankeliumi johtaa sinut todelliseen vapauteen synnistä. "Jos siis Poika tekee teidät vapaiksi, niin te tulette todellisesti vapaiksi" (Joh. 8:36). Synnin harjoittaminen ei koskaan ole Jumalasta.

Emme peri myöskään Jumalan siunauksia, mikäli tahdomme jatkaa synnissä. Kun pysyt rukouksessa, ettet joutuisi kiusaukseen, niin olet hengellisesti vahvoilla. Miksi muuten myös Uusi testamentti sisältää niin paljon neuvoja, ohjeita ja kehotuksia uskovaisille, jolleivat he pystyisi niitä noudattamaan? Apostoli Pietari ohjeistaa meitä: "Pyrkikää sen tähden, veljet, sitä enemmän tekemään kutsumisenne ja valitsemisenne lujaksi; sillä jos sen teette, ette koskaan lankea; sillä näin teille runsain määrin tarjotaan pääsy meidän Herramme ja Vapahtajamme Jeesuksen Kristuksen iankaikkiseen valtakuntaan" (2. Piet. 1:10–11).

Meillä on vahvat lupaukset Sanassa. Liha kumartaa joko maailmaa tai uskontoa. Lihan himot voitetaan vain antamalla niiden kuolla. Liha, vanha luontomme, kuolee vain Golgatan keskimmäisellä ristillä Jeesuksen kanssa. Liha on parantumattomasti sairas. Se on ja pysyy sodassa Jumalaa vastaan. Risti on ainoa asia, minkä kautta liha viimein voitetaan. Emme kulje oman tahdon tietä. Me seuraamme Herraa Jeesusta. Hän oli ainoa, joka ei koskaan tehnyt syntiä. Juuri siitä syystä hän kelpasi uhriksi, jonka varassa taivasosuutemme lepää. Me olemme ristiinnaulitut Jeesuksen kanssa. Risti on valtava ase syntiä vastaan. Meidän tulee ottaa se joka päivä kannettavaksemme. Voi olla, että sinulla on monenlaisia kärsimyksiä. Niin oli myös Herrallamme Jeesuksella. Ajattele häntä. Jeesus rukoili niiden puolesta, jotka naulitsivat hänet ristiin. Mikäli meillä on osallisuus häneen kuolleena, niin olemme saaneet suuren voiton. Kärsimykset eivät enää näyttäydy meille niin pelottavina. Ne eivät irrota meitä Jumalan rakkaudesta, joka on Kristuksessa Jeesuksessa, meidän Herrassamme.

Gal. 3:5–6   "Joka siis antaa teille Hengen ja tekee voimallisia tekoja teidän keskuudessanne, saako hän sen aikaan lain tekojen vai uskossa kuulemisen kautta, samalla tavalla kuin "Aabraham uskoi Jumalaa, ja se luettiin hänelle vanhurskaudeksi?""

Elämme valitettavasti ei pelkästään kyynisyyden vaan myös erityisesti epäuskon kyllästämässä kulttuurissa. Uskovat, joiden tulisi olla "maan suola" (Matt. 5:13), ovat haaleita ja penseitä. Jo pelkästään Pyhästä Hengestä ja voimallisista teoista puhuminen tuntuu vieraalta ja kaukaiselta, saati sitten niiden kokeminen käytännössä. Meidän muka järkiperäinen ajattelu- ja elämäntapamme on hyvin kaukana siitä, mitä pidetään kristillisenä ihanteena. Paavali korostaa uskossa kuulemista. Hänelle evankeliumi oli etusijalla. Niin tulisi meilläkin olla. Emme saa elää itsellemme vaan Jumalalle ja hänen kunniakseen. Meillä täällä on samat mahdollisuudet kokea Herralta virvoituksen aikoja kuin siellä, missä on hengellistä herätystä. Saamme lähestyä pyhää Jumalaa hänen Poikansa Jeesuksen kautta.

"Aabraham uskoi Jumalaa ja se luettiin hänelle vanhurskaudeksi" (1. Moos. 15:6). Uskossa on kyse vanhurskaudesta eli Jumalalle kelpaamisesta. Hän hyväksyy sinut sellaisena kuin olet Jeesuksen uhrikuoleman ansiosta. Olemme syntisiä. Tarvitsemme Jeesusta, Vapahtajaa. Lain teot eivät meitä pelasta vaan Jeesus. Kun olet päässyt uskoon, niin olet päässyt armoon. Olet vanhurskas ja pyhä. "Ja Herra Jumala teki Aadamille ja hänen vaimollensa puvut nahasta ja puki ne heidän yllensä" (1. Moos. 3:21). Tämä on esikuva vanhurskauttamisesta. Se on Jumalan teko. Hän pukee meidät vanhurskauteensa. Hän antaa meille puhtaan, ehjän ja sopivan vaatteen, joka peittää alastomuutemme. Olemme Jumalan varassa. Ilman häntä olemme alastomia. Ilman häntä joudumme häpeään.

Vaikka seurakunta on tällä hetkellä heikko, niin voi se syttyä uudestaan palamaan Jumalan tulta. Paavali kirjoittaa toisaalla: "Usko tulee kuulemisesta, mutta kuuleminen Kristuksen sanan kautta" (Room. 10:17). Mikäli koet synnintuntoa, niin olet mahdollinen Jumalan armoon Kristuksessa. Synnintunto on armontunnon looginen edellytys. Kun koet lain voiman olevan pääl-läsi, niin turvaa Herraan Jeesukseen, ja saat armon. "Pitäkää usko Jumalaan" (Mark. 11:22). Ketään ei ole tarkoitettu jäämään lopullisesti syyllisyyden valtaan. Karitsan veri, pyhä ja kallis, on vuotanut Golgatalla sinunkin tähtesi, joka koet syyllisyyttä sydämessäsi. Jeesus kuoli sinunkin puolestasi. "Jumala osoittaa rakkautensa meitä kohtaan siinä, että Kristus, kun me vielä olimme syntisiä, kuoli meidän edestämme. Paljoa ennemmin me siis nyt, kun olemme vanhurskautetut hänen veressään, pelastumme hänen kauttansa vihasta" (Room. 5:8–9.)

Tie pyhyyteen kulkee Jumalan armon kautta. Voimme nähdä sen, että pyhä elämä todistaa siitä, että ihminen on päässyt armon alle. Aabraham on kiinnostava hahmo. Hänestä kerrotaan Vanhassa testamentissa, mutta häneen viitataan myös Uudessa. Hän on esikuva uskosta. Jumala kutsui hänet lähtemään kotoaan Kaldean Urista. Aabraham "lähti tietämättä, minne oli saapuva" (Hebr. 11:8). Aabrahamin kutsusta voidaan nähdä alkaneen

Israelin kansan historian. Hän on sen kantaisä eli patriarkka. Hän on henkilö, jonka esikuvallinen merkitys ulottuu Vanhasta testamentista Uuteen. Jumala ilmestyi hänelle. Hän puhutteli Abramia, sittemmin Aabrahamia. Aabraham luettiin vanhurskaaksi, koska hän uskoi Jumalaa. Olemme samojen siunausten saajia kuin hän, kun uskomme Jeesukseen. Aabrahamin usko oli nimenomaan henkilökohtainen. Hän seurasi Jumalan johdatusta. Aabraham kuuli Jumalan äänen. Hän kuuli sen uskossa. Meille, Uuden liiton osallisuudessa eläville, on annettu enemmän kuin niille, jotka elivät osallisina Vanhasta liitosta.

Uuden liiton päämies ei ole Mooses vaan Jeesus. Olemme hänen kansansa. Seurakunta on Kristuksen ruumis maan päällä. Se on hänen Morsiamensa. Olemme saaneet paljon. Jumalan Pyhä Henki asuu meissä. Olemme hyväosaisia, kun olemme uskossa Jeesukseen. Jos Aabraham kuuli Jumalan äänen, niin tottahan toki se on mahdollista myös meille. Jumalamme ei ole mykkä. Hän elää. Jeesus voi ilmestyä sinulle. Jos Pyhä Henki on sinussa, niin onko vaikeaa uskoa, että hän osaa myös puhua. Kai minäkin sitten olen karismaattinen kristitty, koska kuulen Jumalan äänen sisimmässäni, sydämeni korvilla. Voi olla, että tämä kuulostaa sinusta joltain uutuudelta. Sitä se ei kuitenkaan ole. Kaikkina aikoina on ollut ihmisiä, joille Jumala puhuu. Se on silti sivujuonne. Se ei ole pelastuksen ehto tai este. Saat olla osallinen Jumalan vanhurskaudesta, kun uskot Jeesukseen.

Älä paaduta sydäntäsi, jos Jumala sinua kutsuu. Älä kulje etsikkoaikasi ohi, vaan tartu tilaisuuteen. Ole hengellinen opportunisti. Hyödynnä evankeliumin tarjous. Anna elämäsi Jeesukselle. Tartu Jeesuksen käteen. Ala hänen seuraajakseen. Minulla on näky hukkuvista sieluista. Kärsin sydämessäni heidän vuokseen. Pitkään aikaan en tehnyt asialle mitään, vaikka koin tuskaa. Tämä kirja on kirjoitettu Jumalan lapsille. Niin kuin Paavalin kirje galatalaisille on taistelukirjoitus evankeliumin puolustamiseksi, niin olen minäkin kirjoittanut evankeliumin tähden. Kunpa seurakunnat moninkertaistuisivat. Hukkuvien sielujen tähden uskovaisten tulisi herätä uskonnollisesta unestaan. Seurakuntien johtajien tulisi lakata hengellisten tuutulaulujen laulaminen ja herättää nukkuvat kristityt. Meillä on suuri tehtävä eli sielujen voittaminen. Syntiongelmaa ei ratkaista rahalla. Vain Jeesus voi murtaa synnin vallan. Hänellä "on kuoleman ja tuonelan avaimet" (Ilm. 1:18).

Gal. 3:7   "Tietäkää siis, että ne, jotka uskoon perustautuvat, ovat Aabrahamin lapsia."

Me kristityt olemme Aabrahamin hengellisiä jälkeläisiä uskon kautta. Tästä seuraa se, että olemme osallisia samoista Jumalan lupauksista kuin hän. Jumalan siunaukset ja hänen perintönsä runsaus on tuleva meidän osaksemme, jos pidämme uskon ja vahvistumme siinä. Paavali vetoaa galatalaisten tietoon. "Tietäkää siis…", hän kirjoittaa. Aabraham on todellinen historian henkilö. Jumalan Sana on ankkuroitu ihmisten historiaan. Yhtä todellinen kuin Aabraham, on meidän uskomme Jeesukseen Kristukseen. Usko ei ole pelkkää passiivista vastaanottamista, vaan se on myös käytännön toimintaa. Usko on Kristuksen ottamista vastaan, mutta sen lisäksi se on hyviä tekoja. Uskolla on käytännön ulottuvuus. Saamme seurata Jeesusta arjessa ja juhlassa, joka päivä. Meidän täytyy kuitenkin perustautua uskoon eikä tekoihin.

Evankeliumi perustuu Jeesukseen Kristukseen, Jumalan Poikaan. Hänen sovituskuolemansa ja ylösnousemuksensa ovat se teko, johon meidän uskomme nojaa. Evankeliumi ei siis riipu ihmisen omista teoista, vaan se riippuu Jumalasta, hänen teostaan Kristuksessa. Evankeliumi ei ole ihmiskätten tekoa, vaan se on Jumalan tekoa. Hän on tehnyt aloitteen. Jumala on ojentanut kätensä hukkuvalle ihmiskunnalle Pojassaan. Jumala lähetti Jeesuksen meidän Pelastajaksemme. Jumalan pelastusoperaatio on käynnissä. Meilläkin tulisi olla hätä hukkuvista sieluista. Jumala ratkaisi syntiongelman Golgatalla. Syntimme ovat poissa. Niitä ei enää ole. Olemme vapaita. Se, mikä on mennyttä, on mennyttä. Olemme saaneet syntimme anteeksi. Velkamme on maksettu. Jeesus teki sen. Hän on ostanut meidät vapaiksi. Emme ole enää orjia. Olemme Jumalan lapsia.

Paavalin kirjeen galatalaisille kirjoittamisen syy on evankeliumi. Hän tahtoi puolustaa oikeaa evankeliumia väärää evankeliumia vastaan. Evankeliumi Herrasta Jeesuksesta Kristuksesta on täysin riittävä, jopa ylitsevuotava. Emme tarvitse pelastuaksemme muuta. Emme tarvitse pelastuaksemme armoa ja lakia vaan pelkästään armoa. Pelastumme siis yksin armosta. Emme saa lisätä evankeliumiin mitään. Se on itsessään täydellinen. Kunnian saa hän, jolle se kuuluu, eli Jumala yksin. Hän ei jaa kunniaansa kenenkään kanssa. Hänen ei tarvitse. Hän on Jumala. Me saamme armon, ja hän saa kunnian. Meidän suhteemme valtaan tulee olla Jumalan mielen mukainen. Katsokaa Jeesukseen. Jumala oli hänen elämänsä keskipiste, lähtökohta ja päämäärä. Mitä Jeesus vastasi perkeleen kolmanteen houkutukseen, kun hän yritti vietellä Jeesuksen ottamaan vastaan valta-asema häneltä? "Mene pois, saatana; sillä kirjoitettu on: 'Herraa, sinun Jumalaasi, pitää sinun kumartaman ja häntä ainoata palveleman.'" (Matt. 4:10). Kolmas kiusaus liittyy valtaan. Katso Jeesukseen. Perkeleellä ei ollut tarttumapintaa Jeesukseen, koska Jeesukselta puuttui vallan himo. Niin tulee meidänkin siis kuolla omille pyrkimyksillemme.

Gal. 3:8   ”Ja koska Raamattu edeltäpäin näki, että Jumala vanhurskauttaa pakanat uskosta, julisti se Aabrahamille edeltäpäin tämän hyvän sanoman: ”Sinussa kaikki kansat tulevat siunatuiksi.””

Paavali viittaa Raamattuun. Uskomaton sana on, että ”Jumala vanhurskauttaa pakanat uskosta”. Me olemme päässeet osallisuuteen Jumalan vanhurskaudesta, kun uskomme Jeesukseen. Jumala on purkanut eron juutalaisten ja pakanoiden välillä. Kristus ”on meidän rauhamme, hän, joka teki molemmat yhdeksi ja purki erottavan väliseinän, nimittäin vihollisuuden” (Ef. 2:14). Paavali julistaa: ”pakanatkin ovat kanssaperillisiä ja yhtä ruumista ja osallisia lupaukseen Kristuksessa Jeesuksessa evankeliumin kautta” (Ef. 3:6). Käsillä olevassa jakeessa Paavali jatkaa aiheensa kehittelyä. Vanhurskauttaminen uskon kautta on hyvin keskeinen osa Paavalin teologiaa. Hän paljastaa Galatian uskoville, että miten suuri armo heille on suotu, kun Jumala vanhurskauttaa myös heidät. Hekin ovat saaneet tulla osallisuuteen siitä lupauksesta, jonka Aabraham sai: ”Sinussa kaikki kansat tulevat siunatuiksi” (1. Moos. 12:3). Tämä sanoma ei siis koske pelkästään juutalaisia vaan myös pakanoita eli kaikkia kansoja.

Näin myös Jeesus käski opetuslapsiaan: ”Menkää siis ja tehkää kaikki kansat minun opetuslapsikseni” (Matt. 28:19). Evankeliumi on edennyt kaikkialle maailmaan, toisiin maihin enemmän, toisiin vähemmän. Vielä tulee ihmisiä uskoon, ”kunnes pakanain täysi luku on sisälle tullut” (Room. 11:25). Evankeliumi leviää Pyhän Hengen voimalla. Jeesus kirkastetaan. Sana leviää. Hyvä sanoma Herrasta Jeesuksesta Kristuksesta menee eteenpäin. Meillä ei ole muuta tietä Isän luokse kuin Jeesus Kristus. Vain hänen nimessään hukkuvat sielut pelastuvat. Voi kunpa he huutaisivat avuksi Herran nimeä. ”Ja on tapahtuva, että jokainen, joka huutaa avuksi Herran nimeä, pelastuu” (Ap. t. 2:21). Tässä ei ole mitään outoa. Tämä on vanha totuus. Se ei ole sivuseikka vaan pääasia. Raamattu toteaa jo alkulehdillään: ”Siihen aikaan ruvettiin avuksi huutamaan Herran nimeä” (1. Moos. 4:26). Tuo tapahtui ennen kuin Jumalan tuomio eli vedenpaisumus kohtasi maailmaa. Aika, jota nyt elämme, on verrattavissa tuohon aikaan.

Jumalattomuus tulee lisääntymään, kunnes mitta tulee täyteen, ja Jumala tuomitsee maailman. Hän on vanhurskas tuomari. Pojassaan hän tarjoaa pelastavan kätensä myös sinulle. Hän tarjoaa sinulle vapautta. Hän on valmistanut ulospääsyn hänen tuomionsa alta hänen armonsa alle. ”Joka uskoo häneen, sitä ei tuomita; mutta joka ei usko, se on jo tuomittu, koska hän ei ole uskonut Jumalan ainokaisen Pojan nimeen” (Joh. 3:18).

Gal. 3:9   "Niinmuodoin ne, jotka perustautuvat uskoon, siunataan uskovan Aabraha-
min kanssa."

Siunausta on kaikki se hyvä, mitä saamme jo täällä ajassa Jumalalta. Tässä ei ole kysymys menestysteologiasta vaan Jumalan armosta meille annetusta siunauksesta. Otetaan esimerkiksi raha. Se on itsessään neutraalia, mutta sen himoitseminen eli ahneus, on synti. Jumalan siunaukseen liittyy myös taloudellinen ulottuvuus. Mutta aineellisen siunauksen lisäksi Jumala antaa meille henkistä ja hengellistä hyvää. Jo se, että käytämme sitä etuoikeutta, että rukoilemme Jumalaa, on hänen antamansa siunaus. Uskomme perustuksen on oltava kunnossa, tai muuten emme menesty. Synneistä vapautuminen on eräs hyvin tärkeä hengellisen menestyksen tekijä. Sillä on usein myös talouteen ja terveyteen liittyviä ulottuvuuksia. Voimme usein myös paremmin, kun jumalasuhteemme on kunnossa. Ja jotta se olisi kunnossa, meidän on perustauduttava "uskoon". Jumalasuhde saa alkunsa siitä, kun ihminen antaa elämänsä Jeesukselle. "Sillä muuta perustusta ei kukaan voi panna, kuin mikä pantu on, ja se on Jeesus Kristus" (1. Kor. 3:11).

Selvää tähän asti. Jumalan siunaukset tulee omistaa uskossa. Herra tarjoaa meille auttavan kätensä. Esimerkiksi ylpeyden synnistä vapautuminen on mitä suurin Jumalan siunaus. Se on asia, joka tulee monia meitä lähelle. Kamppailemme helmasyntejämme vastaan. Nuo synnit hidastavat matkan tekemistämme. Minäkin rukoilen vapautuakseni ylpeydestäni ja epäuskostani. Ne hidastavat niiden voittojen saamista, mitkä Herra tahtoisi antaa. Jumalalla on kyllä, mistä antaa. Kyse on vain siitä, että miten paljon pystymme ottamaan vastaan. Hänen rikkautensa ja siunauksensa ovat suuria ja mittaamattomia. Jumalalta saatu nöyryys on hänen siunaustaan. Sekin on Jumalan lahja. Entä Pyhä Henki? Osallisuus Pyhästä Hengestä on varmasti suurimpien Jumalan lahjojen joukossa. Saamme paljon lahjoja. Siunauksia satelee. Meidät "siunataan uskovan Aabrahamin kanssa". Uskovien yhteyttä voidaan pitää siunauksena. Hyvin toimiva jumalasuhde heijastuu myös ihmissuhteisiin.

Mikäli sinun sydämeesi kylvetty oikea uskon siemen on itänyt ja kantaa hedelmää, se vaikuttaa kaikkeen siihen, mitä elämänpiiriisi kuuluu. Tärkeintä on kuitenkin rakkaus. Oikea usko vaikuttaa rakkautena. Meidän kannattaa pitää sydämemme avoimena niin, että Jumalan rakkaus, Pyhä Henki, saa virrata meihin ja meistä muihin. Jumalan käskyistä ensimmäinen on Jumalan rakastaminen yli kaiken hänen tahtoaan noudattaen sekä lähimmäisen rakastaminen niin kuin itseäsi. Jos näitä noudatettaisiin laajemmin, niin maailma olisi parempi paikka.

Gal. 3:10   ”Sillä kaikki, jotka perustautuvat lain tekoihin, ovat kirouksen alaisia; sillä kirjoitettu on: ”Kirottu olkoon jokainen, joka ei pysy kaikessa, mikä on kirjoitettuna lain kirjassa, niin että hän sen tekee.””

Paavali alkaa toden teolla vyöryttämään vanhurskauttamisoppia vastustamattomalla voimalla. Hän tekee jokaiselle kirjeensä lukijalle selväksi, ettemme tule vanhurskaiksi lain vaan uskon kautta. Mikäli tahdomme välttää lain kirouksen, niin meidän on perustauduttava uskoon. Tässä jakeessa Paavali korostaa, että ”kaikki, jotka perustautuvat lain tekoihin, ovat kirouksen alaisia”. Vastakohtana tälle on usko. Taustana Paavalin kirjeelle on tilanne Galatian seurakunnissa. Juutalaiset ”Jaakobin luota” (Gal. 2:12) olivat tulleet turmelemaan heidän uskonsa. Emme tule vanhurskaiksi lain ja armon avulla vaan yksin armosta, Kristuksen tähden, uskon kautta. Evankeliumit, niin kuin myös muut Raamatun kirjoitukset, todistavat Jeesuksesta. Hän on perusta ja syy Jumalan armolle. Hän on pelastavan uskon kohde. Vain Jeesuksen nimessä saamme lähestyä taivaallista Isää. Se on armoa. Jeesus Kristus täytti lain. Hän teki kaiken, ”mitä on kirjoitettuna lain kirjassa”.

Uuden liiton näkökulma Mooseksen lakiin on erilainen kuin Vanhan. Lain kautta saamme tietää, että mitä synti on. Paavali kirjoittaa toisaalla, että: ”lain kautta tulee synnin tunto” (Room. 3:20). Pelkkä lain saarnaaminen ei johda pyhyyteen. Sen voi tehdä vain Jumalan armon evankeliumi Kristuksessa. Jeesus lunasti lain orjat vapaiksi. Mikäli olet saanut tulla tuntemaan Jumalan Pyhän Hengen voiman, mutta jatkat synnissä elämistä, niin tulet vastaamaan teoistasi. Ainoa tie Jumalan pyhyyteen on hänen armonsa. Sinä, joka menet lain alle jo koettuasi syntien anteeksisaamisen ja puhdistuksen synnistä sekä siitä vapautumisen, olet kuin nuo ”älyttömät galatalaiset” (Gal. 3:1). Paavalin kirje galatalaisille nimenomaan ei ole pelkkää uskonnonhistoriaa ja muinaisten tapahtumien kuvausta, vaan kirje on hyvin ajankohtainen. Kerta toisensa jälkeen apostoli Paavali teroittaa, ettemme tule vanhurskaiksi lain kautta vaan yksin Jumalan armosta, Kristuksen tähden ja uskon kautta.

Laki tuomitsee synnin. Se säädettiin ”rikkomusten tähden” (Gal. 3:19). Lakia noudattamalla emme pelastu. Se on väärä evankeliumi. Jos luulemme, että voimme täyttää lain, niin erehdymme. Lyhyesti todettakoon vain, että lailla ei ole pelastavaa merkitystä. Se on vain armolla. Lain saarna kuitenkin vetoaa monien ylpeään itsetuntoon. Se hivelee heidän uskonnollista minäänsä. Monet nykyajan seurakunnat ovat väärän evankeliumin eli lakihenkisyyden hallitsemia. Sitä vastaan Paavali kirjoitti Galatalaiskirjeen, Jumalan evankeliumin puolustamiseksi.

Gal. 3:11   ”Ja selvää on, ettei kukaan tule vanhurskaaksi Jumalan edessä lain kautta, koska "vanhurskas on elävä uskosta."”

Paavali siteeraa Habakukin kirjaa ja perustaa uskonvanhurskauden siihen. Olemme ”Jumalan edessä”. Hän näkee meidät. Jumala katselee meitä joko Poikansa uhrikuoleman kautta tai ilman sitä. Mikäli hän katsoo meihin ilman syntiemme lunastusmaksua eli Jeesuksen verta, niin olemme Jumalan tuomion alla. Vaihtoehtona tälle on armo, joka perustuu Jeesuksen sovituskuolemaan. Tässä tapauksessa, jossa olemme päässeet armon alle uskon kautta, Jumala näkee meidät puhtaina ja pyhinä.

Paavali osoitti kirjeensä, kuten myös Galatalaiskirjeen, uskoville. Galatalaiskirjeen pääsanoma on todellisen evankeliumin puolustaminen lakihenkisyyttä vastaan. Hän siis kirjoitti uskoville eli niille, jotka olivat tulleet hengelliseen herätykseen ja kääntymykseen. Periaatteessa Galatalaiskirjettä ei ole tarkoitettu ei-kristityille. On aivan eri asia olla sisällä kristinuskossa kuin olla ulkona siitä. Välimuotoja ei ole. Olet Jumalan lapsi tai sitten et. Lain noudattamaan pyrkiminen kuului Vanhan liiton aikaan. Mooseksesta lähtien juutalaiset pyrkivät noudattamaan lakia. Mutta jo Aabrahamille Jumala antoi lupauksen siunauksesta uskon kautta. Uusi liitto on yhteydessä Vanhaan. Niiden välillä on jatkuvuus. Paavali opettaa liittoteologiaa seurakunnille. Uusi liitto löytyy Vanhasta. On siis opetuksia, jotka kulkevat läpi koko Raamatun. Jo lain antamisen yhteydessä Mooses sanoi: ”Älkää peljätkö, sillä Jumala on tullut koettelemaan teitä, että Herran pelko olisi teidän silmäinne edessä ja ettette syntiä tekisi” (2. Moos. 20:20). Tämä on yksi opetus, joka kulkee läpi Raamatun: ettemme syntiä tekisi. Jo ilmestyessään Aabrahamille Jumala sanoi: ”Minä olen Jumala, Kaikkivaltias; vaella minun edessäni ja ole nuhteeton” (1. Moos. 17:1).

Paavalin ohje Galatian kristityille on puhutellut minua hyvin paljon. Siinä hän sanoo: ”vaeltakaa Hengessä, niin ette lihan himoa täytä” (Gal. 5:16). Synnin harjoittaminen ei ole koskaan ollut Jumalan tahto ja tarkoitus. Sinä kristitty, joka elät synnissä, teet Jumalan tahtoa vastaan. Se myös hidastaa matkantekoasi eikä Jumala siunaa. Käänny uudestaan Kristuksen puoleen, ja uudistu hänen avullaan. Kun olet saanut syntisi anteeksi, niin älä enää tee syntiä. Jumalan armon tunteminen johdattaa sinut vapauteen synnistä. Raamattu sanoo: ”jokainen, joka tekee syntiä, on synnin orja. Mutta orja ei pysy talossa iäti; Poika pysyy iäti. Jos siis Poika tekee teidät vapaiksi, niin te tulette todellisesti vapaiksi” (Joh. 8:34–36.) Amen.

Gal. 3:12   "Mutta laki ei perustaudu uskoon, vaan: "Joka ne täyttää, on niistä elävä.""

Kohta, jota apostoli Paavali lainaa, lienee 3. Moos. 18:5. Kyseessä on kaksi toisistaan erillistä systeemiä, jotka tavoittelevat samaa asiaa eli vanhurskautta. Käytännössä on kuitenkin niin, että vain usko saavuttaa Jumalan vanhurskauden. Lain noudattamaan pyrkiminen johtaa omavanhurskauteen. Lain kautta saatavan vanhurskauden keskipisteenä on ihminen. Uskon kautta saatavan vanhurskauden kohde, lähtökohta ja päämäärä on Jumala, Jeesuksen Kristuksen kautta. Lakia noudattava luottaa itseensä, omiin tekoihinsa ja ansioihinsa. Voi olla, että hänet on nostettu kunnia-asemaan meriittiensä tähden. Hän saattaa nauttia toisten kunnioitusta ja olla johtavassa asemassa yhteiskunnassa tai seurakunnassa. Hänellä on tuo kunnia-asema, mutta hän on kaukana Jumalasta, koska hän on omavanhurskas. Hän ei tunne Jumalan armoa, joka ei ole mikään arvovaltakysymys, vaan se pohjautuu Jumalan rakkauteen.

Jumala ei ole mikään hirmuhallitsija. Hän on rakkaus. Se on hänen syvin olemuksensa. Jumalan armossa ei ole kysymys vallasta tai asemista tässä maailmassa. Entä jos Jumala johdattaakin sinut viimeiselle sijalle tässä maailmassa? Luovutko silloin? Tie kunniaan käy nöyryyden kautta. Katuva syntinen on varmasti nöyrempi kuin johtoasemassa oleva ulkokullattu fariseus. Olen mieluiten viimeisellä sijalla tässä maailmassa, kunhan vain saan olla Jeesuksen kanssa. Tuleva aika tulee näyttämään meille sen, että mikä oli meille tärkeintä elämässä.

Raamattu sanoo: "Minä olen Herra, sinun Jumalasi, joka vein sinut pois Egyptin maasta, orjuuden pesästä. Älä pidä muita jumalia minun rinnallani" (2. Moos. 20:2–3.) Tämä oli ensimmäinen kymmenestä käskystä. Oletko pitänyt tämän käskyn? Meidän tulee rohkeasti tunnustaa, että elämässämme on ollut hetkiä, jolloin olemme rikkoneet tätä lain kohtaa. Laki on laki ja armo on armo. Miten kävi Aatamille ja Eevalle, kun käärme houkutteli? He lankesivat. Ihmiskunnan historia on siitä hetkestä alkaen ollut lankeemuksen historiaa. "Joka syntiä tekee, se on perkeleestä, sillä perkele on tehnyt syntiä alusta asti. Sitä varten Jumalan Poika ilmestyi, että hän tekisi tyhjäksi perkeleen teot" (1. Joh. 3:8.) Meillä ei ole muuta keinoa päästä Jumalan armoon kuin luottaa koko sydämestämme Jeesukseen Kristukseen syntiemme sovittajana ja antaa Jumalan rakkauden vaikuttaa kauttamme. Vain siten meille tarjotaan taivasosuutta. Päästäksemme ikuiseen Herran kirkkauteen meidän on ensin tultava osallisiksi Jumalan armosta.

Gal. 3:13–14   "Kristus on lunastanut meidät lain kirouksesta, kun hän tuli kiroukseksi meidän edestämme - sillä kirjoitettu on: "Kirottu on jokainen, joka on puuhun ripustettu" - että Aabrahamin siunaus tulisi Jeesuksessa Kristuksessa pakanain osaksi ja me niin uskon kautta saisimme luvatun Hengen."

Nämä kaksi jaetta ovat äärimmäisen sisältörikkaita. Ne sisältävät hyvin paljon. Ensimmäinen niihin liittyvä huomio: "Kristus on lunastanut meidät lain kirouksesta". Mikä on lain kirous? Käsittääkseni sen määritelmä löytyy 3. Moos. 26:14–39 ja 5. Moos. 28:15–68. Lue nämä, jos tahdot selvittää, että miten ankarat ovat ne tuomiot, jotka kohtaavat tottelemattomia. Kiitos Herralle, että "Kristus on lunastanut meidät" siitä vapaaksi. Kun luet Mooseksen lakia, niin huomaat, että miten paljon siinä korostetaan lain noudattamista. Siinä on siis kyse ihmisestä. Vanha liitto monin paikoin korostaa ihmisen osuutta eli hänen omaa vastuutaan teoistaan. Uuden liiton oppi koskee kuitenkin Jumalan armoa. Paavali opettaa tässä kohtaa siitä, että Jeesus "tuli kiroukseksi meidän edestämme". Hän painottaa, että Jeesus kärsi Jumalan tuomion meidän puolestamme. Hän oli uhri, joka sovitti syntimme. Kaikkien ihmisten kaikkina aikoina tekemät synnit laskettiin Jeesuksen päälle. "Rangaistus oli hänen päällänsä" (Jes. 53:5). "Herra heitti hänen päällensä kaikkien meidän syntivelkamme" (Jes. 53:6). Jeesuksen ansiosta meitä ei nyt koheta Jumalan tuomio vaan Jumalan siunaus.

"Sillä ei Jumala lähettänyt Poikaansa maailmaan tuomitsemaan maailmaa, vaan sitä varten, että maailma hänen kauttansa pelastuisi. Joka uskoo häneen, sitä ei tuomita; mutta joka ei usko, se on jo tuomittu, koska hän ei ole uskonut Jumalan ainokaisen Pojan nimeen" (Joh. 3:17–18.) Näin ollen emme saisi olla tuomitsemassa maailmaa, vaan meidän tulee julistaa Jumalan armon evankeliumia. Nyt on evankeliumin aika. Anna Jumalalle tilaisuus voittaa sieluja kauttasi. On elonkorjuun aika. Jeesus sanoo: "nostakaa silmänne ja katselkaa vainioita, kuinka ne ovat valjenneet leikattaviksi" (Joh. 4:35). Seurakunnalle on annettu suuri tehtävä, taivaallinen toimeksianto. Evankeliumi ei kuitenkaan mene eteenpäin ihmisvoimin vaan Pyhällä Hengellä. Meidän on käytävä rukoustaisteluun hukkuvien sielujen voittamiseksi. Meille annetulla tehtävällä on ikuista merkitystä. Jos tahdot viedä ilosanomaa Jeesuksen voitosta eteenpäin, niin rukoile ihmisten puolesta, että he tulisivat uskoon. Kerro Jeesuksesta toisille. Hyvä sanoma Herrasta Jeesuksesta on tarkoitettu levitettäväksi. Seuraa Jumalan johdatusta kypsän viljan eli niiden luokse, jotka tahtovat tulla uskoon.

Paavali kirjoitti silti jo uskossa oleville. Hän valaisi Jeesuksen evankeliumia seurakunnalle. Hän lainasi jakeita 5. Moos. 21:22–23. Hän kirjoitti: "Kirottu on jokainen, joka on puuhun ripustettu". Älä vaadi ihmisten kunnioittavan sinua. Älä etsi heidän suosiotaan. Jumalan armo on saatu Jeesuksen ansion perusteella. Siksi kunnia kuuluu Jumalalle. Me olemme saaneet evankeliumin osaksemme. Siinä ei ole kysymys ihmiskunniasta vaan Jumalan armosta. Olemme saaneet hänen armonsa, mutta emme saa varastaa Jumalan kunniaa itsellemme. Meidän tulee antaa kaikki kunnia, kiitos ja ylistys hänelle. Emme pelastu omien ansioidemme kautta. Olemme ansiottomia mutta armahdettuja. Seurakunta ei toimi, jos se nojaa ihmisiin. Sen tulisi nojata Jumalaan.

Paavali puhuu Aabrahamin siunauksesta. Saamme sen, kun olemme ja elämme "Jeesuksessa Kristuksessa". Aabraham on uskon esi-isä. Hän lähti Kaldean Urista kohti Luvattua maata. Mutta toisin kuin Israelin kansa, joka hukkui erämaahan, hän saapui sinne Jumalan johdattamana. Hänelle syntyi Iisak, joka oli lupauksen lapsi. "Abram uskoi Herraan, ja Herra luki sen hänelle vanhurskaudeksi" (1. Moos. 15:6). Mooses oli lakiliiton edustaja, mutta Aabraham edusti Uuden liiton todellisuutta. Hän eli ennen kuin Mooses. Se Jumalan lupaus, josta Paavali kirjoittaa, annettiin Aabrahamille. Tämä on merkittävä jakso: "Ja Herra sanoi Abramille: "Lähde maastasi, suvustasi ja isäsi kodista siihen maahan, jonka minä sinulle osoitan. Niin minä teen sinusta suuren kansan, siunaan sinut ja teen sinun nimesi suureksi, ja sinä olet tuleva siunaukseksi. Ja minä siunaan niitä, jotka sinua siunaavat, ja kiroan ne, jotka sinua kiroavat, ja sinussa tulevat siunatuiksi kaikki sukukunnat maan päällä."" (1. Moos. 12:1–3.) Tässä on se Jumalan lupaus, johon apostoli Paavali viittaa. Meidät on siunattu Jeesuksessa Kristuksessa. Hänessä me olemme päässeet osallisiksi niistä siunauksista, jotka Jumala Aabrahamille lupasi.

Paavali jatkaa: "ja me niin uskon kautta saisimme luvatun Hengen". Jo aikaisemmin hän kysyi galatalaisilta: "lain teoistako saitte Hengen vai uskosta kuulemisesta?" (Gal. 3:2). Jumalan Hengen saaminen ei tapahdu lain kautta vaan "uskon kautta". Minä ainakin omistan mieluummin Jumalan siunaukset Jeesuksessa Kristuksessa kuin jään niiden ulkopuolelle ja lain orjaksi. Paavali korjaa sen väärän käsityksen, että lain noudattamaan pyrkiminen olisi jotenkin hengellisempää kuin pelkän armon omistaminen. Juuri lain noudattamaan pyrkiminen on lihallista, koska se vetoaa vain ihmisen ylpeyteen ja maailmanmielisyyteen. Uskonnollinen ihminen saattaa nauttia toisten arvonantoa. Se on siis ihmiskunnian tavoittelemista. Todelliseen Jumalan armoon päässyt sen sijaan on sisällä myös Jumalan siunauksissa. Pyhä Henki on Jumalan lahja. Se annetaan armosta. Usko on Jumalan lahjojen ottamista vastaan. Amen.

Gal. 3:15   "Veljet, minä puhun ihmisten tavalla. Eihän kukaan voi kumota ihmisenkään vahvistettua testamenttia eikä siihen mitään lisätä."

Periaatteessa Paavalin kirjeen galatalaisille sisällön voi tiivistää kahteen käsitteeseen. Ne ovat laki ja evankeliumi. Niitä voidaan kuvailla laintaulujen ja ristin avulla. Ne symboloivat kahta erilaista elämänjärjestystä. Emme pelastu lain vaan evankeliumin kautta. Tähän on hyvä vielä lisätä se huomautus, että nämä kaksi käsitettä, laki ja evankeliumi, sulkevat toisensa pois. Niitä ei voi siis yhdistää. Jos olet päässyt uskoon, niin pysy Jumalan armossa. Älä lankea siitä pois. Tässä jakeessa Paavali opettaa liittyen siihen Jumalan lupaukseen, jonka Jumala antoi Aabrahamille. Se oli testamentti eli lupaus uudesta liitosta. Se annettiin jo kauan ennen lain antamista. Jos laki annettiin "rikkomusten tähden" (Gal. 3:19), niin Jumalan lupaus annettiin meidän vanhurskauttamiseksemme.

Laki ei anna meille Jumalan armoa vaan tuomion. Mutta ketä Jumalan tuomio kohtasi? Eikö se kohdannutkin Jeesusta Kristusta, Jumalan Poikaa? "Rangaistus oli hänen päällänsä" (Jes. 53:5). Laki vaatii oikeudenmukaista tuomiota sen rikkojalle. Kuitenkin Jumala antoi tuon tuomion kohdata synnitöntä Poikaansa Jeesusta. Synnin rangaistus kohtasi siis Jeesusta, ja me saimme armon. Jeesus sovitti meidät. Meistä tuli Jumalan lapsia ja perillisiä. Käsillä olevassa jakeessa Paavali vertaa ihmisen tekemää testamenttia Jumalan lupaukseen. Niistä kumpaakaan ei "voi kumota" tai "siihen mitään lisätä". Tällä tavoin apostoli Paavali valaa meihin uskoa. Meidän kannattaa luottaa Jumalan lupauksiin ja omistaa ne. Jumalan perintö tulee meille lahjana "lupauksen kautta" (Gal. 3:18).

Paavali edelleen kirjoitti uskovaisille. Eihän sellainen voi luopua Jumalan armosta, joka ei ole siinä koskaan ollutkaan. Jeesus kyllä kuoli kaikkien syntien puolesta, mutta pääsy pois synnintunnosta armontuntoon tapahtuu uskon kautta. Eiväthän historialliset tositapahtumat, kuten Jeesuksen kuolema, hautaaminen ja ylösnousemus, ole riippuvaisia meidän uskostamme, vaan ne ovat tosia meistä riippumatta. Ei Raamattu ole mikään satukirja, vaan se perustuu oikeisiin tapahtumiin. Mutta raamatullinen usko ei ole pelkkää asioiden totena pitämistä eli pään tietoa, vaan se on sydämen tila. Se on suhde Jumalaan Jeesuksen Kristuksen kautta. "Sillä jos sinä tunnustat suullasi Jeesuksen Herraksi ja uskot sydämessäsi, että Jumala on hänet kuolleista herättänyt, niin sinä pelastut; sillä sydämen uskolla tullaan vanhurskaaksi ja suun tunnustuksella pelastutaan" (Room. 10:9–10). Meillä, joille on tehty "sydämen ympärileikkaus Hengessä" (Room. 2:29), on tuo niin siunattu yhteys elävään Jumalaan. Pitäkäämme siis kiinni Jumalan armosta, että perisimme hänen kirkkautensa taivaassa.

Gal. 3:16   "Mutta nyt lausuttiin lupaukset Aabrahamille ja hänen siemenelleen. Hän ei sano: "Ja siemenille", ikäänkuin monesta, vaan ikäänkuin yhdestä: "Ja sinun siemenellesi", joka on Kristus."

Vaikka Paavali viittaa varhaiseen historiaan, löytyy Raamatusta vieläkin aikaisempi ennustus Messiaasta. "Ja minä panen vainon sinun ja vaimon välille ja sinun siemenesi ja hänen siemenensä välille; se on polkeva rikki sinun pääsi, ja sinä olet pistävä sitä kantapäähän" (1. Moos. 3:15). Jeesus oli tuo vaimon siemen. Hän murskasi käärmeen pään. Jeesus teki sen. Hän voitti Saatanan Golgatan keskimmäisellä ristillä jo lähes kaksi tuhatta vuotta sitten. Sinun ei tarvitse olla älykäs uskoaksesi Jeesukseen. Ota vastaan Aabrahamin siemen eli Kristus. "Hän riisui aseet hallituksilta ja valloilta ja asetti heidät julkisen häpeän alaisiksi; hän sai heistä hänen kauttaan voiton riemun" (Kol. 3:15).

Iisak, Aabrahamin ja Saaran poika, oli lupauksen lapsi. Hän on myös esikuva Kristuksesta. Paljon Aabrahamin aikaa myöhemmin profeetta Jesaja kirjoitti: "Mutta Iisain kannosta puhkeaa virpi, ja vesa versoo hänen juuristansa" (Jes. 11:1). Tämäkin jae viittaa Jeesukseen. Vanha testamentti viittaa Jeesukseen monesti ja monin tavoin. Se on täynnä esikuvia, jotka viittaavat Kristukseen. Tietyllä tavalla apostoli Paavali asettaa vastakkain Aabrahamin ja Mooseksen. Aabraham edustaa lupausta, ja Mooses edustaa lakia. Lain noudattamisessa ei ole kyse uskosta vaan teoista. Usko on Jumalan ottamista vastaan. Laki sen sijaan vaatii ihmiseltä tekoja. Nämä kaksi tulee pitää toisistaan erillään.

Palataan siihen, että miksi Paavali ylipäänsä kirjoitti Galatalaiskirjeen. Se johtui ongelmista seurakunnassa. Juudeasta tulleet miehet olivat tulleet saarnaamaan lakia seurakunnalle. He toivat väärän evankeliumin sisälle seurakuntaan ja turmelivat monien uskon. Nuo lain saarnaajat vetosivat galatalaisten uskonnolliseen ylpeyteen. He opettivat, että kristittyjen piti uskon lisäksi noudattaa Mooseksen lakia. Tähän Paavali tahtoi puuttua. Galatian seurakuntien apostolina hän ei voinut sallia evankeliumin ja lain sekoittamista keskenään. Paavali kirjoitti evankeliumin totuuden puolesta. Hän kirjoitti oikeasta uskosta.

Jos sinulla on kokemusta seurakuntaelämästä, niin olet varmaan huomannut, että lakihenkistä opetusta esiintyy valitettavan monin paikoin. Juuri siitä syystä Paavalin kirje galatalaisille on hyvin ajankohtainen. Lain saarna vetoaa joihinkin uskoviin. On eri asia saarnata lakia ei-uskoville kuin uskoville. Silti se ei välttämättä ole niin hyödyllistä kuin suora evankeliumin julistaminen. Lain teologinen tarkoitus on opettaa, että mitä synti on. Paavali sanoo: "lain kautta tulee synnin tunto" (Room. 3:20). Ihminen ei "tule vanhurskaaksi Jumalan edessä lain kautta" (Gal. 3:11). Seurakuntien tulee palata Jumalan armoon Kristuksessa ja pysyä siinä.

Gal. 3:17   "Minä tarkoitan tätä: Jumalan ennen vahvistamaa testamenttia ei neljänsa-
             dan kolmenkymmenen vuoden perästä tullut laki voi kumota, niin että se
             tekisi lupauksen mitättömäksi."

Uuden liiton juuret ovat jo ajassa ennen kuin laki annettiin. Jumala antoi lupauksensa Aab-
rahamille. Hän oli kutsunut Aabrahamin lähtemään kodistaan Kaldean Urista kohti Luvat-
tua maata. "Uskon kautta oli Aabraham kuuliainen, kun hänet kutsuttiin lähtemään siihen
maahan, jonka hän oli saava perinnöksi, ja hän lähti tietämättä, minne oli saapuva" (Hebr.
11:8). Toisaalta on niin, ettei Paavali tässä jaksossa niinkään puhu Jumalan kutsusta vaan
Jumalan lupauksesta. Nämä muodostavat kuitenkin jatkumon. Jumalan kutsu edelsi hänen
lupauksiaan "Aabrahamille ja hänen siemenelleen" (Gal. 3:16). Mutta mennään Sanaan.
Mitä Jumala sanoi Aabrahamille? Mitä olivat ne lupaukset, jotka hän sai? "Niin minä teen
sinusta suuren kansan, siunaan sinut ja teen sinun nimesi suureksi, ja sinä olet tuleva siu-
naukseksi. Ja minä siunaan niitä, jotka sinua siunaavat, ja kiroan ne, jotka sinua kiroavat, ja
sinussa tulevat siunatuiksi kaikki sukukunnat maan päällä" (1. Moos. 12:2–3.) Tässä näkyy
kristinuskon ja Uuden liiton kansainvälinen luonne. Kristinusko lähti liikkeelle juutalaisuu-
den helmasta. Sen juuret ovat juutalaisuudessa. Aabraham on pakanuudesta uskovaksi tul-
leiden hengellinen esi-isä. Hän on myös Israelin kansan patriarkka.

Evankeliumi on tarkoitettu kaikille kansoille. Jeesus sanoo: "pelastus on juutalaisista"
(Joh. 4:22). Olemme "tulleet osallisiksi heidän hengellisistä aarteistaan" (Room. 15:27).
Saamme omistaa Jumalan lupaukset Jeesuksessa Kristuksessa. Menestymme hänen armos-
taan. Jumala siunaa meitä uskoessamme hänen ainoaan Poikaansa Jeesukseen. Jumala on
luvannut siunata meitä. Saamme menestyä. Vaikka hyvät teot sisältyvät todelliseen uskoon,
niin ne eivät varsinaisesti ole syy Jumalan siunauksiin, vaan Herra siunaa meitä uskomme
tähden. Paavali kirjoittaa: "Ja kun hyvää teemme, älkäämme lannistuko, sillä me saamme
ajan tullen niittää, jos emme väsy" (Gal. 6:9). Rukoillaan Jumalalta voimaa myös hyvien
tekojen tekemiseen. Hän antaa meille uskon ja sen siunaukset. Saakoon Herra vaikuttaa
myös uskon tekoja meidän kauttamme. Saakoon hän kasvattaa meissä vanhurskautensa hy-
viä hedelmiä. Lisääntyköön Jumalan tahdon noudattaminen keskuudessamme. Lisäänty-
köön Herramme tunteminen. Hänessä meillä on kaikki, mitä "elämään ja jumalisuuteen tar-
vitaan" (2. Piet. 1:3). Saakoon Jeesus täyttää meidät Pyhällä Hengellä ja tulella. Tulkoon
Jumalan valtakunta ja hänen voimallinen rakkautensa.

Gal. 3:18   "Sillä jos perintö tulisi laista, niin se ei enää tulisikaan lupauksesta. Mutta Aabrahamille Jumala on sen lahjoittanut lupauksen kautta."

Tämä jae sisältää kaksi vahvaa käsitettä. Ne ovat lupaus ja laki. Me saamme omistaa ne uskon kautta. Paavali korostaa sitä, että emme saa Jumalan perintöä lain kautta. Saamme sen vain uskomalla Herraan Jeesukseen. Tässä Galatalaiskirjeen jaksossa apostoli Paavali on opettanut siitä, että miten laki ja lupaus suhtautuvat toisiinsa. Lakiliitto ajaa uskonnon asiaa. Se hivelee ihmisten itsetuntoa siten, että he luulevat saavuttavansa Jumalan lakia noudattamalla. "Ja selvää on, ettei kukaan tule vanhurskaaksi Jumalan edessä lain kautta" (Gal. 3:11). Paavalin kirjeen galatalaisille sanoma on hyvin selkeä. Emme siis pelastu lakia noudattamalla. Pelastumme uskon kautta Jeesukseen Kristukseen. Usko, joka kohdistuu elävän Jumalan ainoaan Poikaan, saavuttaa Jumalan vanhurskauden. Saamme sen lahjana. Jumala on ilmoittanut itsensä Pojassaan. Hänen kauttaan pääsemme Jumalan yhteyteen. Meille tarjotaan taivaspaikkaa Jeesuksessa Kristuksessa. Saamme jo nyt heijastaa Jumalan valtakunnan todellisuutta.

Jerusalemin temppeli koostui kolmesta osasta. Uloimpana oli esipiha, joka oli tarkoitettu pakanoille. Lähempänä sisintä oli pyhäksi nimitetty alue, johon pakanat eivät saaneet tulla. Sinne saivat mennä vain juutalaiset. Temppelin sisin oli nimeltään kaikkeinpyhin. Nämä ovat vertauskuvia pelastukseen liittyen. Pakanoiden esipiha kuvastaa maailmaa. Se on pakanoiden eli ei-uskovien aluetta. Uskovaksi tullut on siirtynyt pois pakanoiden alueelta kohti sisintä eli pyhään. Vain ylimmäinen pappi sai mennä kaikkeinpyhimpään ja hänkin vain kerran vuodessa. Jeesus astui ylös taivaisiin. Huomaatko vertauksen? Maailma on pakanoiden esipiha. Seurakunta on pyhän alue. Jeesus, Jumalan Poika, on kaikkeinpyhimmässä, joka on taivaassa. Raamattu sanoo, että meillä "on luja luottamus siihen, että meillä Jeesuksen veren kautta on pääsy kaikkeinpyhimpään" (Hebr. 10:19).

Kenelle apostoli Paavali kirjeensä osoitti? Hän osoitti sen "Galatian seurakunnille" (Gal. 1:2). Näen, että seurakunnalla on kaksi tehtävää. Toinen niistä on se, että seuraamme Jeesusta kaikkeinpyhimpään. Toinen on johdattaa pakanoita tulemaan pyhään uskoontulojen kautta. Meille on annettu enemmän valoa kuin niille, jotka ovat maailmassa. Emme silti ole vielä Herran kirkkaudessa. Olemme Jumalan armon alla. Perkele, arkkivihollinen, yrittää eksyttää meidät pois armon alta lain alle. Emme anna hänelle periksi. Jeesus sanoo: "tälle kalliolle minä rakennan seurakuntani, ja tuonelan portit eivät sitä voita" (Matt. 16:18). "Olkaa siis Jumalalle alamaiset; mutta vastustakaa perkelettä, niin se teistä pakenee" (Jaak. 4:7). Seurakunta seuraa Herraa taivaaseen. Jos olet Kristuksessa, niin olet saanut rauhan Jumalan kanssa. Jos et ole Kristuksessa, niin anna elämäsi hänelle, niin saat sekä armon että rauhan Jumalalta.

Gal. 3:19   "Mitä varten sitten on laki? Se on rikkomusten tähden jäljestäpäin lisätty olemaan siihen asti, kunnes oli tuleva se siemen, jolle lupaus oli annettu; ja se säädettiin enkelien kautta, välimiehen kädellä."

On siis kaksi liittoa: Vanha ja Uusi. Mooses on lakiliiton edustaja. Uuden liiton välimies on Jeesus Kristus. Paavali tarkentaa ja selventää opetustaan. Laki on säädetty "rikkomusten tähden". Sen voima ei kuitenkaan ulotu enää Uuteen liittoon Kristuksessa. Paavali opettaa toisaalla: "nyt me olemme irti laista ja kuolleet pois siitä, mikä meidät piti vankeina, niin että me palvelemme Jumalaa Hengen uudessa tilassa emmekä kirjaimen vanhassa" (Room. 7:6).

Myös Vanhan testamentin kirjoissa puhutaan uudestisyntymisestä. Esimerkkinä tästä on sananpaikka profeetta Hesekielin kirjasta: "Ja minä annan teille uuden sydämen, ja uuden hengen minä annan teidän sisimpäänne. Minä poistan teidän ruumiistanne kivisydämen ja annan teille lihasydämen. Henkeni minä annan teidän sisimpäänne ja vaikutan sen, että te vaellatte minun käskyjeni mukaan, noudatatte minun oikeuksiani ja pidätte ne" (Hes. 36:26–27.) Näin ollen voimme todeta, että lakihenkisten väite siitä, että Jumalan armo johtaa laittomuuteen, on väärä. Jumala vaikuttaa meissä Henkensä kautta. Jumalan tahto toteutuu, kun seuraamme Pyhää Henkeä. Ne hyvät teot, joita teemme, eivät ole meidän kunniamme. Ne ovat Jumalan kunnia. Kyseessä on seuraava yhtälö. Se on hyvin yksinkertainen. Me saamme armon, ja Jumala saa kunnian. Mikäli rikomme Herran tahtoa, olemme epäuskoisia, teemme syntiä ja luovumme hänestä, niin saamme itse sitä hävetä, kärsiä ja katua. Jumala ei ole meistä riippuvainen, vaikka hän rakastaa meitä. Hän on Jumala. Ei hän tarvitse meitä, vaan me tarvitsemme häntä. Olemme täysin riippuvaisia Jumalasta. Emme voi saavuttaa mitään ilman häntä.

Jumalassa yhdistyvät kaksi vahvaa ominaisuutta. Ne ovat pyhyys ja rakkaus. Hän on pyhä. Hän tahtoo johtaa meidät osallisiksi hänen pyhyydestään. "Sillä kirjoitettu on: "Olkaa pyhät, sillä minä olen pyhä"" (1. Piet. 1:16). Mutta hän on myös rakastava Isä. "Jumala on rakkaus" (1. Joh. 1:8). Jumalan pyhyyden vaatimuksesta hänen täytyi tuomita synti. Jumalan rakkaudesta meitä kohtaan hän lähetti oman Poikansa. "Sillä niin on Jumala maailmaa rakastanut, että hän antoi ainokaisen Poikansa, ettei yksikään, joka häneen uskoo, hukkuisi, vaan hänellä olisi iankaikkinen elämä" (Joh. 3:16). Meillä on ainutlaatuinen tilaisuus tulla tuntemaan Jumala ja päästä hänen luokseen. Jumala on lähettänyt Jeesuksen, oman ainoan Poikansa, jotta me saisimme hänessä ikuisen elämän. Ota Jeesus vastaan. Hän on sinun syntiesi sovitus. Hän on ikuinen elämä, jossa Jumalan armo lepää. Rukoile Jeesusta, niin hänestä tulee sinunkin Herrasi ja Vapahtajasi.

Gal. 3:20   "Välimies taas ei ole yhtä varten; mutta Jumala on yksi."

Periaatteessa on kaksi välimiestä: Mooses ja Jeesus. "Sillä laki on annettu Mooseksen kautta; armo ja totuus on tullut Jeesuksen Kristuksen kautta" (Joh. 1:17). Mooses toimi lain välimiehenä. Jeesus on välittänyt meille evankeliumin. He edustavat kuitenkin eri liittoja. Jeesus on Uuden liiton välimies. Uusi liitto on solmittu Golgatalla Isän Jumalan ja hänen Poikansa Jeesuksen välillä.

Paavalin opetus käsittelee myös Jumalan ykseyttä. "Jumala on yksi", hän kirjoittaa. Paavalin jumalakäsitys on siis monoteistinen. Sekä juutalaisuus että kristinusko ovat monoteistisiä mutta eri tavoilla. Juutalaisuus ei käsittääkseni tunnusta Jumalan kolmiyhteisyyttä, kun taas kristinusko tekee niin. Jumala on yksi, mutta hänellä on kolme persoonaa: Isä, Poika ja Pyhä Henki. On vain yksi totuus. Molemmat jumalakäsitykset eivät voi olla oikeassa. Loogisesti ajateltuna jompikumpi on totuus tai sitten ei kumpikaan. Itse luotan siihen, että Jumalalla on kolme persoonaa mutta vain yksi olemus. Hän on yksi mutta kolme.   Paavali kirjoittaa siis välimieheyteen liittyen. Pelastuskysymyksessä on vain ja ainoastaan yksi välimies. Hänen nimensä on Jeesus. Toisaalta apostoli Paavali kirjoittaa: "Sillä yksi on Jumala, yksi myös välimies Jumalan ja ihmisten välillä, ihminen Kristus Jeesus" (1. Tim. 2:5). On merkillistä, että Paavali korostaa Jeesuksen ihmisyyttä. Tämä on seikka, joka ei tule kovin usein esille seurakunnallisessa opetuksessa. Yleensä puhutaan vain Jeesuksen jumaluudesta. Nyt on kuitenkin niin, että Jeesus solmi Uuden liiton Isän Jumalan kanssa ihmisenä. Aadam oli langenneen ihmiskunnan edustaja. Jeesus edusti ihmiskuntaa Golgatalla ja lunasti sen vapaaksi. Olimme orjia, mutta nyt olemme vapaita. Lain ies ei ole meitä varten. Sen sijaan meitä varten on Kristuksen ies, joka on "sovelias" (Matt. 11:30).

Valitettavasti on monia, jotka pyrkivät olemaan välimiehiä. Ei ainoastaan paavin vaan myös piispojen ja pappien valta-asema eri kirkoissa on kaukana evankeliumin ihanteesta. Emme tarvitse enempää kuin yhden välimiehen, ja hän on Jeesus. Eihän paavi ole sovittanut sinunkaan syntejäsi. Yksikään piispa tai pappi ei ole välimies Jumalan ja ihmisten välillä. Luotan siihen, että ymmärrät tämän. Saat lähestyä Jeesusta aivan itse. Hän on Jumalan toinen persoona eli Poika. Saamme lähestyä taivaallista Isää hänen kauttaan. Kirkot tyhjenevät, koska siellä ei julisteta evankeliumia. Mikäli olet uudestisyntynyt Jumalan lapseksi, niin muista, että oppaasi ovat Jumalan Sana ja Pyhän Hengen voitelu. Pelkkä virkapappeus ei edistä Jeesuksen Kristuksen asiaa. Apostoli Pietari on kirjoittanut, että olemme "valittu suku, kuninkaallinen papisto, pyhä heimo, omaisuuskansa" (1. Piet. 2:9).

Gal. 3:21   "Onko sitten laki vastoin Jumalan lupauksia? Pois se! Sillä jos olisi annettu laki, joka voisi eläväksi tehdä, niin vanhurskaus todella tulisi laista."

Paavali käsittelee liiton tai oikeastaan liittojen teologiaa. Hän tuo esiin tärkeän raamatullisen käsitteen eli vanhurskauden. Emme tule vanhurskaiksi lain kautta vaan uskon kautta Jeesukseen Kristukseen. Se tapahtuu kuitenkin Jumalan armosta. Yksikään ihminen ei ole itsessään vanhurskas. Kyseinen termi liittyy ennen kaikkea Jumalaan. Hän on vanhurskas. Jos ihminen luulee kelpaavansa Jumalalle ilman Jeesusta, niin häntä voidaan pitää omavanhurskaana, joka on hyvin negatiivinen termi. Jo profeetta Jesaja kirjoitti siitä seuraavaan tapaan: "Kaikki me olimme kuin saastaiset, ja niinkuin tahrattu vaate oli kaikki meidän vanhurskautemme" (Jes. 64:6). Emme ole vanhurskaita, mutta onneksi Jumala on vanhurskas, ja hän jakaa armoaan myös meille.

Vaikka laki ei ole "vastoin Jumalan lupauksia", niin se ei tee meitä "eläväksi". Siihen tarvitaan Pyhää Henkeä, niin kuin kirjoitettu on: "Henki on se, joka eläväksi tekee; ei liha mitään hyödytä" (Joh. 6:63). Raamattu puhuu elävästä vedestä tarkoittaen sillä Jumalan Pyhää Henkeä, joka on Kristuksen edustaja maan päällä. Hän on täällä kanssamme. Käsitän asian olevan niin, että Jeesus Kristus asuu meissä, jotka olemme uskossa häneen, Pyhän Hengen kautta. Raamattu sanoo: "kirjain kuolettaa, mutta Henki tekee eläväksi" (2. Kor. 3:6). Israelilaiset syntyivät osallisiksi lakiliitosta. Uuteen liittoon pääsee uudestisyntymällä Jumalan lapseksi. Kun otat Jeesuksen Kristuksen vastaan, niin pääset Jumalan armoon. Olet Kristuksessa. Pyhä Henki asuu sinussa. Jumalan Henki ei ole sidottu aikaan eikä paikkaan. Sen sijaan hän on ikuinen ja kaikkialla läsnä oleva. Jo ennen maailman luomista hän toimi itsenäisesti: "Ja maa oli autio ja tyhjä, ja pimeys oli syvyyden päällä, ja Jumalan Henki liikkui vetten päällä" (1. Moos. 1:2).

Emme pääse taivaaseen luomisen vaan lunastuksen kautta. Raamatun kolme suurta teologista aihetta ovat luominen, lankeemus ja lunastus. Raamattu alkaa väkevästi maailman luomisella. "Alussa loi Jumala taivaan ja maan" (1. Moos. 1:1). Meidän ei tarvitse mennä kovin pitkälle, kun ihminen lankeaa, ja hänestä tulee syntinen. Meitä kuitenkin tässä vaiheessa kiinnostaa eniten kolmas teologian raamatullinen aihe eli lunastus. Jeesus Kristus on historian vedenjakaja. Aikaa mitataan ennen häntä ja hänen jälkeensä. Ilman Jeesuksen uhrikuolemaa ja kuolleista nousemistaan olisimme ikuisen Jumalan tuomion alla. Mutta nyt, kun olemme Jeesuksessa Kristuksessa, niin meistä on tullut armahdettuja ja pyhiä. Jeesus "on alttiiksi annettu meidän rikostemme tähden ja kuolleista herätetty meidän vanhurskauttamisemme tähden" (Room. 4:25).

Gal. 3:22   "Mutta Raamattu on sulkenut kaikki synnin alle, että se, mikä luvattu oli, annettaisiin uskosta Jeesukseen Kristukseen niille, jotka uskovat."

Tässä jakeessa on useitakin ulottuvuuksia. Paavali viittaa Raamattuun tarkoittaen Vanhaa testamenttia. Galatalaiskirjeen kirjoittamishetkellä ei ollut vielä muodostettu Uutta testamenttia. Paavali jatkaa pelastukseen liittyvää teologista selontekoa. Lain kautta olemme synnin alla. Uskon kautta olemme armon alla. Jeesus on ovi, joka johtaa meidät pois synneistämme. Hän vie meidät siihen siunattuun tilaan, jossa olemme saaneet kaiken anteeksi. Pääsemme sisälle Jumalan armoon. Se, joka luulee olevansa synnitön, ei tunne Jumalaa eikä itseään. Synnintunto on Jumalan armon edellytys. Jos et ole rikkonut, niin et tarvitse anteeksisaamista. Raamatun totuus on kuitenkin, että olemme kaikki syntisiä. Ainoa synnitön oli Jeesus. Siksi hän kelpasi uhriksi. Pyhä Henki saakoon paljastaa syntimme. Hän ei tee sitä meitä syyttäen. Hän voi läpivalaista meidät ja näyttää, että missä teemme väärin. "Jokainen istutus, jota minun taivaallinen Isäni ei ole istuttanut, on juurineen revittävä pois" (Matt. 15:13).

Synnin harjoittaminen ei ole koskaan Jumalan tahto ja tarkoitus. Esi-aviollinen seksi on syntiä, mutta se ei ole varsinainen synnin juuri. Nähdäkseni kaikki synnit, joita ihminen tekee, nousevat epäuskosta. Se on synnin juuri. Usko on armahdetun syntisen sydämen tila. Usko on Jumalan ottamista vastaan. Mutta tunteaksesi, mikä on Jumalan silmissä väärin, ota vaarin Raamatusta, joka on Jumalan Sana. Paavali kiteyttää syntikysymyksen toisaalla: "kaikki, mikä ei ole uskosta, on syntiä" (Room. 14:23). Israelin kansa oli Egyptin orjuudessa. Tämän maailman ihmiset elävät synnin orjuudessa. Niin kuin Mooses johti Israelin kansan pois Egyptistä ja sen orjuudesta, niin nyt Jeesus johtaa meidät pois maailmasta ja synnin orjuudesta. Synti orjuuttaa, mutta Jeesus vapauttaa. Hän on murtanut synnin kahleet. Jeesus lakkautti synnin orjuuden. Kahleet on avattu. Miksi sitten niin monet juuttuvat syntiin? Ihmisen lihalliset himot johtavat hänet syntiin ja turmioon. Jaakob opettaa: "jokaista kiusaa hänen oma himonsa, joka häntä vetää ja houkuttelee; kun sitten himo on tullut raskaaksi, synnyttää se synnin, mutta kun synti on täytetty, synnyttää se kuoleman" (Jaak. 1:14–15).

Kristuksen seurakunta on uloskutsuttujen yhteisö. Olemme Karitsan Morsian ja Kristuksen ruumis. Morsiamen tulee säilyttää puhtautensa. Hääjuhla lähestyy. Siksi on tärkeää, että valvomme sydämemme tilaa, odotamme Herraamme, ja otamme Pyhän Hengen öljyä lamppuihimme, jotta Jumalan tuli niissä palaisi.

Gal. 3:23   "Mutta ennenkuin usko tuli, vartioitiin meitä lain alle suljettuina uskoa varten, joka oli vastedes ilmestyvä."

Näkisin Paavalin puhuvan tässä eri aikakausista. Jeesus Kristus on historian vedenjakaja. Ennen häntä elettiin lain aikakautta. Mutta hänen jälkeensä tullutta aikaa voidaan nimittää armon ajaksi. Nähdäkseni apostoli Paavali puhuu hyvin yleisellä tasolla. Voidaan puhua juutalaisuuden ja kristinuskon välisestä murroksesta. Juutalaisuus on vanhempi kuin kristinusko. Vaikka niitä on perinteisesti pidetty toisistaan erillisinä, niin voidaan väittää niillä olevan paljon yhteistä. Hieman maltillinen kannanotto on se, että kristinusko syntyi juutalaisuuden helmasta. Mutta voidaan nähdä myös käänteisesti: kristinusko on eräs tapa tulkita juutalaisuutta.

Olit sitten taustaltasi juutalainen tai pakana, niin pelastut vain uskomalla Herraan Jeesukseen. Hänessä on tehty selväksi se, että pelastus tapahtuu Jumalan aloitteesta. Olet joko uskossa tai lain alla. Raamattu antaa uskolle eri kohdissa hieman erilaisia sisältöjä. Pelastavan uskon lisäksi Raamatussa puhutaan myös ihmeitä tekevästä uskosta. Tässä jakeessa esiintyy myös tuo sana eli "usko". Paavali puhuu tässä kohden uskosta kokonaisuutena. Sekä pelastava usko että ihmeitä tekevä usko ovat yksilökohtaisia. Nyt esillä on yleinen kokonaisuus eli kristinusko. Mikäli uskot henkilökohtaisesti Jeesukseen Kristukseen, ja olet uudestisyntynyt Pyhästä Hengestä Jumalan lapseksi, niin onnittelen sinua parhaasta asiasta nimittäin osallisuudesta evankeliumiin. Mutta Paavali puhuu nyt laajemmasta ilmiöstä kuin sinun tai minun uskoni.

Mielestäni kristinusko on maailman merkittävin liike. Vaikka on paljon nimikristillisyyttä, niin on myös aitoa uskoa. Onko ihme, että seurakuntaa vastaan hyökätään? Se ei ole ihme, koska tarjoamme paljon parempaa kuin tämä maailma. Jeesus on Voittaja. Yksikään uskonto ei pysty samaan kuin hän. Jeesus tarjoaa iankaikkista elämää Jumalan yhteydessä.

Olen katunut niitä syntejä, joita olen menneisyydessäni tehnyt. Kun sain Jumalan armosta kohdata Jeesuksen, niin mieleni muuttui. En enää halunnut tehdä syntiä. Tämä on toimivampaa kuin mikään uskonnollinen ponnistelu. Ne, jotka ovat aidossa uskossa, eivät tahdo tehdä syntiä. Houkutuksia ja viettelyksiä kyllä tulee, mutta meidän ei täydy langeta. Jumala valmistaa meille ulospääsyn kiusauksista. Jumalan armo vie meitä pyhyyteen. Mikäli olet uskossa, mutta elät synnissä, niin käänny heti Jumalan puoleen. Älä anna himoillesi valtaa. Älä luovuta. Oikea usko ei ole lakihenkisyyttä, mitä niin monet seurakunnat tuputtavat. Jumala hyväksyy sinut Poikansa ristinkuoleman ansiosta. Rukoile Herraa Jeesusta täyttämään sinut Pyhällä Hengellä. Jumalan voima heikentää paisunutta egoa. Saamme kasvaa pieniksi. Ota uskon askel, ja ryhdy uudestaan seuraamaan Jeesusta.

Gal. 3:24   ”Niinmuodoin on laista tullut meille kasvattaja Kristukseen, että me uskosta vanhurskaiksi tulisimme.”

Tätä jaetta on käytetty lain saarnaamisen tekosyynä. Apostoli Paavali tarkoitti kuitenkin aivan päinvastaista. Lue koko Galatalaiskirje, ja mieti vielä uudestaan, että tarkoittaako Paavali sitä, että lakia pitäisi saarnata. Lähtökohta on edelleen se, että Paavali kirjoitti uskovaisille. Minulle on päivänselvää, ettei pidä saarnata lakia vaan evankeliumia. Paavalin kirjeen tarkoitus on puolustaa evankeliumin totuutta lain saarnaajia vastaan. Sellainen opetus, joka noukkii joitakin sanoja sieltä täältä kokonaisuudesta välittämättä, on väärää oppia. On täysin selvää, että pelastumme yksin armosta, Kristuksen tähden, uskon kautta.

Ne, jotka kaikesta huolimatta saarnaavat lakia, ovat eksyttäjiä ja vääriä opettajia. Heidän ei missään nimessä tulisi johtaa seurakuntaa. He sanovat: ”laki kasvattaa meitä Kristukseen”. Tämä on väärä oppi, väärää evankeliumia. Älä lähde tuolle tielle. Mikäli koet Jumalan rakkauden ja armon, niin pysy siinä. Älä anna kenenkään eksyttää sinua pois Jumalan armosta. He luulevat, että armontunto vie syntiin. Näin asia ei ole. Täynnä Jumalan armoa oleva kristitty on tyytyväinen. Jumalan armon alla oleminen ei suinkaan tarkoita synnissä rypemistä. Se on väärä käsitys.

Te, jotka olette syntyneet uudesti elävästä vedestä, älkää langetko ”pois Kristuksesta” (Gal. 5:4). Älkää langetko ”pois armosta” (Gal. 5:4). Kun Paavali tässä jakeessa kirjoittaa, että laki on ”meille kasvattaja Kristukseen”, niin hän ei suinkaan tarkoita, että ensin tulisi saarnata lakia ja vasta sen jälkeen evankeliumia. Paavali puhuu tässä jakeessa eri aikakausista. Laki on ollut siinä mielessä meille kasvattaja Kristukseen, että lakiliitto edelsi Kristuksen evankeliumin aikaa. Mutta emme ole lakiliiton alla vaan Uuden liiton alla. Tulemme vanhurskaiksi vain uskomalla Jeesukseen emmekä lakia noudattamalla. Meillä ei ole muuta pääsyä Jumalan vanhurskauttavaan armoon kuin Jeesus Kristus.

Paavalin kirje galatalaisille on yhä hyvin ajankohtainen. Monet seurakunnat ovat joutuneet lain alle ja menettäneet Jumalan armon. Uskovaisten tulisi palata armon alle. Meidän tulee nöyrtyä. Olemme riippuvaisia Jumalasta. Jumalan armon omistaminen Kristuksessa ei tarkoita velttoa toimettomuutta. Sen sijaan armo johdattaa meidät hänen pyhyyteensä. Laki ei pysty vapauttamaan synnistä. Vain Jeesus voi sen tehdä. ”Kristus on lain loppu, vanhurskaudeksi jokaiselle, joka uskoo” (Room. 10:4). Uuden liiton päämies on Jeesus. Hän on ainoa välimies Jumalan ja ihmisten välillä. Jumala hyväksyy sinut sellaisena kuin olet Jeesuksen kautta.

Gal. 3:25   "Mutta uskon tultua me emme enää ole kasvattajan alaisia."

Tämä on jae, josta käy selvääkin selvemmäksi, että emme ole lain alla vaan armon alla. Emme pelastu minkään uskonnon kautta vaan ainoastaan uskon kautta. Emme elä lakiliiton aikaa vaan uuden liiton aikaa. Armon ovi on vielä auki. Apostoli Paavali asettaa tässä vastakkain uskon ja lain. Usko kohdistuu Jeesukseen Kristukseen. Lain noudattaja on kuitenkin uskonnollinen. Hän ei tunne itseään. Hän kuvittelee pystyvänsä tulemaan vanhurskaaksi lakia noudattamalla. Se on kuitenkin ihmisille mahdotonta. Lakia noudattamaan pyrkivät luulevat voivansa täyttää Jumalan pyhyyden mitan. Heillä on pinnallinen käsitys ihmisen synnistä ja Jumalan pyhyydestä. Paavalin kirjeen galatalaisille perusteesi on, ettemme "tule vanhurskaaksi Jumalan edessä lain kautta" (Gal. 3:11).

Apostolilla oli syvä huoli Galatian kristittyjen sydämen tilasta. Pelastumme yksin armosta. Ajat muuttuivat Kristuksen tultua ja perustettua Uuden liiton. Hän solmi sen Isän Jumalan kanssa oman verensä kautta Golgatalla. Olemme päässeet osallisuuteen evankeliumin ihanuudesta. Emme saa joutua lain alle. Jumalan pelastavalle armolle Kristuksessa ei ole vaihtoehtoja. On vain yksi ainoa ihminen, joka kykeni täyttämään lain, ja hän on Jeesus, Jumalan Poika. Usko Jumalaan on eri asia kuin lain noudattamaan pyrkiminen. Syntiemme anteeksisaaminen tapahtuu armon kautta. Mutta armo on enemmän. Se sisältää myös synneistä puhdistautumisen Jeesuksen veren kautta. Lisäksi saamme Jumalan armon ohjaamina vapautua synneistä. Armo vie meitä eteenpäin Jeesuksen Kristuksen tuntemiseen. Pääsy pyhään elämään edellyttää Jumalan armahtamaksi tulemista. Olemme saaneet paljot syntimme anteeksi Jeesuksessa Kristuksessa. Se on uskon alku.

Meidän tulee myös saarnata evankeliumia. Jeesus on ilmestynyt meille Pelastajana. Siitä armosta, jonka Jumala on antanut meille, tulisi riittää myös muille. Ja koska Jumala on armahtanut meidät, niin tulee meidänkin armahtaa toisia. Evankeliumissa on kyse nimenomaan Jumalan armosta. Uusi liitto on armoliitto Jeesuksen nimessä ja veressä. Saat omistaa Jumalan vanhurskauttavan armon uskoessasi Jeesukseen Kristukseen. Anna elämäsi hänelle, niin hän varustaa sinut armollaan ja totuudellaan. Käänny Jumalan puoleen, ja ota Kristus vastaan. Saat kokea Jumalan läsnäoloa ja hänen rakkauttaan. Seuraa Jeesusta aina taivaaseen asti. Kulje Jumalan johdattamana sisälle hänen armoonsa, pyhyyteensä ja kirkkauteensa. Amen.

Gal. 3:26   ”Sillä te olette kaikki uskon kautta Jumalan lapsia Kristuksessa Jeesuksessa.”

Paavali nousee huimiin sfääreihin. Hänen teologinen näkemyksensä kehittyy huippuunsa. Emme ole Jumalan lapsia lain kautta. Olemme Jumalan lapsia uskon kautta. Paavalin esille tuoma oppi uskonvanhurskaudesta saa uuden ulottuvuuden. Se liittyy Jumalan lapseuteen. Jos olet syntynyt uudesti, niin sinä olet Jumalan lapsi.

Onko uskoontulo tahdon asia? Ei, vaan se on sydämen asia. Apostoli Johannes kirjoittaa: ”Mutta kaikille, jotka ottivat hänet vastaan, hän antoi voiman tulla Jumalan lapsiksi, niille, jotka uskovat hänen nimeensä, jotka eivät ole syntyneet verestä eikä lihan tahdosta eikä miehen tahdosta, vaan Jumalasta” (Joh. 1:12–13). Paavalin ja Johanneksen tekstit ovat teologisesti yhteneviä. Ne käsittelevät samaa totuutta eli Jumalan lapseutta, johon pääsemme uskon kautta. Molemmat apostolit, Johannes ja Paavali, käyttävät vahvoja hengellisiä käsitteitä. Näissä kahdessa tekstissä he tuovat esille yhden perustavan totuuden eli sen, että Jeesuksen seuraajat ovat Jumalan lapsia. Pyhä Henki asuu heissä. Näin ollen kristityt ovat Kristuksessa. Olemme osallisia iankaikkisesta elämästä Jumalassa. Vaikka emme ole vielä päässeet taivaaseen, niin Jumala on kanssamme täällä maailmassa. Jumala asuu meissä. Seurakunta, Jeesuksen Kristuksen seuraajat, on Kristuksen ruumis maan päällä, hänen Morsiamensa.

Mutta palatakseni Paavalin kirjeeseen galatalaisille teen pari huomiota. Paavali näki paljon vaivaa seurakunnan vuoksi. Niin hän ei olisi tehnyt, ellei olisi todella välittänyt Galatian seurakunnista. Tästä ilmenee se totuus, että ihmiset ovat tärkeitä. Jos huomioimme raamatullisen asiayhteyden mahdollisimman laajasti, niin huomaamme, että sen ihmiskuva on korkea. Jumala loi ihmisen. Miksi? Jumala ei luonut ihmisiä omaksi kuvakseen siitä syystä, että voisi tuomita heidät. Ei, Jumala loi ihmisen omaksi ilokseen ja rakastaakseen meitä. Olemme luodut Jumalaa varten. Tämän tajuamisen tulisi heijastua meissä nöyryytenä ja Herran pelkona. Tähän liittyy myös Jumalan palvelemisen teema. Kaikki ihmiset kuuluvat tähän luomakuntaan, jota voidaan kutsua myös maailmaksi. Mutta vain Jeesukseen uskovat ovat Jumalan lapsia.

Kristinuskolla on kohde. Oletko ajatellut, että mitä voit tehdä saavuttaaksesi Jumalan? Se on hyvä ja inhimillinen kysymys. Raamattu kertoo meille Jumalasta, joka on suunnitellut tavoittavansa meidät. Ilouutinen ei ole, että pyrimme kaikin voimin tavoittamaan Jumalan. Ilouutinen on, että Jumala on jo tehnyt kaiken tavoittaakseen meidät. Kaikki uskonnot ovat ihmiskeskeistä suorittamista. Ne ovat inhimillisiä. Ne vetoavat ihmisen luontaiseen uskonnolliseen ylpeyteen. Mutta Jumala on jo tavoittanut meidät. Hän on jo tehnyt sen Pojassaan. Historia kulkee kohti Jumalaa, halusit tai et. Ota vain vastaan Jumala Jeesuksessa, niin saat kalliin lahjan, Pyhän Hengen.

Gal. 3:27   ”Sillä kaikki te, jotka olette Kristukseen kastetut, olette Kristuksen päällenne pukeneet.”

Tapahtui Kristukseen pukeutuminen uudestisyntymisen tai vesikasteen yhteydessä, niin lopputulos on sama. En puhu vesikastetta vastaan, mutta en ole vain varma siitä, että tarkoittaako Paavali tässä vesikastetta. Raamatun järjestys on kuitenkin selkeä: ensin uskoon ja sitten kasteelle. ”Joka uskoo ja kastetaan, se pelastuu” (Mark. 16:16). Paavali luultavasti viittaa Kristukseen pukeutumisella Jeesuksen vanhurskauteen pukeutumista. Jotta voisimme pukeutua Jumalan vanhurskauteen, meidän on ensin riisuuduttava omavanhurskaudestamme. Hyvät teot eivät riitä uskon perustaksi. Siihen kelpaa vain Jeesuksen uhrikuolema, joka on suoritettu meidän puolestamme. Jumala ei tee meistä vanhurskaita hyvien tekojemme ansiosta vaan Jeesuksen vuodatetun veren kautta. Uskossa on toki kyse vanhurskaudesta mutta ei ihmisen vanhurskaudesta. Siinä on sen sijaan kyse Jumalan vanhurskaudesta. Käytännössä tie Jumalan pyhyyteen käy hänen armonsa kautta. Paavali kirjoittaa toisaalla, että Jeesus ”on alttiiksi annettu meidän rikostemme tähden ja kuolleista herätetty meidän vanhurskauttamisemme tähden” (Room. 4:25).

Kristikunta on kyllä korostanut Jeesuksen ristinkuolemaa uhrina, joka on sovittanut syntimme. On suuri totuus, että osallisuus Jeesuksen kuolemaan on samalla kuolema synnille. Silti ilman Kristuksen ylösnousemusta meistä ei koskaan tulisi vanhurskaita. Sellainen kristinusko, joka rajoittuu pelkästään Kristuksen kuolemaan, ei ole pelastavaa uskoa. Teologisesti vahva evankeliumi Johanneksen mukaan todistaa: ”Minä olen tullut, että heillä olisi elämä ja olisi yltäkylläisyys” (Joh. 10:10). Mitä vähemmän teet syntiä, sitä laadukkaampaa on elämäsi. Mutta palatakseni evankeliumiin, joka on rajoittunut vain Kristuksen kuolemaan, on tehtävä pari huomiota. Usko Jeesuksen kuolemaan ei ole vielä pelastavaa tai vanhurskauttavaa. Meidän täytyy koko sydämestämme uskoa Jeesuksen Kristuksen ylösnousemukseen, että pääsisimme taivaaseen. Ilosanoma ei ole, että Jeesus on kuollut. Ilosanoma on se, että hän on noussut kuolleista.

Vaikuttaa siltä, että kristillinen seurakunta menee liikaa tämän maailman näkemysten mukana. On sellaisia nimikristittyjä, jotka eivät usko Jeesuksen nousseen kuolleista. Älä juutu heihin. Meidän Mestarimme on elossa. Hän on Isän Jumalan oikealla puolella. Saakoon hän vuodattaa Pyhän Henkensä sinun päällesi. Antakoon hän sinulle voitelunsa. Olkoon lamppusi täynnä Pyhän Hengen öljyä. Palakoon se aina Jumalan tulta odottaessasi Jeesuksen, sinun Herrasi, paluuta.

Gal. 3:28   ”Ei ole tässä juutalaista eikä kreikkalaista, ei ole orjaa eikä vapaata, ei ole
miestä eikä naista; sillä kaikki te olette yhtä Kristuksessa Jeesuksessa.”

Evankeliumin kannalta on yhdentekevää, että mikä on kansallisuutesi. Ilosanoma Jeesuksesta on tarkoitettu kaikille kansoille, vaikka se julistettiinkin juutalaisille ensin. Evankeliumi on kansainvälinen. Pääsy osallisuuteen Uudesta liitosta on mahdollinen kaikille. Paavali julisti evankeliumia pakanoille.

Jumala armahtaa sinut. Hän kutsuu sinua. Yhteys Jumalaan toteutuu Jeesuksessa Kristuksessa. Periaatteessa jako juutalaisiin ja pakanoihin kuului Vanhaan liittoon. Paavali kirjoittaa toisaalla: ”Sillä eivät kaikki ne, jotka ovat Israelista, ole silti Israel” (Room. 9:6). Pääsy Jumalan yhteyteen ei siis riipu kansallisuudestasi. Myöskään sosiaalisella statuksellasi ei ole merkitystä evankeliumin kannalta. Saatat olla menestynyt tässä maailmassa. Se ei ratkaise pelastuskysymystä. Jos et ole menestynyt ajassa, niin on sinulla silti mahdollisuus tulla armoliittoon Jumalan kanssa Jeesuksen nimessä.

Paavalin tässä jakeessa julistama evankeliumi on mullistava ja kumouksellinen. Hän puhuu yhdenvertaisuudesta Jeesuksen tuntemisen suhteen. Hengellisesti katsottuna meillä on sama lähtökohta: Olemme syntisiä. Meidät pelastaa sama armo. Paavali taistelee kirjeessään galatalaisille oikean uskon puolesta. Hän julistaa evankeliumia Jeesuksesta Kristuksesta. Myöskään sukupuolesi ei ratkaise taivasosuuttasi. Paavali kokoaa tässä jakeessa kristinuskon yhden ja saman lipun alle. Uskovaisten joukko, Jumalan seurakunta, koostuu erilaisista yksilöistä. Sillä ei silti ole suurtakaan väliä. Seurakunnassa, missä oikea usko toteutuu, kaikilla on sama Jumala, sama Jeesus.

Paavali puhuu myös uskovien yhteyden puolesta. Ekumenian tulee toteutua kristittyjen kesken. Se ei silti saa ulottua sen ulkopuolelle, koska ekumenia ja evankeliumin levittäminen ovat kaksi toisistaan erillistä työn aluetta. Ekumenian, yhdenvertaisuuden ja ykseyden tulisi toteutua seurakunnassa nykyistä paremmin. Kristittyjen riveissä olisi tiivistämisen varaa. Nämä kaksi, ekumenia ja evankeliumi, voidaan nähdä kristillisen rakkauden kahtena suuntana. Meidän tulee heijastaa Jumalan rakkautta ulospäin. Siinä toteutuu evankeliumi. Heijastaessamme Jumalan rakkautta sisäänpäin toteutuu ekumenia. Seurakunta ja maailma ovat aivan eri asioita. Elävät uskovat muodostavat Jumalan seurakunnan. Tämän maailman ihmiset tarvitsevat Jeesusta. Kunpa hukkumassa olevat sielut huutaisivat avukseen Herran nimeä. Pelastus on lähellä. Jeesus rakastaa sinua. Hän tahtoo pelastaa sinut ja kerran korjata sinut luokseen taivaassa. Ota vastaan Kristus. Pelastustarjous on voimassa.

Gal. 3:29   ”Mutta jos te olette Kristuksen omat, niin te siis olette Aabrahamin sie-
mentä, perillisiä lupauksen mukaan.”

Lupaus, josta apostoli Paavali kirjoittaa, koski alun perin Aabrahamia. Se sai täyttymyk-
sensä Kristuksessa, jossa myös me olemme saaneet tulla perillisiksi. Paavali vetoaa galata-
laisiin. Uusi liitto on paljon parempi kuin vanha. Uusi liitto johdattaa Jumalan lapseuteen
ja perillisyyteen. Jos olemme ”Kristuksen omat”, niin olemme päässeet Uuden liiton alle.
”Aabrahamin siunaus” (Gal. 3:14) lepää yllämme. Hän on esi-isämme uskon kautta.
Olemme hänen hengellisiä jälkeläisiään. Jumala on adoptoinut meidät. Hän on ottanut mei-
dät lapsikseen. Emme ole luonnostamme Jumalan lapsia. Uusi liitto viittaa Uuteen testa-
menttiin. Testamentti puolestaan viittaa perintöön. Toisaalla Paavali kirjoittaa: ”Niin, vel-
jeni, teidätkin on kuoletettu laista Kristuksen ruumiin kautta, tullaksenne toisen omiksi, hä-
nen, joka on kuolleista herätetty, että me kantaisimme hedelmää Jumalalle” (Room. 7:4).
Usko on Jumalan lupausten omistamista. Meille tarjotaan pääsy Jumalan siunauksiin Va-
pahtajamme ja Herramme Jeesuksen Kristuksen nimessä.

”Silloin Kuningas sanoo oikealla puolellaan oleville: ’Tulkaa, minun Isäni siunatut, ja
omistakaa se valtakunta, joka on ollut teille valmistettuna maailman perustamisesta asti”
(Matt. 25:34). Uskovan osuus on siis jossain hamassa tulevaisuudessa. Paavali kirjoittaa
perillisyyden teemasta myös muualla: ”Sillä se lupaus, että Aabraham oli perivä maailman,
ei tullut hänelle eikä hänen siemenelleen lain kautta, vaan uskonvanhurskauden kautta”
(Room. 4:13). Näistä jakeista ilmenee Paavalin syvä huoli seurakuntien joutumisesta lain
alle. Hänen missionsa oli julistaa evankeliumia. Jumala ei ole jättänyt meitä oman onnemme
nojaan. Hän tahtoo siunata sinua. Voit tulla vapaaksi jopa ylpeyden synnistä.

Uskossa on kyse enemmästä kuin Jumalan armon ottamisesta vastaan ja synnin hylkää-
misestä. Mikäli pysymme uskollisina ja teemme laupeuden tekoja, niin saamme vielä omis-
tusoikeuden Jumalan valtakuntaan. Se on perintömme. Synti tulee hylätä jo nyt, täällä
ajassa. Taivaassa ei ole syntiä. Vaikka olisit rutiköyhä ja sairas, niin vastaus kaikkiin on-
gelmiisi on Jeesus. Hän johdattaa sinut iloon. Jumalan tuntemaan oppiminen on paljon tär-
keämpää kuin ajallinen menestys. Saattaa olla parempi tyytyä osaansa täällä, oli se sitten
miten huono osa tahansa. Jos olet Jeesuksen kanssa, niin olet voittajan puolella. Rikkaiden
”on vaikea päästä taivasten valtakuntaan” (Matt. 19:23). Olet hyvillä vesillä. Saat olla Ju-
malan lapsi, hänen perillisensä. Ota asioihisi ikuisuusperspektiivi. Tunne Jumalan vanhurs-
kaus. Anna Pyhän Hengen voiman virrata kauttasi. Jumalan rakkaus tulkoon osaksesi. Ol-
koon Jumalan totuus kanssasi. Seuraa Herraa Jeesusta. Kuolemakaan ei erota sinua Jeesuk-
sesta. Tuonelakaan ei voi riistää sinua Isän kädestä. Tämä aika tulee päättymään. Se on
toisille ilo ja riemu mutta toisille tuho ja turmio. Kello tikittää. Anna siis elämäsi Jeesuk-
selle, niin saat ikuisen perinnön.

Gal. 4:1   "Mutta minä sanon: niin kauan kuin perillinen on alaikäinen, ei hän missään kohden eroa orjasta, vaikka hän onkin kaiken herra;"

Ei ole vaikea päästä jyvälle Paavalin ajatuksenjuoksusta. Valitettavasti tätäkin kohtaa on käytetty väärin seurakunnassa. Jos vakavasti pyrimme totuuteen, niin on hyvin helppoa huomata se, ettei Paavali tässäkään kohdassa kirjoita lakihenkisyyden puolesta. Tähänkin jakeeseen liittyen toimii se oikea ja selvä ohje, että yksityiskohdat avautuvat kokonaisuuden valossa. Paavali ei siis opeta lakia. Hän vertaa lainalaisen ihmisen tilaa alaikäisyyteen. Meidän kannattaa tutustua seuraaviin jakeisiin, joista paljastuu viimeinenkin epäselvyys. Niiden valossa meille näytetään, että Jeesus lähetettiin "lunastamaan lain alaiset, että me pääsisimme lapsen asemaan" (Gal. 4:5).

Monesti näyttää olevan niin, että myös me suomalaiset olemme niin kuin nuo "älyttömät galatalaiset" (Gal. 3:1). Emme siis todellakaan pelastu lain kautta vaan yksin Jumalan armosta. Miksi saarnata lakia? Se johtaa vain pelkästään uskonnolliseen ylpeyteen ja omavanhurskauteen. Onko niin, että nuo papit, jotka saarnaavat lakia seurakunnassa, pelkäävät Jumalan armon johtavan syntiin? Jos he luulevat niin, niin he eivät tunne Jumalaa ja ovat näin ollen eksyttäjiä. Miksi seurakunnissa on jos jonkinlaisia Mooseksen julistajia ja lain saarnaajia? Vielä on myös sellaisia pappeja, jotka eivät ole syntyneet uudesti ylhäältä. He ovat hengellisesti sokeita ja epäuskoisia. Kaiketi maailmallisesta ja uskonnollisesta eksytyksestä huolimatta on myös elävää uskoa evankeliumin totuuteen. Juuri siihen myös apostoli Paavali tähtää kirjeessään galatalaisille.

Sanotaan, että Jumala kutsuu sinua pelastukseen, pyhitykseen ja palvelukseen. Tämän opetuksen mukaan siis täytyy ensin olla pelastettu, jotta voi pyhittyä. Ja täytyy olla pyhitetty, jotta voi palvella. Voi olla, että tämä kuulostaa vieraalta opilta, varsinkin korkeakirkollisista. On kuitenkin niin, että evankeliumi leviää tälläkin hetkellä parhaiten Euroopan ulkopuolella, köyhissä maissa. Olen kuullut uutisia Kiinasta ja Etelä-Amerikasta, miten paljon ihmisiä siellä on tullut elävään uskoon. Paavalin kirje galatalaisille soveltuu todella hyvin jälkikristilliseen Eurooppaan. Seurakuntien täytyy uudistua. Niiden täytyy palata lain alta armon alle. Saakoon Jumalan Henki kirkastaa meille Jeesuksen Kristuksen.

Emme tarvitse markkinamiehiä, vaan "työmiehiä" (Matt. 9:38). Meidän tulee käydä rukoustaisteluun Euroopan seurakuntien uudistumisen puolesta. Luopiot täyttävät mittaansa tässä maanosassa. Maailmallinen ja uskonnollinen eksytys valtaa alaa. "Ja sentähden, että laittomuus pääsee valtaan, kylmenee useimpien rakkaus" (Matt. 24:12). Me tarvitsemme Pyhän Hengen öljyä, jotta Jumalan tuli saisi palaa meissä. Emme saa menettää suolaamme tai valoamme. Pitäkää evankeliumin soihtu ylhäällä, niin se saa valaista eksyneitä, ja pimeyden kahleet saavat murtua.

Gal. 4:2   "vaan hän on holhoojain ja huoneenhaltijain alainen isän määräämään ai-
kaan asti."

Paavali tekee yhä rinnastuksen lain alaisen ihmisen tilaan liittyen. Laki oli Jeesukseen Kris-
tukseen asti. Nyt olemme päässeet Jumalan armoon Jeesuksessa Kristuksessa. Älkää siis
menkö lain alle, vaan pysykää Jumalan armossa. Älkää vetäytykö pois Herrasta. Toki tätä-
kin jaetta on käytetty väärin seurakunnassa. Älkää välittäkö Mooseksen julistajista, koska
he ovat sokeita fariseuksia. Älkää juuttuko heihin. Olette armon alla uskon kautta Kristuk-
seen. Syntien anteeksisaaminen ei perustu lakiin. Se on Jumalan armoteko. Jeesuksen ve-
riuhri riittää. Ei ole muuta hintaa, joka voi lunastaa meidät vapaaksi. Hän sovitti meidät.
Syntiongelma on ratkaistu. Jeesus teki sen.

Levoton saa levon hänessä. Jumalan rauha tyynnyttää sydämesi. Toki laki rajoittaa syn-
nin harjoittamista yhteiskunnassa. Samalla se opettaa, että mikä on oikein, ja mikä on vää-
rin. Paavali opettaa myös, että: "lakia ei ole pantu vanhurskaalle" (1. Tim. 1:9). Paavalin
kirje galatalaisille on kirjoitettu "Galatian seurakunnille" (Gal. 1:2). Tämä meidän tulee
muistaa. Sillä on näet väliä, että uskotko Jeesukseen vai et. Galatian seurakuntiin oli tullut
ongelmia, kun "Jaakobin luota oli tullut muutamia miehiä" (Gal. 2:12). He saivat seurakun-
nat pois tolaltaan saarnaamalla heille lakia.

Kirjeensä alussa (1:6–24) Paavali kertoo vaiheistaan saatuaan apostolisen kutsumuk-
sensa. Sen jälkeen hän kertoo saaneensa Jerusalemin seurakunnan johtajilta hyväksynnän
julistamalleen evankeliumille (2:1–9). Väliin mahtuu vielä selkkaus Paavalin ja Pietarin vä-
lillä Antiokiassa (2:11–14), jonka jälkeen seuraa evankeliumin ytimen paljastaminen (2:15–
21). Sitten alkaa taas uusi vaihe. Luvussa kolme Paavali jälleen taistelee evankeliumin to-
tuuden puolesta. Siihen sisältyy myös melko laaja jakso Aabrahamiin liittyen. Paavali tar-
joaa raamatulliset perusteet Vanhasta testamentista Kristuksen evankeliumille. Kolmannen
luvun loppu ja neljännen alku ovat samaa liittoteologista kokonaisuutta. Ne käsittelevät
Vanhan ja Uuden liiton suhdetta toisiinsa. Toisin sanoen ne käsittelevät lakia ja armoa.

Meidän on hyvä tarkastella yksittäisiä jakeita laajempien kokonaisuuksien valossa.
Vaikka Uusi testamentti, myös Paavalin kirje galatalaisille, kertoo Mooseksen laista, niin
se ei suinkaan opeta meidän tulevan "vanhurskaaksi Jumalan edessä lain kautta" (Gal.
3:11). Uskon kautta vanhurskaaksi tuleminen on eräs Paavalin kirjeen galatalaisille ydin-
teemoista. Oikeastaan Paavali tarkastelee tässä käsillä olevassa jakeessa kaukaista menne-
syyttä eli lain aikakautta. On siis merkitystä myös sillä, että elätkö ennen vai jälkeen Kris-
tuksen. Jeesuksen myötä tapahtui niin, että liitto vaihtui. Jeesus tuli "lunastamaan lain alai-
set, että me pääsisimme lapsen asemaan" (Gal. 4:5).

Gal. 4:3   ”Samoin mekin; kun olimme alaikäisiä, olimme orjuutetut maailman al-keisvoimien alle.”

Oikeastaan koko apostoli Paavalin kirje galatalaisille on yhtä suurta apologiaa. Siinä hän puolustaa evankeliumin totuutta lainopettajia vastaan. Tilanne Galatian seurakunnissa oli sellainen, että se vaati Paavalin pikaista puuttumista asiaan. Lainopettajat olivat tulleet ja tuoneet Mooseksen lain Kristuksen evankeliumin tilalle. Tätä ei apostoli voinut hyväksyä. Hänen kirjeensä on tavallaan antiteesi lakihenkisyyttä vastaan. Huomatkaa mennyt aika-muoto tässä jakeessa: ”olimme alaikäisiä”, ”olimme orjuutetut”. Meidän täytyy huomioida asiayhteys. Paavali viittaa tässä jakeessa ihmiskunnan menneisyyteen. Hän ei puhu niinkään henkilökohtaisella vaan yleisellä tasolla. Hän opettaa lain aikakauden olleen alaikäisyyttä ja orjuutta. Hän käyttää sanontaa: ”olimme orjuutetut maailman alkeisvoimien alle”. Epäi-lemättä hän tarkoittaa tällä ilmaisulla lakia.

Juutalaisuus on pyrkimystä vanhurskauteen lain kautta. Kristinuskossa meidät on jo tehty vanhurskaiksi Jumalan armosta, Kristuksen tähden. Jumalan armo omistetaan henki-lökohtaisen uskon kautta. Se ei perustu ihmisen omiin tekoihin, vaan Jumala katsoo meidät vanhurskaiksi Jeesuksen vuoksi. Tässäkin kirjeessä apostoli Paavali selittää Jeesuksen ja hänen täytetyn työnsä merkitystä. Jeesuksesta alkoi uusi aika. Hänessä astui voimaan Uusi liitto, jossa Jumala vanhurskauttaa meidät.

”Silloin aukenivat heidän molempain silmät, ja he huomasivat olevansa alasti; ja he si-toivat yhteen viikunapuun lehtiä ja tekivät itselleen vyöverhot” (1. Moos. 3:7). Tämä on kuva uskonnosta. Se on alastomuuden peittelyä omien tekojen kautta. ”Ja Herra Jumala teki Aadamille ja hänen vaimollensa puvut nahasta ja puki ne heidän yllensä” (1. Moos. 3:21). Tässä on kuva Jumalan vanhurskauttavasta armosta. Siinä Jumala tekee vaatteen ihmiselle ja pukee hänet siihen. Se, mitä Eedenissä tapahtui, on esikuvallista.

Mutta jos katsomme kohti tulevaa, niin näemme yhä suurempia asioita. Pysymme van-hurskauttamisen teemassa. Mitä sanoo Raamatun viimeinen kirja, Johanneksen ilmestys, siitä? ”Halleluja! Sillä Herra, meidän Jumalamme, Kaikkivaltias, on ottanut hallituksen. Iloitkaamme ja riemuitkaamme ja antakaamme kunnia hänelle, sillä Karitsan häät ovat tul-leet, ja hänen vaimonsa on itsensä valmistanut. Ja hänen annettiin pukeutua liinavaattee-seen, hohtavaan ja puhtaaseen: se liina on pyhien vanhurskautus” (Ilm. 19:6–8.) Uskokaa tai älkää, mutta puhe pyhistä viittaa kristittyihin. Seurakunta on Karitsan Morsian, ja hä-nestä tulee Karitsan vaimo. Meidät on kihlattu Kristukselle. Kuulumme hänelle. Siksi on tärkeää pitää itsensä puhtaana. Meidän tulee myös ottaa Pyhän Hengen öljy ja valvoa ja rukoilla, ettemme joutuisi kiusaukseen. Siten saamme vaeltaa Herramme jalanjäljissä tai-vaan kirkkauteen.

Gal. 4:4–5   "Mutta kun aika oli täytetty, lähetti Jumala Poikansa, vaimosta syntyneen, lain alaiseksi syntyneen, lunastamaan lain alaiset, että me pääsisimme lapsen asemaan."

Tämän luvun aiemmat jakeet ovat olleet ikään kuin alustusta näihin jakeisiin. Nyt Paavali räjäyttää pankin. Jeesus on ajan ja historian vedenjakaja. Hän on se, johon Vanhan liiton ennustukset olivat tähdänneet. Jeesuksesta alkoi uusi aika. Historiaa mitataan yhä suhteessa häneen, hänen syntymäänsä. Jeesus on lähetetty. Hän "on maailman Vapahtaja" (Joh. 4:42). Raamattu sanoo: "kiinnittäkää mielenne meidän tunnustuksemme apostoliin ja ylimmäiseen pappiin, Jeesukseen" (Hebr. 3:1). Jeesus on sekä inhimillistä että jumalallista alkuperää. Hän on Ihmisen Poika. Hän on Jumalan Poika. Jeesus on siis ihminen ja Jumala. Hän sikisi Pyhästä Hengestä ja syntyi neitsyt Mariasta. Nämä ovat tunnustuksellisen kristillisen uskon keskeisiä totuuksia. Jeesus syntyi lain alle. Hän noudatti Mooseksen lakia. Hän opetti lakia. Mutta toisaalta Jeesus antoi Mooseksen laille erilaisen sisällön kuin aikansa perinteinen juutalaisuus. Jeesus pidättäytyi siihen, mitä kirjoitettu on eikä niinkään perinnäissääntöihin. "Jokainen istutus, jota minun taivaallinen Isäni ei ole istuttanut, on juurineen revittävä pois" (Matt. 15:13), hän opetti.

Jeesus puhui fariseuksille ja kirjanoppineille: "Te ulkokullatut, oikein teistä Esaias ennusti, sanoen: 'Tämä kansa kunnioittaa minua huulillaan, mutta heidän sydämensä on minusta kaukana; mutta turhaan he palvelevat minua opettaen oppeja, jotka ovat ihmiskäskyjä.'" (Matt. 15:7–9). Jeesuksen suhteen fariseuksiin näemme samantyyppisenä kuin Paavalin suhteen lainopettajiin. Ne ovat rinnastettavissa keskenään. Paavali ei kuitenkaan kirjoittanut judaisteille vaan galatialaisille uskoville. Hän opetti Jeesuksesta, joka oli tullut "lunastamaan lain alaiset". Jeesus itse täytti lain, mutta hänen seuraajiensa ei tarvinnut ponnistella lain täyttämiseksi. Jeesus on lunastanut meidät lain alta Jumalan armon alle.

Joko sinä tunnet Jumalan armon Jeesuksessa Kristuksessa? Ota Kristus vastaan, niin saat kaikki syntisi anteeksi. Koe evankeliumin tuoma vapaus. Jeesus puhdistaa sydämesi. Hän pesee sinut puhtaaksi verellään. Saat puhtaan omantunnon. Siksi Jeesus kuoli Golgatalla, että pääsisimme sisälle Jumalan armoon. Jeesus pelastaa. Jumala lähetti hänet. Jeesus sanoo: "en minä ole tullut kutsumaan vanhurskaita, vaan syntisiä" (Matt. 9:13). Mikäli tunnet itsesi syntiseksi, niin anna elämäsi Jeesukselle. Hän on tie Jumalan rakkauteen. Minulla syyllisyys väistyi, kun otin Jeesuksen vastaan, ja hänestä tuli minun Herrani. Olit mies tai nainen, nuori tai vanha, niin Jeesus rakastaa sinua. Niin kuin "Jeesus rakasti Marttaa ja hänen sisartaan ja Lasarusta" (Joh. 11:5), samoin hän rakastaa myös sinua. Uskon kautta olemme päässeet osallisiksi Jumalan armosta.

Todellinen usko vaikuttaa rakkautena. Jumala on rakastanut meitä niin paljon, että hän antoi oman Poikansa uhriksi meidän puolestamme. Hän tuli "että me pääsisimme lapsen asemaan". Lapsen asema eroaa merkittävästi orjan asemasta. Uskoessamme Jeesukseen, Jumalan Poikaan, meistä on tullut Jumalan lapsia. Paavali vertasi lain alla olevan tilaa alaikäisyyteen (Gal. 4:1–3). Lain aika kuitenkin päättyi Jeesuksessa. Jumalan lapsena oleminen on paljon parempaa kuin lain orjuus. Olemme vapaita evankeliumin kautta. Meistä on tullut vanhurskaita Jumalan armosta. Laki ei siihen pystynyt. Evankeliumi ei silti ole vastoin lakia. Jumalan lapsina meillä on oikeus Jumalan antamaan perintöön. "Silloin Kuningas sanoo oikealla puolellaan oleville: 'Tulkaa, minun Isäni siunatut, ja omistakaa se valtakunta, joka on ollut teille valmistettuna maailman perustamisesta asti" (Matt. 25:34).

Uskoessasi Jeesukseen saat kokea Jumalan rakkautta. Alkuaika oli ainakin minulla ihanaa aikaa. En silloin ymmärtänyt kovin paljon, mutta sen tiesin, että Jeesuksesta oli tullut Herrani. Sain silloin tuntea hyvin voimakkaasti olevani Jumalan rakkauden kohde. Olin saanut Pyhän Hengen lahjan. Pari vuotta myöhemmin sain myös täyttyä Pyhällä Hengellä, eli sain Pyhän Hengen kasteen. Kun Herran Henki asuu meissä, niin olemme saaneet tulla osallisiksi Jumalasta. Meistä on myös tullut hänen valtakuntansa perillisiä. Raamattu puhuu Ananiaksesta kertoessaan siitä, kun Paavalista tuli Jeesuksen opetuslapsi. "Niin Ananias meni ja astui huoneeseen, pani molemmat kätensä hänen päälleen ja sanoi: "Veljeni Saul, Herra lähetti minut - Jeesus, joka ilmestyi sinulle tiellä, jota tulit - että saisit näkösi jälleen ja tulisit täytetyksi Pyhällä Hengellä" (Ap. t. 9:17).

Olen kirjoittanut melko paljon liittyen Jeesuksen suorittamaan pelastustapahtumaan. On kuitenkin niin, että ihmisen uskoontulo on Pyhän Hengen työ. Kristinusko, jossa ei ole Jumalan Pyhää Henkeä, ei ole todellista uskoa. Raamattu "on syntynyt Jumalan Hengen vaikutuksesta" (2. Tim. 3:16). Paavali kirjoittaa toisaalla: "jolla ei ole Kristuksen Henkeä, se ei ole hänen omansa" (Room. 8:9). Voi olla, että tunnustat Jeesuksen olleen historiallinen henkilö. Saatat kunnioittaa Raamattua sekä kristillisen kirkon perinnettä. Nämä ovat toki hyviä ja hyödyllisiä asioita, mutta ne eivät tuo sinulle pelastavaa uskoa. Pyhän Hengen todellisuus on kuin aivan eri elementti maalliseen verrattuna. Kun Pyhä Henki asuu sinussa, niin olet sisällä. Jos Pyhä Henki ei asu sinussa, niin olet ulkona. Juuri tämä on ero kuolleen uskonnon ja elävän kristillisyyden välillä: Pyhä Henki. Kirkko, jossa ei ole Pyhää Henkeä, ei ole kirkko vaan "saatanan synagooga" (Ilm. 2:9). Voi, kun näkisimme itsemme pieninä ja Jumalan suurena. Meidän on nöyrryttävä. Jumalan Sana, jonka hänen Henkensä avaa, kirkastaa meille Jeesuksen Kristuksen.

Gal. 4:6   "Ja koska te olette lapsia, on Jumala lähettänyt meidän sydämeemme Poikansa Hengen, joka huutaa: "Abba! Isä!""

Emme ole lain orjia, koska meistä on tullut Jumalan lapsia. "Abba! Isä!", on hengellinen uskontunnustus. Kun huudamme Isän puoleen, niin samalla tunnustamme hänet Isäksemme ja itsemme hänen lapsikseen. Jumala lähetti meihin "Poikansa Hengen". Olemme tulleet osallisiksi Jumalasta. Olemme Jumalan perillisiä. Näissä Paavalin sanoissa on todellista nostetta. Hän ei julista suruliputusta Jeesuksen kuoleman vuoksi vaan antaa ilon siitä, että Jeesus on ylösnoussut. Hän siis elää. Näin sanoo Raamattu, Jumalan Sana: "minä elän; ja minä olin kuollut, ja katso, minä elän aina ja iankaikkisesti, ja minulla on kuoleman ja tuonelan avaimet" (Ilm. 1:18). Mekin saamme elää ikuisesti osallisina Jumalasta, mikäli pysymme Herrassa. Meidän ei siis pidä vajota synkkyyteen. Meillä on aihetta iloon ja kiitokseen. Olemme hengellisesti nähtynä hyväosaisia ja etuoikeutettuja.

Monet työllistyvät suhteidensa avulla. Myös taivaaseen päästään sillä tavoin. Taivaan ovi avautuu, mikäli tunnet Herran Jeesuksen. Sakarja toteaa: "Ei sotaväellä eikä voimalla, vaan minun Hengelläni, sanoo Herra Sebaot" (Sak. 4:6). Raamattu puhuu monin paikoin myös Pyhästä Hengestä. Paavalin kirjeet puhuvat hänestä, Jumalan Hengestä. Ilmaus, jota Paavali tässä kohden käyttää: "Poikansa Hengen", viittaa samaan aiheeseen eli Pyhään Henkeen, joka on Kristuksen edustaja maan päällä. Oli kristillinen tunnustuskuntasi mikä vaan, niin älä joudu uskonkriisiin siitä syystä, että Paavali sanoo, että "Jumala" lähetti Pyhän Hengen meille. Itse uskon ennemmin kirjoitettuun Jumalan Sanaan kuin horjuviin dogmaattisiin oppirakennelmiin.

Usko, joka ei toimi käytännössä, ei toimi. Usko ei ole kuivaa teoriaa, vaan se on koko elämä. Uskon kautta tavoitamme Jumalan. Tämä, hyvin pelkistetty totuus, on sinunkin ulottuvillasi. Sano Jumalalle, että tahdot tulla hänen yhteyteensä. Silloin sinun ei tarvitse enää kantaa syntiesi taakkaa. Kun olet antanut elämäsi Jeesukselle, niin olet saanut anteeksi. Saat myös vapautua Pyhän Hengen voimalla.

Jeesus Kristus elää. Hän sanoo: "Minulle on annettu kaikki valta taivaassa ja maan päällä" (Matt. 28:18). Hän sanoi nämä sanat noustuaan kuolleista ja antaessaan lähetyskäskyn. Suuri velvoitteemme on julistaa Jeesusta Kristusta. Jumala toimii ajassa Sanansa periaatteiden mukaan. Hän on antanut meille myös Pyhän Hengen. Sana ja Henki toimivat yhdessä. Ne ohjaavat meitä samaan suuntaan eli kohti taivaan kirkkautta. Meidän tehtävämme on voittaa sieluja Kristukselle. Sana opettaa meitä elämään Jumalan tahdon mukaan. Henki ohjaa meitä. Saamme seurata Jeesusta. Jumala on läsnä kaikkialla maailmassa Pyhän Hengen kautta. Mikäli tahdot tulla uskoon, niin Jumala on nyt siellä, missä sinä olet. Et tarvitse muuta välittäjää kuin Jeesuksen. Hänen edustajansa, Pyhä Henki, on paikalla. Näin ollen rukoile, että Jeesus tulee elämäsi Herraksi. Tule sisälle Jumalan yhteyteen.

Gal. 4:7   "Niinpä sinä et siis enää ole orja, vaan lapsi; mutta jos olet lapsi, olet myös perillinen Jumalan kautta."

Paavali selventää yhä opetustaan. Hän kirjoittaa Jumalan lapseuteen liittyen. On toki niin, että lapsen asema on paljon parempi kuin orjan. Lapsi on myös perillinen. Se elämänyhteys, joka meillä on Kristuksen kautta Jumalaan, on muuttanut asemamme. Emme ole enää orjia. Olemme Jumalan lapsia. Raamattu sanoo näin: "meillä on yhteys Isän ja hänen Poikansa, Jeesuksen Kristuksen, kanssa" (1. Joh. 1:3). Kristillinen seurakunta, Kristuksen ruumis maan päällä, koostuu uudestisyntyneistä Jumalan lapsista. Seurakunta on Karitsan Morsian. On väliä sillä, että oletko uskossa vai et. Olet joko sisällä tai ulkona. Menet joko taivaaseen tai helvettiin. Siksi kannattaa tulla Jeesukseen uskovaksi, että pääsee taivaaseen. Hän on ainoa tie sinne. Uudestisyntynyt on tullut osalliseksi Jumalan elämästä Kristuksessa. Ihminen on siinä mielessä iankaikkisuusolento, että hänen sielunsa ei kuole. Kysymys on, että minne menet kuoleman jälkeen?

Juutalaiskristillinen maailmanselitys on mielestäni kaikkein uskottavin. Mikäli tarkastelemme Raamatun ilmoitusta kokonaisuutena, niin huomaamme sen olevan yhtenäinen. Pidän Raamattua hyvin selkeänä teoksena. Se ei ole ristiriitainen vaan hengellinen teos, joka avautuu elävälle uskolle. Raamattu on ollut merkittävä tekijä Euroopassa, niin myös Suomessa. Saimme Jumalan Sanan omalle äidinkielellemme jo varhaisessa historiamme vaiheessa. Se on ollut mitä suurin Jumalan siunaus, mistä olemme päässeet osallisiksi. Sinulla on nyt mahdollisuus tulla tuntemaan Jeesus Kristus henkilökohtaisesti. Älä kulje tämän pelastustarjouksen ohi, vaan anna elämäsi Jeesukselle. Älä torju Kristusta, vaan ota hänet vastaan. En ole kirjoittanut "puheen viisaudella, ettei Kristuksen risti menisi mitättömäksi" (1. Kor. 1:17). Emme pelastu oman viisautemme kautta.

Apostoli Paavali korosti Jeesuksen Kristuksen merkitystä. Jeesuksen ristinkuolema oli uhri, joka sovitti syntimme. Jeesus voitti kuoleman. Hän elää ja antaa elämän. Hänessä on voima, joka tekee terveeksi. Käänny hänen puoleensa uskossa rukoillen. Täyty Pyhällä Hengellä, ja tule täyteen hänen voimaansa ja hänen tahtonsa tuntemista. Anna kaikki kunnia Jumalalle. Olemme saaneet armon. Kiitos siitä Jumalalle. Tulkoon Jeesuksen Kristuksen nimi kirkastetuksi kaikessa maailmassa. On ilmeistä, että Paavali kirjoitti kirjeensä Galatiaan voittaakseen heidät takaisin Jeesukselle Kristukselle. He olivat nimittäin luopuneet hänestä, kun he olivat menneet lain alle. Meilläkin on tuo sama vaara eli uskonnon harha. Olemme riippuvaisia Jumalan armosta. Meillä on pääsy tuohon armoon Jumalan Pojan, Jeesuksen Kristuksen, kautta.

Gal. 4:8   "Mutta silloin, kun ette tunteneet Jumalaa, te palvelitte jumalia, jotka luonnostaan eivät jumalia ole."

On vain yksi Jumala. Hänet voidaan tuntea vain Jeesuksen Kristuksen kautta. Tuota tuntemista nimitetään uskoksi. Todellinen usko elävään Jumalaan toteutuu vain Pyhässä Hengessä. Jumala saa kunnian. Jeesuksen Kristuksen nimi tullaan kirkastamaan. Rukoile Isää Jumalaa hänen Poikansa Jeesuksen nimessä, Pyhässä Hengessä. Hylkää epäjumalat, ja antaudu ainoalle Jumalalle. Hylkää syntisi, ja elä evankeliumi todeksi. Avaa Jumalan Sanan aarteet lujana uskossa. Omista Jumalan lupaukset ja siunaukset. Ole kuuliainen Jumalan tahdolle. Antaudu hänelle, ja pysy uskollisena. Ota profeetta Danielin usko esikuvaksesi, ja ojentaudu sen mukaan. Tule täyteen Jumalan tuntemista. Rukoile Jumalaa. Ota tavoitteeksesi päästä hiljaisuuteen Jumalan kanssa. Hylkää ahneus. Mammona ei sinua pelasta.

Jeesus pelastaa! Hän elää. Nöyrry Jumalan käyttöön. Herra itse antaa sinulle voimaa synnin hylkäämiseen ja hänen vanhurskaan tahtonsa noudattamiseen. Seuraa Jeesusta Jumalan armoon. Kulje hänen askeleissaan Herran pyhyyteen. Hänessä on se, mitä tarvitset. "Herra on minun paimeneni, ei minulta mitään puutu" (Ps. 23:1). Älä koskaan luovu hänestä. Käänny Jeesuksen puoleen. Polvistu. Kuuntele. Hän puhuu. Hän ilmestyy sinulle, kun vaikenet. Emme seuraa kuolleita epäjumalia vaan elävää Jumalaa. Avaa sydämesi ovi Jeesukselle. Kohdista mielesi häneen. Rukoile Pyhässä Hengessä. Siihen et tarvitse hienoa kirkkorakennusta tai hienoja vaatteita. Sinun tarvitsee aluksi syntyä uudesti. Siitä alkaa Jeesuksen opetuslapseus. Hylkää epäjumalat. Hylkää synti. Valitse Jeesuksen seuraaminen.

"Minun ruokani on se, että minä teen lähettäjäni tahdon ja täytän hänen tekonsa" (Joh. 4:34). Jeesus täytti Isän tahdon. Hän lunasti synnin orjat vapaaksi. Se on niin ja aamen. Jeesus on ylösnoussut. Meidän tulee voittaa sieluja Jeesukselle. Meidät on lähetetty. Lähetysnäky ja -kenttä avautuu edessämme. Rukoillaan, että sielut pelastuvat. Oi Isä, lähetä työmiehiä elonpellolle korjaamaan satoa ikuiseen elämään taivaassa. Emme saa elää itsellemme. Meidän tulee palvella Herraa. Hän antaa meille iloa ja valoa. Meidän tulee olla evankeliumin puuhamiehiä ja -naisia. Emme saa antautua epäuskolle. Meidän Herramme on Voittaja. Voi olla, että sinulla on synkkä menneisyys. Älä juutu menneisyyteesi, vaan anna Jumalan uudistaa sinut. Uskovana sinulla on Jumalan tuntemisen etuoikeus. Onko muulla väliä? Älä sure menneisyyttäsi. Kulje Jeesuksen jalanjäljissä taivasta kohti. Raamattu sanoo: "Ja älkää olko murheelliset, sillä ilo Herrassa on teidän väkevyytenne" (Neh. 8:10). Ei ilo ole siis heikkoutta vaan voimaa. Meillä on vapaa pääsy meidän Herramme Jeesuksen Kristuksen tuntemiseen Pyhässä Hengessä. Amen.

Gal. 4:9   "Nyt sitävastoin, kun olette tulleet tuntemaan Jumalan ja, mikä enemmän on, kun Jumala tuntee teidät, kuinka te jälleen käännytte noiden heikkojen ja köyhien alkeisvoimien puoleen, joiden orjiksi taas uudestaan tahdotte tulla?"

Apostoli Paavali saattaa ilmeiseksi galatalaisten mielettömyyden. Hän nuhtelee heitä. He tunsivat elävän Jumalan, ja Jumala tunsi heidät. Miksi he nyt olivat luopumassa hänestä? Tämä jae on hyvin selkeä ja kirkas. Sillä on ulottuvuutensa myös meille nykylukijoille. Vaikka olemme kerran antaneet elämämme Jeesukselle, niin ei uskossa pysyminen ole mikään itsestäänselvyys. Galatalaiskirje on selkeä vastaveto lakihenkisyyttä vastaan. Sen taustana on Juudeasta Galatian seurakuntiin tulleet lainopettajat, jotka olivat opetuksellaan eksyttäneet Galatian seurakunnat armon alta lain alle. Toki laki viehättää ihmisiä. Se ei kuitenkaan auta ihmisiä heidän ongelmaansa eli syntiin. Se ei ratkaise taivasosuutta. Sen tekee vain Jeesus. Me emme ole sen parempia kuin Galatian uskovat. Sama vaara lain alle joutumiseen on myös meillä. Laki ei ole todellinen vaihtoehto Jumalan armolle. Emme pelastu lain kautta. Emme pelastu myöskään armon ja lain kautta vaan yksin armosta. Armon perusta, joka on Jeesuksessa Kristuksessa, ei horju. Se ei ole riippuvainen meistä.

Jeesus kuoli Golgatalla ja sovitti syntimme, halusimme sitä tai emme. Jos olemme ottaneet Jeesuksen vastaan, niin olemme menossa taivaaseen. Meillä ei ole muuta vaihtoehtoa kuin Jeesus. Hän on tie taivaaseen. Paavali etenee kirjeessään galatalaisille yhä enemmän nuhdesaarnan tasolle. Hän on huolissaan Galatian uskovien sydämen tilasta. Hän vetoaa heihin. Paavali osoittaa heille paluuta Jumalan armoon. Todellinen ja täysi Jumalan armo on syntien anteeksisaaminen ja pyhä elämä Kristuksessa. Lain noudattamisen tie ei johda meitä Jumalan vanhurskauteen. Mikäli nojaudumme lakiin, niin olemme "kirouksen alaisia" (Gal. 3:10). Jumala tekee meistä vanhurskaita Jeesukseen Kristukseen perustuvan armonsa kautta.

Lain noudattaminen on uskontoa. Se on ihmisen pyrkimystä Jumalan tavoittamiseksi. Jumala on kuitenkin transsendentti eli tuonpuoleinen ja saavuttamaton. Mutta hän on ilmestynyt meille Pojassaan, Jeesuksessa Kristuksessa. Raamattu, Jumalan ilmoitus, avautuu hänessä. Evankeliumi on Raamatun ydin. Armo perustuu Jeesuksen uhrikuolemaan. Se oli tapahtuma, joka sovitti syntimme. Nyt kun tiedämme, että mihin uskoa, niin meidän on edettävä Jumalan tuntemiseen. Galatalaisilla oli paljon. He tunsivat Jumalan, ja Jumala tunsi heidät. Heillä siis oli myös paljon menetettävää. Iankaikkinen elämä taivaassa on elämää Jeesuksen kanssa. Iankaikkinen elämä Herrassa alkaa siitä hetkestä, kun annat elämäsi Jeesukselle, synnyt uudesti, ja saat Pyhän Hengen lahjan. Me olemme hengellisesti hyväosaisia. Tunnemme Jumalan, ja hän tuntee meidät. Meillä on paljon pelissä. Eletään siis sen mukaisesti, ja annetaan evankeliumille etusija.

Gal. 4:10   "Te otatte vaarin päivistä ja kuukausista ja juhla-ajoista ja vuosista. "

Paavali jatkaa nuhdesaarnaansa. Hänen esittämänsä asiat liittyvät juutalaiseen uskontoon. Siltä apostoli tahtoi varjella galatalaiset. Heidän ei kuuluisi noudattaa uskonnollisia juhla-aikoja tai sapattia. He olivat vapaita. Tuollaisten aikamääreiden seuraaminen ei kuulu evankeliumin oppiin ja käytäntöön. Juutalaiset juhlat ja sapatti ovat menettäneet merkityksensä Jeesuksessa Kristuksessa. Evankeliumin ihanuuteen kuuluu sen tuoma vapaus. Uskonnollinen ihminen suorittaa riittejä. Hän noudattaa hyödyttömiä muotomenoja, jotka eivät edistä Jumalan tuntemista. Paavali nimenomaan nuhtelee Galatian kristittyjä. Hän näkee selvemmin kuin he itse, että he olivat liukuneet armon alta lain alle. Se oli ongelma.

Jos menet lain alle uskoontulosi jälkeen, niin olet langennut "pois armosta" (Gal. 5:4). Emme saa elää mieliksi lihallemme. Ennemmin meidän tulisi seurata Jumalan johdatusta. Saamme elää vapaina lain orjuudesta. Olemme tulleet osallisiksi Kristuksesta. Olemme tulleet osallisiksi Jumalan armosta. Emme saa luopua Jeesuksesta. Lain alle joutuminen kuitenkin uhkaa monia. Muistattehan, että mitä Paavali aiemmin kirjoitti: "jos vanhurskaus on saatavissa lain kautta, silloinhan Kristus on turhaan kuollut" (Gal. 2:21). Paavalin huoli galatalaisten hengellisestä tilasta on ilmeinen.

Tässä esillä olevassa jakeessa hän tuo ilmi lakihenkisen uskonnollisuuden yhden osa-alueen nimittäin juhla-aikojen noudattamisen. Sinun ei tarvitse noudattaa niitä. Olet vapaa. Jeesus on vapauttanut meidät. Saamme iloita hänessä ja hänestä. On Jeesuksen ansiota, että olemme päässeet vapaiksi. Muotomenot juhla-aikoineen hivelevät ihmisten ylpeyttä ja uskonnollista egoa. Mutta evankeliumin suhteen olemme samalla viivalla. Olemme kaikki syntisiä, ja siten olemme riippuvaisia Jeesuksesta. Jos uskot Jeesukseen henkilökohtaisesti, niin hän ei ole kohdallasi "turhaan kuollut" (Gal. 2:21).

Evankeliumin keskus on Jeesuksen Kristuksen ristinkuolema. Hän sovitti syntimme Golgatalla. Siellä hän kuoli ja antoi verensä maksuna meistä. Siellä perustettiin se armoliitto, johon saamme kuulua. Jeesus häpäistiin, ja niin meidän ei tarvitse hävetä. Jeesus tuomittiin, ja niin me saimme armon. Jeesus kuoli, ja niin me saimme elämän. Hänen kauttaan me saamme päästä taivaaseen. Meille on annettu suuret lupaukset Jumalan Sanassa. Me saamme omistaa ne uskossa. Miten suuri hengellisten aarteitten lähde tuo Sana onkaan. Jumala katsoo meihin Poikansa uhrin kautta. Siinä on armo. Siinä on vanhurskaus. Jumala ohjaa meitä Raamatun ja Pyhän Hengen kautta. Olkoon Jeesuksen Kristuksen nimi kirkastettu aina maan ääriin asti, ikuisesti. Amen.

Gal. 4:11   "Minä pelkään teidän tähtenne, että olen ehkä turhaan teistä vaivaa näh-
nyt."

Tämä jae on yksi niistä, jotka helposti ohitamme. Siinä ei ilmene mitään yliluonnollista,
vaan siitä ilmenee Paavalin syvä inhimillinen huoli galatalaisten sydämen tilasta. Paavali
paljastaa heille oman sydämensä. Hän ei ole huolissaan itsensä takia. Hänellä ei ole samaa
pelkoa sydämessään oman itsensä vuoksi vaan galatalaisten vuoksi. "Minä pelkään teidän
tähtenne", hän kirjoittaa. Hänestä huokuu rakkaus ja syvä välittäminen Galatian uskovaisia
kohtaan. Kirjeessään hän on tähän asti tehnyt selkoa julistamansa evankeliumin perusteista
puolustaakseen sitä lainopettajia vastaan. Hän on kirjoittanut uskon puolustamiseksi. Kir-
jeensä tässä kohtaa saamme huomata Paavalin tunteet galatalaisia kohtaan. Hän ei ole kir-
joittanut pelkästään aivoillaan vaan myös sydämellään. Oikeastaan tämä jae on osa laajem-
paa kokonaisuutta, jossa apostoli vetoaa galatalaisiin. Heidän uskossaan oli tapahtunut
muutos. Se ei ollut enää sitä alkuajan innostusta ja vilpitöntä heittäytymistä Jumalan johda-
tukseen vaan ankeaa lakihenkisyyttä. Heidän uskonsa muutos oli tapahtunut huonompaan
suuntaan eli armon alta lain alle.

Mikäli olemme todella armon alla, niin silloin emme myöskään tuomitse toisia. Silloin
elämme todeksi syntien anteeksisaamista ilman oman kunnian pyytämistä. Silloin emme
niinkään välitä omasta maineestamme. Meille sopii varsin hyvin se, että Jumala saa kun-
nian. Oletko koskaan ajatellut, mitä Jumala saa, kun hän armahtaa meidät? Hän saa kunnian.
Meillä on suuri aihe Jumalan kiittämiseen, koska hän on antanut meille kaikki syntimme
anteeksi. Pojassaan Jeesuksessa Jumala ratkaisi syntiongelman. Mikäli todella olet uskon
kautta päässyt hänen armoonsa, niin älä koskaan luovu siitä. Jumalan kunnia on se, että hän
armahtaa meidät. Mutta jos luotamme lain tekoihin, niin koetamme pystyttää omaa kunniaa,
ja joudumme pois armosta, ja joudumme Jumalan tuomion alle. Meidän on siis luotettava
Jeesukseen Kristukseen, niin silloin Jumala armahtaa meidät. Onhan Kristuksen täytetty työ
perusta Jumalan armolle meidän osaksemme ja peruste sille, että Jumala vanhurskauttaa
meidät.

Kiitosaiheenamme on myös se Jumalan lapseus, johon olemme päässeet. Emme ole enää
lain orjia vaan vapaita. Meistä on uudestisyntymisen myötä tullut Jumalan lapsia. Jumalalla
on vain yksi Poika, Jeesus. Mutta onneksi hän on adoptoinut eli ottanut lapsikseen monia.
Meille on annettu suuret lupaukset Sanassa. Saamme uskossa omistaa ne Kristuksessa.
Usko on hyvin myönteinen asia. Niin kuin Paavali varmasti toivoi galatalaisista, ettei hän
olisi heistä turhan takia "vaivaa nähnyt", niin minäkin toivon Suomen seurakuntien löytä-
vän takaisin lain alta armon alle. Monet lakihenkisten julistajien moukaroimat sielut ajetaan
hengelliseen erämaahan. Mutta onneksi sielläkin Kristus pitää omistaan huolen. Olit erä-
maassa tai et, niin ole silti siunattu Jeesuksen nimessä.

90

Gal. 4:12   "Tulkaa minun kaltaisikseni, koska minäkin olen tullut teidän kaltaiseksenne, veljet, minä pyydän sitä teiltä. Ette ole minua mitenkään loukanneet."

Paavali paljastaa sydämensä. Hän on tullut galatalaisia vastaan. Nyt hän odottaa sitä samaa myös heiltä. "Tulkaa minun kaltaisikseni", hän kehottaa. Paavali eli uskonsa todeksi. Evankeliumi oli hänelle tärkeintä. Toisaalla hän kirjoitti, että: "vaikka minä olen riippumaton kaikista, olen tehnyt itseni kaikkien palvelijaksi, voittaakseni niin monta kuin suinkin" (1. Kor. 9:19). Paavalilla oli asenne kohdallaan. Nyt hän odotti samaa asennetta myös galatalaisilta. Heidänkin tuli elää evankeliumi todeksi. Paavali kirjoitti heille hyvin isällisesti ja pastoraalisesti. Hän oli ollut huolissaan heidän uskonsa tilasta. Nyt hän vetoaa heihin, että he kääntyisivät uudestaan Jeesuksen puoleen. He olivat kyllä tulleet elävään uskoon, mutta tapahtumat Galatian seurakunnissa johtivat siihen, että he menivät lain alle.

Jeesus kuoli puolestamme Golgatalla. Jumala armahtaa meidät. Uskomme Jeesukseen, joka oli syntimme sovittava uhri. Hän mursi synnin vallan kuolemallaan. Tämän lisäksi Jeesus voitti kuoleman nousemalla ylös kolmantena päivänä. Uskoessamme nämä olemme ottaneet evankeliumin totuuden vastaan. Lain tekoihin perustautuminen kuitenkin vesittää elävän uskon. Usko asettaa kaiken luottamuksen Jeesukseen Kristukseen. Lakihenkisyys puolestaan luottaa ihmisen omiin ansioihin. Jos mietit lakiin turvaamista varmuuden vuoksi, niin olet vaarassa eksyä armon alta lain alle. Lakihenkinen luottaa omiin tekoihinsa, ja uskovainen luottaa Jeesukseen Kristukseen. Lakihenkinen etsii ihmiskunniaa, ja uskovainen etsii Jumalan kunniaa ja kirkkautta. Jumala saa kiitoksen. Se kuuluu hänelle. Hän lähetti Poikansa pelastajaksemme. Meillä ei ole omaa ansiota Jumalan silmissä. Olemme ansiottomia. Olemme armon kerjäläisiä.

Jos etsimme mainetta ja ihmiskunniaa, niin meillä on sellaisia pyrkimyksiä, jotka eivät ole Jumalan mielen mukaisia. Motiivimme ovat vääriä. Koska olemme saaneet Jumalan armon Kristuksessa, meidän tulisi antaa kaikki kiitos, kunnia ja ylistys Jumalalle. Evankeliumin kannalta emme ole ansioituneita. Armahduksemme perustuu Jeesukseen Kristukseen ja hänen täytettyyn työhönsä. Usko Jeesukseen on kuin tyhjä käsi, joka on ojennettu hänen puoleensa. Raamattu sanoo: "usko on luja luottamus siihen, mitä toivotaan, ojentautuminen sen mukaan, mikä ei näy" (Hebr. 11:1). Jotta Jeesuksen Kristuksen nimi tulisi kirkastetuksi kaikessa maailmassa, Jumala vuodatti Pyhän Hengen. Jotta Herramme Jeesuksen Kristuksen nimi tulisi ylistetyksi kaikessa maailmassa, lähetti Jeesus seurakuntansa tekemään kaikki kansat hänen opetuslapsikseen. Amen.

Gal. 4:13–14   "Tiedättehän, että ruumiillinen heikkous oli syynä siihen, että minä ensi kerralla julistin teille evankeliumia, ja tiedätte, mikä kiusaus teillä oli mi nun ruumiillisesta tilastani; ette minua halveksineet ettekä vieroneet, vaan otitte minut vastaan niinkuin Jumalan enkelin, jopa niinkuin Kristuksen Jeesuksen."

Paavalin sairauden laadusta on esitetty arveluja, että kyseessä olisi ollut jokin silmäsairaus. Voimme huoletta todeta galatalaisten tietäneen sen paremmin kuin me. Lienee niin, ettei meidän tarvitse sitä tietää. Vaikka saamme olla toisaalta avoimia erilaisille käsityksille, niin meidän on syytä valvoa, ettemme ylitulkitse Raamattua. Sana sanoo: "Ei yli sen, mikä kirjoitettu on" (1. Kor. 4:6).

Näissä jakeissa Paavali jatkaa vetoomustaan galatalaisia kohtaan voittaakseen heidät takaisin Kristukselle. Hän viittaa siihen, että oli saarnannut heille "evankeliumia". On ilmeistä, että he olivat aluksi ottaneet Paavalin hyvin vastaan. Mutta sitten heidän suhtautumisessaan oli tapahtunut muutos. Kaikki muutokset eivät suinkaan vie parempaan suuntaan. Lakihenkisyyden myötä he olivat menettäneet jotakin. He eivät enää iloinneet. Lain tekoihin nojautuminen oli vienyt heiltä evankeliumin tuoman ilon ja vapauden.

Ihmiset voidaan jakaa kahteen joukkoon. On jumalattomia syntisiä ja armahdettuja syntisiä. Paavali ei kirjoittanut kirjeitään ei-uskoville vaan uskovaisille. Eihän lakihenkisyys varsinaisesti ole jumalattomien ongelma, sillä heidän sydämensä on pimeä. Heillä ei ole sitä valoa, joka meille on annettu. He ovat uudestisyntymättömiä. Maailma mielistyy heihin, koska heidän elämänsä on maallista.

Paavali siis kirjoitti kirjeensä pyhille. Hän oli julistanut galatalaisille sanomaa Herrasta Jeesuksesta Kristuksesta. He olivat tulleet uskoon. Usko ei silti ole stabiili tila. Jos uskosi ei kasva, niin sinä taannut hengellisesti. Näin oli tapahtunut Galatian seurakunnille, ja sama ilmiö on toistunut läpi kirkon historian. Soudetaan ja huovataan lain ja evankeliumin välillä. Galatalaiskirje on Paavalin kirjeistä se, joka on edelleen hyvin ajankohtainen. Sitä on nimitetty pelastusopilliseksi, mikä kyllä sopii sille hyvin. Paavali kirjoitti kerran uskoon tulleille. Galatalaiset olivat heijastaneet häneen sitä Jumalan rakkautta, jonka Jeesus Kristus vaikuttaa Pyhän Henkensä kautta. Emme silti tiedä kaikkea mahdollista, mikä liittyy Galatian seurakuntiin, jotka olivat syntyneet Paavalin julistustoiminnan seurauksena. Voi olla, että ilman Paavalin kirjettä galatalaisille koko alue olisi häipynyt historian pimentoon.

Oi Herra, näytä valosi Suomen lakihenkisiin seurakuntiin. Osoita synti synniksi. Tee armostasi totta niissä. Anna Pyhän Henkesi tulen levitä ja elävän veden virrata. Herätä nukkuvat kristityt. Sytytä kansasi. Anna öljysi valvovalle Morsiamelle. Herra, laske Henkesi. Herra, avaa Sanasi. Olen nyt jakanut sydämeni rukousaiheita. Sinäkin voit liittyä rukoustaisteluun hukkuvien sielujen ja seurakuntien heräämisen puolesta. Seurakunnat joko nukkuvat ja kuolevat tai heräävät elämään uskonsa todeksi.

Niin kuin apostoli Paavali asian ilmaisi: "ruumiillinen heikkous oli syynä siihen, että minä ensi kerralla julistin teille evankeliumia". Tästä näemme, ettei suuri henkilökohtainen voima johda elonpellolle korjaamaan satoa. On juuri niin kuin Paavali ohimennen totesi. Ei evankeliumin julistaminen riipu meidän suorituskyvystämme. Emme saa tehtyä Herran työtä muuten kuin Jumalan Hengen voimalla. Näin ollen saamme olla heikkoja. Meiltä ei vaadita lihan voimaa, joka on pikemmin este evankeliumin levittämiselle kuin sen ehto. Toivon, että Herra Jeesus riisuu meistä pois kaiken sen oman voiman ja viisauden, mikä vaan sitoo meitä puuhastelemaan joutavia. Kutsu Jumalan lähettämäksi tulemiseen on mitä suurin etuoikeus. Saat olla etulinjassa totuuden puolesta. Mene kaikkialle. Ole siellä. Julista koko olemuksellasi Jeesusta. Osoita Kristukseen. Täyty Jumalan Hengellä, ja ole meidän Herramme ja Vapahtajamme Jeesuksen Kristuksen todistaja.

Tule Jumalan läsnäoloon. Lähesty häntä palvoen. Kiitä Jeesusta, että saat puhdistautua synnistä lähteellä eli hänen verihaavoissaan. Vain siten saat puhtaan sydämen. Karitsan veri puhdistaa kaikesta synnistä. Se on samalla varjeleva sinua kaikesta pahasta. Jumalan tuomio menee ohitsesi. Et joudu tuomittavaksi. "Joka uskoo häneen, sitä ei tuomita" (Joh. 3:18). Jumalan Poika, Jeesus Kristus, antoi itsensä uhriksi meidän puolestamme. Golgatalla synnin valta murtui. Tämä on totuus, jota meidän tulee julistaa. Kuitenkin apostoli Paavalin huoli Galatian kristityistä oli sangen suuri. Hänen tekstistään huokuu pastoraalinen välittäminen. Hän ei tahtonut menettää heitä. Hän pahoitteli sitä, että galatalaisten suhtautuminen häntä kohtaan oli muuttunut huonompaan suuntaan. Heistä oli tullut itsekeskeisiä. Jeesus ei enää saanut kunniaa olla heidän elämänsä keskipiste. He olivat uskonnollisuudessaan ajaneet Jeesuksen pois heidän sydämensä herruudesta.

Joko kumarrat Jeesusta ja kiellät itsesi tai sitten olet oma herrasi ja kiellät Jeesuksen. Kysymys on hyvin yksinkertainen: Sinä vai Jeesus? Kannattaa valita Jeesus, tuli mitä tuli. Evankeliumin ihanuus voittaa pakottavan lakihenkisyyden mennen tullen. Meidän oma lihallinen minämme lienee elävän hengellisyyden suurin este. Egomme ei tahdo luopua siitä vallasta, joka sillä on. Meidän tulee uudestaan antautua Jeesukselle. Tule vapaaksi itsestäsi uskomalla Jumalaan hänen Poikansa Jeesuksen kautta. Tämä on kasvun tie. Se on ristin tie. Se edellyttää itsensä kieltämistä. Emme saa elää itsellemme mieliksi. "Minä olen Kristuksen kanssa ristiinnaulittu, ja minä elän, en enää minä, vaan Kristus elää minussa" (Gal. 2:19–20). Tämä on juuri se avain, joka johtaa kasvuun. Saat ristin kautta voiman synnin hylkäämiseen. Tämä on hyvin suuri hengellinen totuus, joka näyttää salaisuudelta, koska niin harvat turvaavat siihen. Amen.

Gal. 4:15   "Missä on nyt teiltä kerskaaminen onnestanne? Sillä minä annan teistä sen todistuksen, että te, jos se olisi ollut mahdollista, olisitte kaivaneet silmät päästänne ja antaneet minulle."

Tässä kohden jotkut näkevät viittauksen Paavalin silmäsairauteen. Apostolin päähuomio on kuitenkin siinä muutoksessa, joka galatalaisten suhtautumisessa häntä kohtaan oli tapahtunut. Paimenen sydämestään huolimatta Paavali saattoi kyllä käyttää myös terävää kieltä perustamiensa seurakuntien suhteen. On esitetty myös sellaisia arveluja, että Paavali olisi ollut leski. Tämä on vain esimerkki teologien ja kirjanoppineiden spekulaatiosta. Ne ovat korkeintaan toissijaisia. Paavali tahtoo kiinnittää galatalaisten huomion siihen muutokseen, joka heidän omassa käytöksessään oli tapahtunut. Usko joko kasvaa tai taantuu. Galatalaisten usko oli taantunut. Miten on sinun uskosi laita? Liikutko tällä hetkellä lähemmäksi Jeesusta vai kauemmaksi hänestä?

Tämä käsillä oleva jae jää meiltä helposti huomaamatta. Paavali käyttää siinä yllättävän terävää kieltä. "Missä on nyt teiltä kerskaaminen onnestanne?" hän kysyy galatalaisilta. Jos et ole vielä uskossa, niin ota Kristus vastaan. Uskoon tulemalla ja parannuksen tekemällä pääset sisälle Jumalan armoon. Saat Pyhän Hengen lahjan ja Jumalan rauhan sydämeesi. Sinun tulee uskoa Jumalaan hänen Poikansa Jeesuksen kautta. Jeesus vuodatti verensä Golgatalla. Siellä ja silloin maksettiin kaikkien meidän syntivelkamme. Amen. Nämä ihmeelliset asiat ovat evankeliumin lähtökohta. Jumala armahtaa sinut Poikansa uhrikuoleman kautta. Saat syntisi anteeksi Jeesuksen ansiosta, kiitos Herralle. Uskon kautta pääset sisälle Jumalan tuntemiseen Kristuksessa. Tule Golgatalle. Se on sovituksen paikka. Siellä saat kokea puhdistuksen synnistä. Jeesus, Jumalan Karitsa, pesee sydämesi puhtaaksi. Saat puhtaan omantunnon. Kanna ristisi iloiten.

Taivas on enemmän kuin tämä maailma. Siellä saamme levätä vaivoistamme. Saamme rauhaa, armoa ja vapauden Herrassa. Mutta palatakseni vielä Paavalin käsillä olevaan tekstiin, tehdään pari huomiota siihen liittyen. Tämä kohta ei ole kovin dogmaattinen, koska se ei sisällä mitään kristillisiin oppeihin liittyvää, vaan se on lähinnä käytännöllinen. Sen tavoite on pyrkiä osoittamaan välittämistä galatalaisia kohtaan. Toiseksi; on huomattava, että en tee eksegeettistä teosta. Siksi olen irrottanut tämän jakeen sen laajemmasta asiayhteydestä. Vaikka tämä teos on lähinnä hartauskirja, on hyvä ottaa esille pari taustatekijää. Mikä sai galatalaisten mielen muuttumaan? Ymmärtääksemme Paavalin motiiveja paremmin emme saa vaieta Galatian seurakuntien uhkatekijöistä eli judaisteista. Näin ollen voimme todeta tämän jakeen olevan hyvin tilannesidonnainen. Saattaa olla, että ilman Galatiaan tulleita judaisteja, Paavalin ei olisi tarvinnut kirjoittaa kirjettään. Samalla tämä muistuttaa meitä kirjeen sidonnaisuudesta tiettyyn historialliseen tilanteeseen.

Gal. 4:16   "Onko minusta siis tullut teidän vihamiehenne sentähden, että minä puhun teille totuuden?"

Olisi kiintoisaa tietää, miten galatalaiset reagoivat näihin sanoihin. Paavalin kirje kulkee kuitenkin vain yhteen suuntaan nimittäin galatalaisille. Uskon Paavalin olleen tässä jakeessa esittämässään kysymyksessä vilpitön ja rehellinen. Hän puhui totta. Hän epäili tulleensa seurakuntalaistensa vihaamaksi sen vuoksi, että mitä hän heille sanoi. Voi olla, että puhumalla totta saadaan yleisestikin ottaen vihollisia. "Totuus tekee kipeää", sanotaan. Totta olisi kuitenkin aina puhuttava. Jumala ei tahdo meidän olevan niin salamyhkäisiä ja umpikieroja. Uskon, että ihmisten on saatava tietää raadollinen totuus. Se on meille paljon parempi kuin paljot ja turhat puheet. Totuudet ovat useimmiten yksinkertaisia, varsinkin hengellistä laatua olevat. En näe asian olevan niin, että Paavali syytti galatalaisia. Syy hänen kirjoittamalleen kirjeelle on aivan toinen. Ehdottomasti meidän on osattava huomioida tausta, johon Paavali kirjoitti. Tilanne Galatian seurakunnissa oli kulkenut huonoon suuntaan. Juudeasta tulleet miehet olivat saarnanneet heille Mooseista ja näin hämmentäneet galatalaisten mielet. Nuo juudealaiset eksyttäjät olivat vedonneet lainsaarnoillaan heidän uskonnolliseen ylpeyteensä.

Lain teot eivät kuitenkaan edistä Jeesuksen Kristuksen tuntemista. Galatalaiset olivat tehneet pahan virheen. He olivat "langenneet pois armosta" (Gal.5:4). Sivuhuomautuksena tähän: Jos Galatian seurakunnissa olisi ollut vahva johtajuus, näin ei olisi päässyt tapahtumaan. Mutta noissa seurakunnissa ilmeisesti oli vallan tyhjiö, ja juuri siihen nuo juudealaiset opportunistit iskivät. Galatiassa oli toisaalta hyviäkin puolia. Liiallinen vapaus ei ollut heidän ongelmanaan. Uskovaisten lain alainen tila on kuitenkin yhtä paha asia kuin liberalismi. Lakihenkinen ihminen on yksinkertaisesti uskonnon harjoittaja. Sellainen ei nauti evankeliumin tuomasta ilosta ja vapaudesta, vaan hänestä on tullut lain orja.

Kristuksessa saamme olla vapaita. Vapahtajamme on lunastanut meidät orjuudesta vapauteen. Emme ole lain alla. Olemme vapaita, koska Jeesus on täyttänyt lain. Tämä ei silti yhtään vähennä Jumalan pyhyysastetta meissä. Vaikka monet luulevat, että Jumalan armo johtaa syntiin, niin se ei pidä paikkansa. Jeesus sanoo: "ellei teidän vanhurskautenne ole paljoa suurempi kuin kirjanoppineiden ja fariseusten, niin te ette pääse taivasten valtakuntaan" (Matt. 5:20). Mutta miten tämä on mahdollista? Se ei olekaan mahdollista meille itsellemme. Mutta koska Jeesus täytti lain, niin se on meille hänessä mahdollista. Jeesus vapautti meidät. Omalla voimallamme emme saavuta Jumalan vanhurskautta. Jumala antaa meille voimansa ja viisautensa johdattaakseen meidät armoonsa ja vanhurskauteensa. Amen, kiitos Jeesus.

Gal. 4:17   ”Heillä on intoa teidän hyväksenne, mutta ei oikeata; vaan he tahtovat eris-
tää teidät, että teillä olisi intoa heidän hyväksensä.”

Paavali jatkaa vetoomustaan galatalaisiin nähden. Aikaisemmin hän vetosi heidän sydä-
meensä. Nyt hän vetosi heidän älyynsä. Hän ei mainitse vastustajiaan nimeltä. Emme tiedä
heistä kovin paljon. Galatiassa oli käynyt kuin Antiokiassa. ”Jaakobin luota oli tullut muu-
tamia miehiä…” (Gal. 2:12). Uskonnolliset juutalaiset vastustivat evankeliumin voittokul-
kua valitettavan hyvällä menestyksellä. Katsaus nykypäivän seurakuntiin kertoo karua kiel-
tään. Laitoskirkoissa julistetaan halpaa armoa eli uskoa ilman parannuksentekoa. Myös va-
paissa suunnissa evankeliumi on kateissa. Monin paikoin julistetaan lakia eli parannuksen-
tekoa ilman uskoa. Kumpikin käsitys Jumalasta ja hänen armostaan on väärä. Onko Paava-
lin kirje galatalaisille sekä ajankohtainen että tarpeellinen nykypäivän seurakuntakenttään?
Aivan varmasti. Lain saarnaajat ovat aina olleet evankeliumin vastustajia. He sammuttavat
Hengen.

Meillä ei ole muuta tietä pelastukseen kuin Jeesus. Hän on pelastuksen ovi. Hänen tun-
temisensa ei johda sinua laittomuuteen vaan pyhitykseen. Jeesus ei silti pelkästään pelasta
ja pyhitä sinua, vaan hän myös asettaa sinut palvelukseensa. Hän siis pelastaa, pyhittää ja
asettaa palvelukseen. Saamme pelastua Jumalan armoon. Tätä polkua seuraten tulemme
osallisiksi Herran pyhyydestä. Jumala kutsuu sinua. Jos todella koet näin, niin vastaa hänen
kutsuunsa myönteisesti. Pelastustarjous on voimassa! Astu Jumalan suunnitelmaan kohdal-
lasi. Se ohjaa sinut pois synnistä. Se ohjaa sinut pyhyyteen. Hän kutsuu sinua palveluk-
seensa. Raamattu sanoo: ”Pitäkää pyhien tarpeet ominanne” (Room. 12:13). Tämä on siis
esimerkkinä palvelemisesta. Mutta myös lakihenkisillä oli ”intoa”. Heidän motiivinsa eivät
kuitenkaan olleet puhtaat: ”he tahtovat eristää teidät, että teillä olisi intoa heidän hyväk-
sensä”.

Paavali kirjoitti kirjeensä muinaiseen Galatiaan. Kristinusko oli vielä tuolloin hyvin
nuori. Paavalin julistus Jumalan armosta Jeesuksessa oli todellinen uutinen hänen aikansa
juutalaisille ja pakanoille. Tuo ilosanoma synnytti seurakuntia Galatiaan apostoli Paavalin
kautta. Jos Paavali ei olisi noussut taistelemaan evankeliumin totuuden puolesta, niin juu-
talaisuus olisi tukahduttanut uuden liikkeen. Uskon, että myös Paavali tahtoi Galatian seu-
rakuntien uudistumista. Hän toivoi galatalaisten pian palaavan lain alta armon alle. Paavalin
huoli siitä, että he olivat ”joutuneet pois Kristuksesta” (Gal. 5:4), oli todellinen. Seurakun-
tien hengellinen elämä oli hiipunut. Seurakunnilla oli ongelma. Paavali tahtoi ratkaista tuon
ongelman, koska hän välitti heistä. Hän ei kuitenkaan voinut tehdä muuta kuin vedota ga-
latalaisiin.

Gal. 4:18   "On hyvä, jos osoitetaan intoa hyvässä asiassa aina, eikä ainoastaan silloin, kun minä olen teidän tykönänne."

Monet innostuvat evankeliumista. Jeesus ihastuttaa toisia ja vihastuttaa toisia. Epäilemättä myös galatalaiset olivat alun pitäen olleet innoissaan Jeesuksesta. Valitettavasti tuo heidän ilonsa ei kestänyt kovin kauan. Lain saarna, tuo fariseusten hapatus, oli turmellut heidän uskonsa. Uskonnollinen ponnistelu vie pois sen ilon, jonka evankeliumi antaa. Ihmettelen sitä lainopettajien intoa, jolla he eksyttivät Jumalan laumaa. Evankeliumi tuo ilon ja vapauden. Laki riistää ne molemmat. Se tuo happamuuden ilon sijaan. Lakihenkisille usko on pelkkää sääntöjen noudattamista. Heille Raamattu on pelkkiä käskyjä ja kieltoja. Totuus on, ettemme pelastu armon ja tekojen kautta vaan yksin armosta. Laki vähintäänkin pilaa sen ilon, jonka Jeesus tuo. Emme saa niin helposti luopua hänestä. Väärä evankeliumi oli vallannut Galatian seurakunnat. Sama toteutuu monin paikoin tänäkin päivänä eri puolilla maailmaa.

Emme saa olla niin kuin nuo "älyttömät galatalaiset" (Gal. 3:1). Emme saa luopua aidosta evankeliumista. Jumalan tunteminen Jeesuksen Kristuksen kautta johtaa sinut vapaaksi. Et ole enää syntinen vaan pyhä. Armo ja vanhurskaus perustuvat Jeesuksen uhrikuolemaan meidän sijastamme. Jumala antaa meille syntimme anteeksi. Hän lukee vanhurskautensa meidän osaksemme. Meille on annettu Raamattu elämämme oppaaksi. Vaikka siihen voidaan ottaa useita näkökulmia, niin yksi sen oleellisin ominaisuus on, että Raamattu ilmoittaa Jeesuksen Kristuksen, joka on Jumalan ainoa Poika. Hän on Raamatun päähenkilö. Pyhä Raamattu todistaa hänestä. Evankeliumi on Raamatun ydin. Me, jotka olemme päässeet osallisiksi evankeliumista, emme ole lain alla vaan armon alla. Tämä asetus on ja pysyy.

Meistä on tullut pyhiä Jeesuksen uhrin ansiosta. Tämä on pelastuksemme perusta. Kukaan meistä ei pelastu Mooseksen lakia noudattamalla. Emme tule vanhurskaiksi lain kautta. Monilla on väärä käsitys Jumalan armosta. On pappeja ja julistajia, jotka eivät uskalla julistaa Jumalan armosta. He pelkäävät, että se johtaa seurakunnan syntiin. Uusi liitto astui kuitenkin voimaan Kristuksessa. Isä Jumala solmi tuon liiton Poikansa Jeesuksen kanssa. Se allekirjoitettiin Jeesuksen verellä, jonka hän vuodatti Golgatalla. "Kristus on lain loppu, vanhurskaudeksi jokaiselle, joka uskoo" (Room. 10:4), Paavali toteaa hyvin terävästi. Näin ollen voimme todeta, että Mooseksen laki ei vanhurskauta meitä vaan Jumalan vanhurskauttava armo Jeesuksessa Kristuksessa. Saakoon evankeliumi palauttaa sinulle sen ilon, jonka vain Jumala voi antaa. Saakoon evankeliumin totuus vapauttaa sinut lain orjuudesta.

Gal. 4:19   "Lapsukaiseni, jotka minun jälleen täytyy kivulla synnyttää, kunnes Kristus saa muodon teissä,"

Paavali nimittää galatalaisia omiksi lapsikseen. Näin hän tekee siitä syystä, että he olivat tulleet uskoviksi hänen kauttaan. Paavali oli heidän apostolinsa. Se prosessi, johon Paavali kutsui galatalaisia, oli uudistuminen. He olivat menettäneet hengellisen voimansa. Paavalin tarkoituksena oli saada heidät palaamaan armon alle. Heidän uudelleen synnyttämisensä olisi kuitenkin kiviliasta. Paavali pyrki siihen, että "Kristus saa muodon" heissä. Paavalilla oli syvä huoli hengellisistä jälkeläisistään. Galatalaiset olivat vaipuneet lain alle. Heistä oli tullut uskonnon orjia. Paavali oli heille hengellinen kasvattaja. Hän oli valmis uhrauksiin heidän vuokseen. Hän näki tälläkin tavalla vaivaa evankeliumin tähden.

Kun annat elämäsi Jeesukselle, niin sinä muutut. Kun synnyt uudesti ylhäältä niin kuin Raamattu opettaa, niin saat Pyhän Hengen lahjan. Näin tehden Kristus saa muodon sinussa. Usko ei silti ole muuttumaton tila. Sitä voidaan verrata erilaisiin kasveihin, erityisesti puihin. Jos puu ei kasva, niin se lahoaa. Jos et kasva uskossa, niin sinä taannut hengellisesti. Tarkoituksena on tuottaa hyvää hedelmää Herralle. Jeesus sanoo: "Minä olen viinipuu, te olette oksat. Joka pysyy minussa ja jossa minä pysyn, se kantaa paljon hedelmää; sillä ilman minua te ette voi mitään tehdä" (Joh.15:5.)

Jeesus on voittoisan hengellisen elämän lähtökohta. Olemme hänestä täysin riippuvaisia. Meidän tulee juurtua häneen. Ilman Jeesusta emme saa mitään aikaan. Ilman häntä emme voi kantaa hedelmää. Meille on annettu vain yksi tie. Hänen nimensä on Jeesus, joka on Herra. Elävä usko poikii hyviä tekoja. On kuitenkin niin, että uskon kohde aiheuttaa nuo teot. Hän "vaikuttaa sekä tahtomisen että tekemisen" (Fil. 2:13). Jeesus ohjaa meitä hyviin tekoihin. Siksi kunnia kuuluu vain hänelle. Meidän tulee oppia olemaan alamaisia Jumalalle ja nöyrtymään hänen edessään.

Paavali kirjoittaa kuitenkin Galatalaiskirjeessä enemmän uskon perustukseen kuin sen tekoihin liittyen. Vielä perusteellisemmin hän käsittelee pelastuskysymystä Roomalaiskirjeessä. Paavalin kirje galatalaisille on apostolin reaktio seurakuntien lakihenkisyyttä vastaan. Hän kirjoitti sen lainopettajia vastaan. Siksi tämä kirje on myös apologia. Siinä hän puolustaa evankeliumin totuutta harhaopettajia vastaan. Kirje on antiteesi. Se on vastaus väärään evankeliumiin. Sen mukaan emme pelastu armon ja tekojen kautta vaan yksin armosta. Meidän tulee pitää armahdetun syntisen asemamme. Jos luotamme tekoihimme, niin lankeamme samaan ojaan kuin galatalaiset.

Gal. 4:20   "tahtoisinpa nyt olla teidän tykönänne ja äänenikin muuttaa! Sillä minä olen aivan ymmällä teistä."

Tämä jae muistuttaa meitä Paavalin nykylukijoita siitä, että tämäkin teksti on osa hänen kirjettään galatalaisille. Tässä kohtaa näkyy jälleen se paimenen sydän, joka Paavalilla oli. Hän olisi halunnut olla lempeä ja hellävarainen Galatian uskovia kohtaan. Silti hän oli hyvin hämmästynyt heidän uskonsa kylmenemisestä. "Sillä minä olen aivan ymmällä teistä", hän kirjoittaa. Paavali otti vastuun niistä, jotka olivat tulleet uskoon hänen kauttaan. Hän ei tahtonut jättää nuorempia uskonveljiä ja -sisaria oman onnensa nojaan. Hän oli heidän apostolinsa. Hän halusi korjata evankeliumin jälkeistä satoa. Tässä näkyy se hengellinen tosiasia, että Kristuksen puoleen kääntyminen eli uudestisyntyminen, on vasta alkua. Kristinusko on enemmän kuin uskoontulo. Se on koko elämä.

Meidän tulisi uskoontulojen sijasta puhua opetuslapseuttamisesta. Meidän tulisi puhua Jeesuksen seuraamisesta, jolla on hintansa eli itsensä kieltäminen. Emme saa jättää uskoon tulleita raakileiksi, vaan heitä täytyy opettaa. Heitä täytyy ohjata hengelliseen ja henkiseen kasvuun. Ihmisenä kasvaminen kuuluu opetuslapseuteen. Emme saa jäädä pikkulasten tasolle, vaan meidän tulee kasvaa "uskossa ja Jumalan Pojan tuntemisessa, täyteen miehuuteen, Kristuksen täyteyden täyden iän määrään" (Ef. 4:13). Näemme, että miten paljon Paavali teki työtä opetuslapseuttaakseen. Hän kirjoitti seurakunnille.

Valitettavan monet uskoviksi tulleet jäävät ilman seurakuntayhteyttä. Seurakunnan kynnys näyttää olevan uskoontulon kynnystä korkeammalla. Ehkä tämä johtuu siitä jälkikristillisestä, maallistuneesta ja yksilökeskeisestä kulttuurista, jossa elämme. Tuo ympäristö vaikuttaa myös seurakuntiin. Emme silti saa pestä käsiämme evankelioimis- ja opetuslapseuttamisvastuustamme. Meidän tulisi olla "maan suola" (Matt. 5:13) ja "maailman valkeus" (Matt. 5:14). Monet vanhemmat kristityt ovat maallistuneet. Nuoremmat eivät tule kokouksiin. Onko seurakunta nyt se suola ja valo, joka sen tulisi olla? Se ei ainakaan näytä siltä.

Seurakuntayhteyden puute ei ole ainoa ongelma. Raamattu on monille täysin vieras kirja. Myös rukous on vähentynyt. Kaikissa näissä meidän on tehtävä parannus. Voittaaksemme tämän ajan ihmiset Jeesukselle seurakuntien täytyy tulla siksi liikkeeksi, joksi Jumala on ne tarkoittanut. Seurakuntien täytyy uudistua ja muuttua vastaliikkeeksi tälle maailmalle. Se ei ole helppoa. "Sillä ihmiset ovat silloin itserakkaita, rahanahneita, kerskailijoita, ylpeitä, herjaajia, vanhemmilleen tottelemattomia, kiittämättömiä, epähurskaita, rakkaudettomia, epäsopuisia, panettelijoita, hillittömiä, raakoja, hyvän vihamiehiä, pettureita, väkivaltaisia, pöyhkeitä, hekumaa enemmän kuin Jumalaa rakastavia" (2. Tim. 3:2–4).

Gal. 4:21   "Sanokaa minulle te, jotka tahdotte lain alaisia olla, ettekö kuule, mitä laki sanoo?"

Paavali ei opeta lakia ja sen alaisuutta vaan vapautta siitä. Hän haastaa Galatian kristittyjä tarkkaamaan "mitä laki sanoo". Luultavasti Paavali tunsi lain paremmin kuin galatalaiset. Entisenä fariseuksena hän tunsi ne asiat, joita hän tässä jaksossa kertoisi. Jeesuksen ilmestyttyä Paavalille hänen käsityksensä kuitenkin muuttuivat. Entisestä seurakunnan vainoojasta tuli seurakuntien innokkain edustaja. Paavali kiersi ympäriinsä ja julisti evankeliumia kaikkialla, myös Galatiassa. Sinne, missä ihmisiä tuli uskoon, hän perusti seurakunnan. Sittemmin Galatiassa oli langettu legalismiin eli lain alle. Lainopettajat olivat vaatineet galatalaisia noudattamaan Mooseksen lakia. Kyseessä on siis hyvin vanha harhaoppi. Paavalin mukaan galatalaiset olivat langenneet "toisenlaiseen evankeliumiin" (Gal. 1:6). Lainopettajat eksyttivät heidät pois armon alta.

Laki on kokonainen uskonnollinen järjestelmä, minkä noudattamaan pyrkiminen tulee johtamaan umpikujaan. Laki ei johda vanhurskauteen. Armon alla elänyt ihminen, joka menee lain alle, valitsee oman tahdon tien. Omaa kunniaansa etsien hän pyrkii noudattamaan Mooseksen lakia. Paavalin opetus on täysin selkeää: Tulemme vanhurskaiksi yksin armosta. Jumalan vanhurskauttavasta armosta uskon kautta osalliseksi tuleminen on ainoa keino tulla pyhäksi.

Lainopettajilla oli kuitenkin tarttumapintaa galatalaisiin nähden. He vetosivat galatalaisten ylpeyteen. Jos galatalaiset olisivat nöyrästi jääneet Jumalan armoon Kristuksessa, niin Paavalilla ei olisi ollut niin suurta huolta heistä. Uskonnossa sen kaikkine moninaisine ulottuvuuksineen on kysymys yksinkertaisesta ilmiöstä. Siinä ihminen etsii Jumalaa väärästä paikasta. Kyse on siis inhimillisestä ponnistuksesta. Periaatteessa galatalaiset olivat luopioita. He valitsivat uskonnon Jeesuksen tuntemisen sijasta.

Meidän tulee pysyä alamaisina Kristukselle. Saakoon Jumala viedä meiltä pois oman voimamme ja viisautemme ja täyttäköön meidät hänen voimallaan ja viisaudellaan, joka "on Kristus" (1. Kor. 1:24). Mikäli olemme itsessämme heikkoja ja Jumalassa vahvoja, niin saamme kulkea Jeesuksen askeleissa taivaaseen. Meidän tulisi heijastaa Herran kirkkautta tähän maailmaan. Emme saa langeta samaan uskonnolliseen ylpeyteen kuin Galatian uskovat. Emme seuraa Moosesta vaan Jeesusta. Kun elämämme heijastaa niitä Jumalan valtakunnan periaatteita, jotka olemme Jeesukselta saaneet, niin pysymme kaidalla polulla. Jumalan armo Kristuksessa johtaa meidät hänen vanhurskauteensa. Siihen ei laki pysty. Jää siis Jumalan armoon. Tule hänen vanhurskauteensa. Anna hänen pyhyytensä valaista sinut. Amen.

Gal. 4:22 	"Onhan kirjoitettu, että Aabrahamilla oli kaksi poikaa, toinen orjattaresta, toinen vapaasta."

Tässä jaksossa Paavali viittaa siihen, että "mitä laki sanoo" (Gal. 4:21). Hän ohjaa galatalaisia yhä syvemmälle Jumalan Sanaan. Hän kirjoittaa todellisiin historiallisiin tapahtumiin viitaten. Eivät ainoastaan kristityt vaan myös juutalaiset ja muslimit tunnustavat Aabrahamin korkean hengellisen aseman. Tapahtumat ja henkilöt ovat todellisia, mutta tapa, jolla Paavali niihin viittaa, on opetuksellinen. Arvatenkin lainopettajat vetosivat kuulijoihinsa Vanhan testamentin, erityisesti Viiden Mooseksen kirjan, kautta. Vanhan testamentin historia on meihin nykykristittyihin nähden esikuvallista. Liiton vaihtuessa vaihtui myös liiton päämies. Uuden liiton auktoriteetti ylittää Vanhan liiton arvovallan. Emme ole lakiliiton vaan armoliiton alaisia. Emme pelastu lain ja armon kautta vaan yksin armosta.

On huomattava juurikin se, että Paavali viittaa Vanhaan testamenttiin, koska niin tekivät myös hänen vastustajansa. Paavali kuitenkin tunsi pyhät kirjoitukset kauttaaltaan. Hän ymmärsi tekstien tarkoituksen nähtävästi paljon paremmin kuin lainopettajat tai galatalaiset. Aabraham on todellinen historiallinen henkilö. Häntä pidetään uskon esi-isänä ja Israelin kansan patriarkkana. Orjatar, johon Paavali viittaa, on nimeltään Haagar. Aabrahamin vaimon nimi on Saara. Paavali kohdisti tämän opetuksen erityisesti niille, jotka tahtovat "lain alaisia olla" (Gal. 4:21). Hän osoitti laista kaksi liittoa. Paavali päihitti lainopettajat heidän omilla aseillaan eli lain kautta. Paavali vetoaa galatalaisiin. "Onhan kirjoitettu", hän kirjoittaa. Näin hän saattaa lainopettajien raamatuntulkinnan hyvin kyseenalaiseksi.

Hän antaa opetusta, joka pohjautuu Vanhaan testamenttiin Uuden liiton näkökulmasta. Samalla hän paljastaa Vanhan testamentin esikuvallisen luonteen. Toisaalla Paavali on kirjoittanut Israelin kansaan liittyen: "Tämä, mikä tapahtui heille, on esikuvallista ja on kirjoitettu varoitukseksi meille, joille maailmanaikojen loppukausi on tullut" (1. Kor. 10:11). Vanha testamentti on osaltaan meille ajankohtaista historiallista kerrontaa. Tämä jo siitäkin syystä, että historia toistaa itseään. Mitä tapahtui Eedenissä? Ihminen lankesi. Mitä tapahtui vedenpaisumuksen jälkeen? Nooa lankesi. Mitä tapahtui Mooseksen saatua lain? Israel lankesi syntiin. Vaikka Vanha testamentti on suurelta osalta tämänkaltaista synnin seurausten kärsimistä, on sillä meille annettavaa myös evankeliumin kannalta. Niin kuin Mooses johti Israelin kansan pois Egyptin orjuudesta, samoin Jeesus vie meidät vapaiksi synnistä. Niin kuin Joosua johti Israelin Luvattuun maahan, niin samoin Jeesus vie meidät taivaaseen. Olemme ikään kuin erämaavaelluksella tämän pimeän maailman halki taivaaseen. Vain evankeliumin kautta saamme tuon siunatun ja varjellun taivasosuuden.

Gal. 4:23   "Mutta orjattaren poika oli syntynyt lihan mukaan, vapaan taas lupauksen voimasta."

Paavali siis viittaa Vanhan testamentin historiaan. Kertomus, johon hän opetuksensa perustaa, löytyy Genesiksestä eli Ensimmäisestä Mooseksen kirjasta. Paavali antaa historialliselle tapahtumalle hengellisen merkityksen. Myös "orjattaren poika" oli Aabrahamin jälkeläinen. Haagarin poika, Ismael, syntyi kuitenkin "lihan mukaan". Iisak, Saarasta syntynyt Aabrahamin poika, oli lupauksen lapsi. Hänen ihmeellinen syntymänsä on esikuva Kristuksen ylösnousemuksesta. "Ja Aabraham toivoi, vaikka ei toivoa ollut, ja uskoi tulevansa monen kansan isäksi" (Room. 4:18), Paavali kirjoittaa toisaalla.

Armo perustuu Kristuksen ristinkuolemaan meidän edestämme. Mutta ilman hänen ylösnousemustaan emme olisi voineet tulla vanhurskaiksi. Paavali kirjoittaa, että Jeesus "on alttiiksi annettu meidän rikostemme tähden ja kuolleista herätetty meidän vanhurskauttamisemme tähden" (Room. 4:25). Myös galatalaisille apostoli muistuttaa armon perustasta eli Kristuksesta. Hän sanoo, että Jeesus "antoi itsensä alttiiksi meidän syntiemme tähden, pelastaaksensa meidät nykyisestä pahasta maailmanajasta" (Gal. 1:4).

Paavalin linja on selkeä. Jeesus kuoli ristillä meidän edestämme ja meidän takiamme. Olemme syyllisiä Jeesuksen kuolemaan. Olemme synneillämme rikkoneet Jumalaa vastaan. Amen? Emme voi röyhistää rintaamme Jumalan edessä. Meidän tulee muistaa, että mitä meidän synnin harjoittamisemme tarkoitti Jeesukselle. Hän kärsi syyttömänä ja synnittömänä. Jumala ei suhtaudu ylpeyden syntiin kevyesti. Etsi ja löydä tämä totuus: Jumala ei ole koskaan hyväksynyt synnin harjoittamista. Tämä on selkeä Raamatun linja.

Synnillä on pitkät ja kauaskantoiset seuraukset. Emme saa suhtautua syntiin pinnallisesti. Jos emme olisi syntisiä, niin Jeesuksen ei olisi tarvinnut kuolla. Me ristiinnaulitsimme hänet. Jumala laskee Pyhän Hengen vain puhtaaseen astiaan. Olimmeko me puhtaita sinä hetkenä, kun murhasimme Jeesuksen? Kannamme syyllisyyttä. Se on meihin kuin sisäänrakennettu. Mutta on myös niin, että synnintunto on otollinen maaperä Jumalan pelkäämiselle. Se on hyvä maaperä evankeliumille. Kunpa galatalaiset vain olisivat pysyneet Jeesuksen Kristuksen tuntemisessa. He kuitenkin kääntyivät pois Kristuksesta lainopettajien puoleen. Me emme tarvitse noita hengellisiä markkinamiehiä. Kun he saarnaavat Mooseesta, niin meidän on tartuttava yhä lujemmin Jeesuksen käteen. Emme pelastu lain ja armon kautta vaan yksin armosta. Jeesus olkoon kanssasi. Antakoon Herra ymmärrystä synnin juuren näkemiseen Jumalan pyhyyden valossa. Jeesus Kristus on täyttänyt Jumalan pyhyyden mitan. Olemme riippuvaisia hänen armoteostaan, jonka hän saavutti kuollessaan Golgatalla.

Gal. 4:24 "Tämä on kuvannollista puhetta; nämä naiset ovat kaksi liittoa: toinen on Siinain vuorelta, joka synnyttää orjuuteen, ja se on Haagar;"

Niin kuin Jeesus puhui vertauksin, niin myös Paavali tekee tässä jakeessa. Hän ei aseta Genesiksen historiallisuutta kyseenalaiseksi, mutta hän antaa sen tapahtumille teologisen selityksen. Haagar oli Saaran, Aabrahamin vaimon, egyptiläinen orjatar. Jo pelkästään se, että Haagar oli Egyptistä, viittaa orjuuteen. On huomattava myös se aika, johon Paavali viittaa. Haagar nimittäin eli jo ennen Mooseksen aikaa. Laki annettiin Israelille vasta myöhemmin. Laki on aikakausi. Jeesuksen Kristuksen syntymän, elämän, kuoleman ja ylösnousemuksen myötä lain aika päättyi. Hänestä alkoi evankeliumin aika. Vanha liitto viittaa lakiin. Uuden liiton periaate on Jumalan armo Jeesuksessa Kristuksessa, Jumalan Pojassa. Siinain vuori sijaitsi autiomaassa. Se oli paikka, jossa laki annettiin. Uusi liitto astui voimaan Golgatalla. Jeesus tuomittiin kuolemaan. Roomalaiset sotilaat ristiinnaulitsivat hänet. Jeesuksen veri virtasi, ja meidän syntimme sovitettiin. Jumalan suunnitelma toteutui. Jeesus noudatti Isän tahtoa. Hän "oli kuuliainen kuolemaan asti" (Fil. 2:8). Se, mitä Jeesukselle tapahtui Golgatalla, on myös Paavalin julistaman ilosanoman ydin. Näin sanoo Raamattu: "sana rististä on hullutus niille, jotka kadotukseen joutuvat, mutta meille, jotka pelastumme, se on Jumalan voima" (1. Kor. 1:18).

Laki on orjuuteen johtava uskonnollinen periaate. Mutta evankeliumi johtaa siitä vapauteen. Se on armoa. Emme pelastu lain tekojen kautta vaan Jumalan armosta evankeliumin kautta. Lopulta on kyse rakkaudesta. Jos olet saanut uskon siemenen sydämeesi, niin sen tulisi näkyä Jumalan ja lähimmäisen rakastamisena. Olemme kaikki tehneet syntiä. Juuri siksi tarvitsemme Jeesusta. Hän ei tuomitse sinua. Hän on kuollut puolestasi. Syntisi on sovitettu. Olet vapaa. Kun annat elämäsi Jeesukselle, niin et ole enää Jumalan tuomion alla, vaan olet päässyt sisälle Jumalan armoon. Se on parasta, mitä sinulle voi tapahtua. Uskonratkaisu on elämäsi tärkein päätös. Sinun kannattaa valita Jeesus. Käänny Jumalan puoleen rukoillen Isää Jeesuksen nimessä. Pyydä häneltä Pyhän Hengen lahjaa, jonka kautta "Jumalan rakkaus on vuodatettu meidän sydämiimme" (Room. 5:5). Tämä ei ole mitään outoa ja uutta opetusta. Kyseinen oppi on ikivanha.

Oletko uskossa? Halleluja! Muista myös seuraava jae: "Koetelkaa itseänne, oletteko uskossa; tutkikaa itseänne. Vai ettekö tunne itseänne, että Jeesus Kristus on teissä? Ellei, niin ette kestä koetusta" (2. Kor. 13:5.)

Gal. 4:25   "sillä Haagar on Siinain vuori Arabiassa ja vastaa nykyistä Jerusalemia, joka elää orjuudessa lapsineen."

Paavalin kirjoitus on luonteeltaan kuvaannollinen eli allegorinen. Orjatar "synnyttää orjuuteen" (Gal. 4:24). Paavali samaistaa Haagarin lain saamisen paikkaan, Siinain vuoreen. Lakia noudattavat juutalaiset olivat keskittyneet Jerusalemiin, koska siellä sijaitsi pyhäkkö. Mutta vaikka Jerusalem oli juutalaisen uskonnon keskus, sanoi Paavali sen elävän "orjuudessa lapsineen". Hän ei opettanut pakanoille juutalaisuutta. Sanoma, jota hän julisti, oli vapauden sanoma. Se Jerusalem, joka oli alhaalla, eli uskonnollisessa orjuudessa. Messiaan saavuttua vanha uskonnollinen järjestelmä kumoutui. Oli koittanut Uuden liiton aika. Paavali vetosi Vanhan testamentin ensimmäiseen kirjaan eli Genesikseen opettaakseen galatalaisille evankeliumia. Hän ei tahtonut jättää heitä lain orjiksi.

Vaikka laki ei ole syntiä, niin se ei johda vapauteen. Ihmisen ongelma on synti. Se ei ratkea lakia noudattamalla vaan Jumalan armosta. Meillä on vapaa pääsy Jumalan armon alle uskon kautta Jeesukseen Kristukseen. Paavalin päämäärä tässä kirjeessä oli johtaa galatalaiset vapauteen. Hän opetti heille laista periaatteen, joka koski kahta liittoa. Uusi liitto perustuu siihen Jumalan lupaukseen, jonka hän antoi Aabrahamille. Se oli lupaus, joka sai täyttymyksensä Jeesuksessa Kristuksessa. Periaatteessa Uusi liitto on vanhempi kuin Vanha liitto. Näin on siitä syystä, että laki annettiin Moosekselle vasta satoja vuosia myöhemmin kuin Jumalan lupaus Aabrahamille. Mutta Uuden liiton täyttymys tapahtui vasta, kun Messias saapui. Hänessä meille valmistettiin ulospääsy synnistä. Jumala on armahtanut meidät Poikansa uhrikuoleman ansiosta. Jeesus Kristus on peruste Jumalan armolle.

Jumalan pyhyys ja oikeudenmukaisuus vaati rangaistusta synnille. Hän päätti rankaista omaa Poikaansa meidän sijastamme. Jeesus oli uhri. Hänen kauttaan meidät sovitettiin. Jumalan rakkaus meitä kohtaan oli niin suuri, että hän lähetti oman Poikansa kuolemaan meidän edestämme. Hänen verensä, joka vuodatettiin Golgatalla, oli maksu, jolla syntivelkamme nollattiin. Tämä Jumalan armo omistetaan uskolla.

On hyvin merkillistä, että Paavali viittaa Genesikseen. Aivan kuin hän tahtoisi osoittaa galatalaisille, että evankeliumin juuret ovat syvemmällä Jumalan Sanassa kuin lain. Paavali ymmärsi Jeesuksen Kristuksen merkityksen pelastuskysymyksessä. Hän ymmärsi, että ilman Jeesusta ei ole pelastusta. Lakiliitto ei johda taivaaseen. Ikuinen elämä on tarjolla Jeesuksessa Kristuksessa. Ota hänet vastaan, ja astu sisälle Jumalan ihanaan läsnäoloon.

Gal. 4:26   "Mutta se Jerusalem, joka ylhäällä on, on vapaa, ja se on meidän äitimme."

Tämä on totuus, jota ei kovin usein kerrota. Myös Paavalin kirjeissä se on harvinainen. On kaksi Jerusalemia: maallinen ja taivaallinen. Raamattu sanoo: "Siionista sanotaan: "Joka-ainoa on syntynyt siellä." Sitä Korkein itse vahvana pitää. Herra luettelee, kirjoittaessaan kirjaan kansat: "Tämäkin on syntynyt siellä."" (Ps. 87:5–6.) Me olemme syntyneet maailmaan. Tämä on ensimmäinen syntymä. Mutta toinen syntymä on hengellinen. Sitä sanotaan uudestisyntymiseksi. Jumala loi ihmisen kuudentena päivänä luomistyönsä kruunuksi. Tämä on luonnon aluetta. Raamattu puhuu kuitenkin toisesta syntymästä esimerkiksi näin: "Tahtonsa mukaan hän synnytti meidät totuuden sanalla, ollaksemme hänen luotujensa esi-koiset" (Jaak. 1:18). Näin ollen me uudestisyntyneet kuulumme uuteen luomakuntaan. Saamme heijastaa sen valoa tähän pimeyteen.

Jumalan luomisteot, kuten valo ja pimeys, paljastavat meille asioita Jumalan luonteesta. Ne ovat meille ilmeisiä ja luonnollisia. Mutta Jeesuksessa meille avautuu hengellinen to-dellisuus. Olemme taivasten valtakunnan eli Uuden Jerusalemin kansalaisia. Kuulumme Herramme Jeesuksen kuningaskuntaan. Saamme elää uskomme todeksi palvelemalla Her-raa. Olemme hänen hallitusvaltansa alla. Jumala hallitsee sekä luonnollista että hengellistä maailmaa. Paavali kirjoittaa: "näkyväiset ovat ajallisia, mutta näkymättömät iankaikkisia" (2. Kor. 4:18).

Se, mitä Paavali paljastaa tässä Galatalaiskirjeen kohdassa, on hyvin syvällistä. Hän osoittaa olevansa paremmin perillä Jumalan Sanasta kuin ne, jotka olivat eksyttäneet Gala-tian seurakuntia. Maallinen Jerusalem oli juutalaisen uskonnon keskus. Mutta taivaallinen Jerusalem, "joka ylhäällä on, on vapaa, ja se on meidän äitimme", edustaa uskovaisen kotia. Emme nimittäin ole kotona, kun olemme maailmassa. Taivas, Uusi Jerusalem, on kotimme. Jumalan kansa, seurakunta, on taivaallinen yhteisö. Sen olemassaolo on ihmeellistä. Ky-seessä ei ole pelkkä inhimillinen organisaatio. Siinä on kyse paljon enemmästä. Olemme hengellinen yhteisö. Edustamme Jumalaa ja hänen valtakuntaansa. Seurakunta elää maail-massa, mutta sen elämä ei ole lähtöisin maailmasta vaan taivaasta. Olemme kuitenkin vielä alennustilassa.

Antakoon Herra meille Pyhän Hengen voimaa taisteluun hukkuvien sielujen puolesta. "Ja on tapahtuva, että jokainen, joka huutaa avuksi Herran nimeä, pelastuu" (Ap. t. 2:21). Antakoon Herra meille Pyhän Hengen iloöljyä voittoisaan elämään. Näin sanoo selvä Raa-matun sana: "sillä ei Jumalan valtakunta ole syömistä ja juomista, vaan vanhurskautta ja rauhaa ja iloa Pyhässä Hengessä" (Room. 14:17). Amen.

Gal. 4:27   "Sillä kirjoitettu on: "Iloitse, sinä hedelmätön, joka et synnytä, riemahda ja huuda sinä, jolla ei ole synnytyskipuja. Sillä yksinäisellä on paljon lapsia, enemmän kuin sillä, jolla on mies.""

Olen kirjoittanut hukkuvien sielujen tähden. Tämä on Raamatun haaste meille jokaiselle. Jumala lähetti oman rakkaan ja ainoan Poikansa kuolemaan ristillä meidän vuoksemme. Kysymys ei siis ole pelkästään minun syntieni sovittamisesta vaan koko maailman syntien sovittamisesta. Jumala tarjoaa evankeliumin armoa meille Pojassaan Jeesuksessa Kristuksessa. Meidän tulee nöyrtyä Jumalan armoon. Jumalan armon pelastustarjous on voimassa vielä tänään. Huomisesta en tiedä. Se, mitä Paavali tässäkin jakeessa tahtoo tuoda esiin, on Herramme ja Vapahtajamme Jeesuksen Kristuksen evankeliumi. Ei ole muuta evankeliumia. Jumalan armon evankeliumi omistetaan henkilökohtaisella ja elävällä uskolla. Uskoontulo on hengellinen uudestisyntyminen Jumalan Sanan siemenestä ja Pyhästä Hengestä. Näin sanoo Raamattu: "Tuuli puhaltaa, missä tahtoo, ja sinä kuulet sen huminan, mutta et tiedä, mistä se tulee ja minne se menee; niin on jokaisen, joka on Hengestä syntynyt" (Joh. 3:8).

Tämä on evankeliumin totuus: Armo on yleinen, mutta se on omistettava uskon kautta. Jeesus Kristus kuoli Golgatan keskimmäisellä ristillä jo lähes kaksi tuhatta vuotta sitten. Hän murskasi käärmeen pään. Paholainen voitettiin. Pahan valta murtui. Jeesus mursi synnin ja kuoleman vallan kuolemallaan ja ylösnousemuksellaan. Kun yksikin syntinen kääntyy Jumalan puoleen Herramme Jeesuksen nimessä, niin taivaassa riemuitaan. Taivas tarkkailee maan asukkaita. Siellä kyllä tiedetään, että miten meillä täällä alhaalla menee. Jumalan käsi ulottuu maailmaan. Hän hallitsee maailmaa vanhurskaasti. Hän tarjoaa sodan sijasta rauhaa.

Ylentäkäämme henkemme, sielumme ja ruumiimme Jumalan puoleen. Ottakaamme ylistyksen viitta yllemme, ja kiittäkäämme Herraa. Kulkekaamme vanhurskauden tietä. Seuratkaamme Jeesusta Jumalan armoon ja pyhyyteen. Viivytään rukouksissa Jumalan edessä. Pidetään yhteys Isään Jeesuksen nimessä ja Pyhässä Hengessä. Hankitaan lisää voimia rukoilemalla hartaasti hukkuvien sielujen puolesta. Eletään todeksi se kutsumus, johon Herra on meidät kutsunut. Jos olet kutsuttu apostoliksi, niin sitten olet. Hyväksy Jumalan tahto kohdallasi. Jos hän on tarkoittanut sinut paimeneksi, niin seuraa häntä siihen työhön. Taivaassa riemuitaan, kun ihminen tulee uskoon. Mutta aikamme seurakunnat tarvitsevat työvoimaa. Kyse ei välttämättä ole rahasta niin kuin monet luulevat. Tarvitsemme rukousherätyksen, jotta nukkuvat kristityt heräisivät unestaan. Aika loppuu.

Gal. 4:28   "Ja te, veljet, olette lupauksen lapsia, niinkuin Iisak oli."

Iisak ei ollut Aabrahamin esikoinen. Haagar synnytti Aabrahamille Ismaelin, joka oli hänen esikoispoikansa. Silti Ismael ei ollut lupauksen lapsi vaan Iisak. Iisakista, Aabrahamin vaimon eli Saaran esikoisesta tuli yksi Israelin kansan kantaisistä. Meidän on huomattava, että nämä patriarkat sijoittuvat aikaan, joka oli ennen Moosesta ja lain saamista. Paavalin opetus selkenee. Evankeliumin juuret ulottuvat syvemmälle kuin lain. Herra on "Aabrahamin Jumala, Iisakin Jumala ja Jaakobin Jumala" (2. Moos. 3:6). Aabraham on esi-isämme uskon kautta. Olemme saman siunauksen perillisiä kuin Iisak. Kun suhteutamme tämän yksittäisen jakeen Galatalaiskirjeen tarkoitukseen, niin meille avautuu tekstin sovellus. Olemme "niinkuin Iisak". Omistamme uskon kautta Jeesukseen Kristukseen Aabrahamin siunauksen. Aabrahamin Jumalalta saama lupaus toteutui Iisakissa. Hän on esikuva, jolla on ulottuvuus nykypäivään. Näiden esikuvien kautta Paavali näyttää meille osuutemme siihen liittoon, jonka Jumala solmi Aabrahamin, Iisakin ja Jaakobin kanssa. Löydämme Uuden liiton Vanhasta testamentista. Uusi liitto sai täyttymyksensä Jeesuksessa. Hän on Uuden liiton Päämies.

Mitä vielä tulee Iisakiin, niin Paavali yhdistää hänet Jumalan lupaukseen. Jumala antoi tuon lupauksen ennen lakia. Haagar ja Ismael edustavat Galatalaiskirjeessä lain orjuutta, mutta Iisak edustaa evankeliumin ihanaa vapautta. Jeesus on Aabrahamin saaman lupauksen täyttymys. Hän on Aabrahamin siemen. Jeesus sikisi Pyhästä Hengestä ja syntyi neitsyt Mariasta. Hänessä laki täytettiin. Hän osti meidät vapaiksi omalla verellään. Jeesus kutsuu sinua liittoonsa. Se on armoliitto Jeesuksen nimessä ja veressä. Syntiemme anteeksisaaminen perustuu Jeesuksen uhrikuolemaan meidän edestämme. Koska olemme saaneet paljot syntimme anteeksi, niin tulee meidänkin osoittaa armoa niille, jotka ovat rikkoneet meitä vastaan.

Paavalin kirje galatalaisille ei ole pelkästään apostolin vihainen vastalause lakihenkisyyttä vastaan, vaan se on myös opetusta Jumalan armosta. Paavali myös puolustaa evankeliumin totuutta. Emme tule vanhurskaiksi armon ja lain kautta vaan yksin armosta. Evankeliumille ei ole vaihtoehtoja. Mikäli uskomme Jeesukseen, niin olemme vanhurskaita. Meistä on tullut pyhiä Jeesuksen työn kautta. Hänen tähtensä Jumala armahtaa meidät. Älä katso itseesi. Älä katso toisiin. Katso Jeesukseen. Hän on Vapahtaja. Hän on tuonut meille ilosanoman voitosta. Jeesus mursi synnin ja kuoleman vallan. Mekin saamme voittaa hänen kanssaan. Raamattu sanoo: "Ja suuri voitto onkin jumalisuus yhdessä tyytyväisyyden kanssa" (1. Tim. 6:6). Evankeliumin ovi avautuu uskolle. Avaa sinäkin sydämesi, ja ota Kristus vastaan. Näin tehden sinun käy hyvin. Ole siis siunattu.

Gal. 4:29   ”Mutta niinkuin lihan mukaan syntynyt silloin vainosi Hengen mukaan syntynyttä, niin nytkin.”

Historia toistaa itseään. Hengestä syntyneitä vainotaan seurakunnassa. Asetelma on ikivanha. Siitä kertoo esikuvallisessa mielessä jo Genesiksen kuvaus Ismaelin vainoamasta Iisakista. Julkijumalattomat eivät useimmiten tule seurakuntiin. Siinä mielessä he eivät ole niin vaarallisia kuin kiihkouskonnolliset. Tämä näkyy myös evankeliumien kertomuksissa. Niissä nimittäin kerrotaan yhteentörmäyksestä Jeesuksen ja uskonnollisten johtajien välillä. Uskonnolliset vastustavat evankeliumia yhä tänäkin päivänä. ”Ei ole mitään uutta auringon alla” (Saarn. 1:9). Juuri kirkkojen uskonnolliset ihmiset ovat aina estämässä evankeliumin leviämistä. He sammuttavat Hengen. Eivät pelkästään julkijumalattomat ole lihallisia, vaan niitä ovat myös uskonnolliset. Heistä kummatkaan eivät ymmärrä Jeesuksen Kristuksen merkitystä. He ovat maailmasta, vaikkakin he ovat sitä eri tavalla. Uskonnollisuus on lihallista, aivan kuten myös julkinen ja räikeä synnin harjoittaminen.

Meidän tulee siis kulkea kaitaa polkua näiden kahden välissä. Maailma ei ole ratkaissut syntiongelmaa. Sen teki vain Jeesus. Isä lähetti hänet pelastamaan meidät. Jeesus mursi synnin vallan. Osallisuus Jeesukseen Kristukseen, hänen ristinsä kantaminen ja itsensä kieltäminen ratkaisevat syntiongelman kohdallamme. Meidän täytyy elää evankeliumi todeksi. Paavalin kirje galatalaisille on siis antiteesi lakihenkistä uskonnollisuutta vastaan. Siinä Paavali puolustaa evankeliumin totuutta väärää evankeliumia vastaan. Uskovina meidän tulisi olla valmiit taistelemaan evankeliumin puolesta seurakunnassa.

Emme pelastu itsemme kautta vaan Jeesuksen kautta. Olemme täysin ulkopuolisen avun varassa. Emme voi pelastaa itseämme. Pelastuskysymys ei ole ihmisen itsensä ratkaistavissa. Jeesus antoi itsensä kuolemaan meidän edestämme. Häntä vainottiin ja pilkattiin. Häntä ruoskittiin, ja piikkikruunu painettiin hänen päähänsä. Näin tapahtui: ”lihan mukaan syntynyt silloin vainosi Hengen mukaan syntynyttä”. Jeesus murhattiin. Jumala antoi tuomionsa kohdata Poikaansa saadakseen armahtaa meidät. Pääsiäissanoma kertoo meille siitä, että miten Jumala antoi tuomionsa mennä ohitsemme Jeesuksen uhrikuoleman vuoksi. Armo tuli osaksemme Herramme Jeesuksen Kristuksen kautta.

Nöyrtykäämme ottamaan vastaan Jumalan tarjoama auttava käsi hänen Pojassaan. Tunnustakaamme hänelle syntimme ja se, että tarvitsemme hänen apuaan. Tarttukaamme Jumalan armon tarjoukseen. Emme saa kulkea sen ohi, vaan meidän täytyy ottaa evankeliumin sanoma uskossa vastaan. Emme saa lannistua, vaikka lihalliset ja uskonnolliset ihmiset meitä vainoavat. ”Iloitkaa ja riemuitkaa, sillä teidän palkkanne on suuri taivaissa. Sillä samoin he vainosivat profeettoja, jotka olivat ennen teitä” (Matt. 5:12.) Antakaamme kunnia Jumalalle, sillä hän lähetti meille oman Poikansa, Jeesuksen Kristuksen.

Gal. 4:30   ”Mutta mitä sanoo Raamattu? ”Aja pois orjatar poikinensa; sillä orjattaren poika ei saa periä vapaan vaimon pojan kanssa.”””

Paavali viittaa Raamattuun, sen ensimmäiseen kirjaan, Saaran sanoihin. Sen taustalla oli se, että Ismael, Haagarin poika, kiusasi Iisakia, Saaran poikaa. Kohta löytyy 1. Moos. 21:9–12:sta. Sen merkitys on typologinen eli esikuvallinen. Mutta mitä Paavali ajaa tällä tekstillä? Nähdäkseni siinä on kyse Hengen ja lihan välisestä taistelusta. Raamattu sanoo: ”Mikä lihasta on syntynyt, on liha; ja mikä Hengestä on syntynyt, on henki” (Joh. 3:6). Ei-uskovilla ei ole samanlaista vastakkainasettelua sisällään kuin uskovilla. On lähes turhaa edes sanoa, että he ovat lihallisia, koska heissä ei ole Henkeä. Heillä ei ole sitä samaa valoa sisimmässään kuin uskovilla. Heidän sydämensä on pimeä. Liha hallitsee heitä.

Mutta entä uskovat? Kuten tulemme näkemään, niin Paavali tulee kehittelemään aihetta lihan ja Hengen ristiriidasta jatkossa. Paavali siis kirjoitti uskoville. Hänen kirjeensä oli kohdistettu ”Galatian seurakunnille” (Gal. 1:2). Paavali ohjaa uskovia taisteluun. Kenttänä on uskovan mieli. Hänessä sotivat kaksi toisilleen vihamielistä periaatetta eli Henki ja liha. Paavali neuvoo ajamaan orjattaren pois. Lihan kukistaminen Pyhällä Hengellä ei ole automaattinen itsestään selvyys. Meidän tulee joka päivä ottaa ristimme ja seurata Jeesusta itsemme kieltämiseen. Meidän tulee hillitä itsemme. Emme saa noudattaa lihan mielihaluja ja -tekoja. Osallisuus Jeesuksen ristinkuolemaan on se keino, jolla voitamme lihan. Emme saa taantua hengellisesti, vaan meidän tulee edistyä sekä uskossa että ymmärryksessä.

Lihallinen kristitty on heikko moraaliltaan. Mikäli hän kuitenkin ottaa Paavalin neuvosta vaarin, niin hänestä tulee hengellinen kristitty. Paavalin ristinteologia on hyvin käytännöllistä. Hän opettaa meitä kuolemaan itsellemme elääksemme Jumalalle. Meidän tulee seurata Jeesusta joka päivä. Kehotan sinua valvomaan sydämesi tilaa niin, ettet seuraa lihaa vaan Henkeä. Helmasynnit ovat voitettavissa. Älä lankea uskonnolliseen ylpeyteen, vaan elä evankeliumi todeksi. Omavanhurskaus ei ole todellista vaan kuviteltua vanhurskautta. Emme saa langeta tuohon fariseusten hapatukseen, vaan meidän tulee vaeltaa Jumalan armossa ja Jeesuksen Kristuksen tuntemisessa. Matkalla taivaaseen meitä tullaan koettelemaan. Meitä tullaan kiusaamaan. Pysykäämme siis lujina uskossa. Mikäli päättäväisesti ja toistuvasti kiellät itsesi ja otat ristisi, niin kasvat uskossa. Kun pysyt siinä rukouksessa, ettet joutuisi kiusaukseen, niin se samalla tekee elämästäsi huomattavasti helpompaa. Voitto on jo saavutettu. Olemme samalla puolella Jumalan kanssa. Meillä ei ole pelättävää. ”Aja pois orjatar poikinensa”, niin sinun käy hyvin. Amen.

Gal. 4:31   "Niin me siis, veljet, emme ole orjattaren lapsia, vaan vapaan."

Näissä apostolin sanoissa on nostetta. Mikäli olemme saaneet syntyä uudesti Pyhästä Hengestä, niin "emme ole orjattaren lapsia, vaan vapaan". Paavali ei siis opeta pelkästä mielenmuutoksesta, vaan hän kirjoittaa myös asemanmuutoksesta. Jos ennen vaelsimme orjuudessa, niin emme enää vaella siinä, ja meistä on tullut Jumalan lapsia ja Jeesuksen seuraajia. Tämä Paavalin kirjeen kohta ilmentää osaltaan sen seurakunnallista ulottuvuutta. Ei Jeesus itse eivätkä myöskään apostolit olleet erakkoja. He toimivat ihmisten keskuudessa ja heidän parhaakseen. Paavali nimittää miespuolisia kanssakristittyjä veljiksi. Mikäli sinulla ei ole luonnollisia sisaruksia, voi sinulla silti olla uskonveljiä ja -sisaria. Meitä ei ole tarkoitettu jäämään yksinäisyyteen. Uskoontulo ei ole asian loppu, vaan se on alku. Jos olet tullut elävään uskoon, niin älä jää yksin. Hankkiudu uskovaisten yhteyteen. Osallistu seurakunnan yhteisiin kokoontumisiin omalla paikkakunnallasi.

En anna neuvoa siitä, mihin kristinuskon haaraan sinun tulisi liittyä. Se on asia, joka sinun on selvitettävä itse. Valitettava on se aikamme ilmiö, että on paljon seurakunnattomia kristittyjä. Moni jää yhteyden ulkopuolelle. Usein tämä johtuu ihmissuhdeongelmista. Kyseessä on juuri tämä vanha riita Hengen ja lihan välillä. Seurakuntayhteys ei aina ole helppoa. Samoin on nykyään erilaisten kristillisten seurakuntien ja yhteisöjen runsaus tuonut uuden haasteen. Ihmiset käyttävät liikaa aikaa sen asian miettimiseen, että mikä seurakunta on se oikea. Uskon, ettei ole yhtä ainoaa oikeaa seurakuntaa, vaan niitä on monia. Pieni varoituksen sana lienee kuitenkin paikallaan. Jos seurakunta ei tunnusta uskoa Jeesukseen, niin silloin se ei ole kristillinen seurakunta vaan lahko tai kultti.

Vaikka rakkaus on tärkeämpää kuin oikeaoppisuus, niin on myös opilla sija seurakuntayhteisössä. Olen yhteiskristillisyyden kannalla. Koska maailma vastustaa meitä, niin uskovaisten tulisi sitä suuremmalla syyllä puhaltaa yhteen hiileen. Yhteistyö seurakuntien välillä on paljon otollisempaa kuin toisten mollaaminen ja tuomitseminen. Liha on seurakuntien vihollinen numero yksi. Se on pieni mutta vaarallinen. Sekä uskonnollinen ylpeys että lihalliset himot eksyttävät monia. Meillä todella on parantamisen varaa. Meidän on noustava taisteluun Pyhässä Hengessä ja Jeesuksen nimessä seurakuntayhteyden puolesta. Rukoukseni on, että seurakunnat saisivat täyttyä uusista ja vanhoista uskovista. Vaikka riita Hengen ja lihan välillä riehuu meissä ja muissa uskovissa, niin meidän on noustava. Seurakuntien uudistuminen on niiden tervehtymisen ja vahvistumisen ehto. Paavali ohjasi Galatian kristittyjä kypsään hengellisyyteen. Hän itse eli evankeliumin todeksi. Siksi hän pystyi nousemaan ongelmien yläpuolelle. Samanlaista asennetta odotan myös tämän ajan seurakuntien apostoleilta ja johtajilta.

Gal. 5:1   "Vapauteen Kristus vapautti meidät. Pysykää siis lujina, älkääkä antako uudestaan sitoa itseänne orjuuden ikeeseen."

Tätä jaetta on sanottu koko Galatalaiskirjeen avainjakeeksi. Kaikessa yksinkertaisuudessaan ja ytimekkyydessään se paljastaa meille, että mistä tässä kirjeessä on kyse eli vapaudesta. Olet joko synnin orja lain kautta tai sitten olet vapaa evankeliumin kautta. Jeesus mursi kahleemme: "Vapauteen Kristus vapautti meidät". Synnin orjuus on lakkautettu Jeesuksessa Kristuksessa. Hän on lunastanut meidät vapaiksi sydänverellään. Sen hän vuodatti Golgatalla jo melkein kaksi tuhatta vuotta sitten. Silti siinä on yhä tuo sama voima, joka vapauttaa meidät lain alta armon alle ja johtaa meidät synnistä vanhurskauteen. Lainopettajat koettavat "sitoa" "orjuuden ikeeseen". Niin kuin Paavali puolusti kristityn vapautta, niin tulee meidänkin tehdä.

Uskonnollinen järjestelmä eli Vanha liitto tai laki orjuuttaa. Evankeliumin sanoma on vapauden sanoma. Joko kelpaamme tällaisena Jumalalle Kristuksen tähden tai sitten lainopettajat ovat oikeassa. Jeesus on jo sovittanut syntimme. Paavalin tarkoitus on hyvin selkeä. Jumalan armo ei perustu meihin vaan Jumalan Poikaan, Jeesukseen Kristukseen. Hänen kuolemansa ristillä täytti Jumalan oikeudenmukaisuuden vaatimuksen. Koska Jumala on pyhä, niin hänen oli tuomittava synti. Hän kuitenkin antoi tuomionsa kohdata omaa Poikaansa saadakseen armahtaa meidät. Raamattu sanoo: "Rangaistus oli hänen päällänsä, että meillä rauha olisi" (Jes. 53:5).

Jumalan Pojan veri, pyhä ja kallis, virtasi Golgatalla ja lunasti meidät vapauteen. Tässä on evankeliumin totuus. Evankeliumi on koko Raamatun pääaihe. Sen juuret ovat syvällä Vanhassa testamentissa. Sen runkona ovat neljä evankeliumia. Niissä kerrotaan meille hänestä, joka on Jumalan Poika eli Jeesuksesta. Yksikään ihminen ei pelastu muutoin kuin Jeesuksen kautta. Mikäli tahdot taivaaseen, sinun on uskottava Jeesukseen. Usko siihen, että Jumala on olemassa tai Jeesus on taivaassa, ei nähdäkseni tee sinusta kristittyä. Usko on nimittäin henkilökohtainen suhde Jeesukseen. Vain hänen kauttaan sinulla on todellinen usko ja jumalasuhde. Kunnia kuuluu Jumalalle korkeudessa. Hän lähetti Poikansa ratkaisemaan syntiongelman. Hän toi meille evankeliumin. Saamme vaeltaa vapaina. Jeesus maksoi hinnan ja osti meidät orjuudesta vapauteen. Siksi meidän tulee seistä vapautemme puolesta. Kun olemme kerran päässeet vapaiksi, niin emme saa mennä takaisin orjuuteen. Kunpa vain ymmärtäisimme Jumalan armon paremmin ja eläisimme evankeliumin todeksi Kristuksessa.

111

Gal. 5:2   "Katso, minä, Paavali, sanon teille, että jos ympärileikkautatte itsenne, niin Kristus ei ole oleva teille miksikään hyödyksi."

Paavali jatkaa opetustaan kristityn vapauteen liittyen. Mieleeni nousi kysymys, että onko ihmisen vapaus näennäistä vai todellista. Raamatun malli näyttäisi olevan, että todellinen vapaus on Kristuksessa. Hänessä ja hänen kauttaan olemme vapaita. Olemme Jeesuksen nimen ja veren kautta vapaita synnistä. Tämä on jotain suurta. Mutta onko ihmisen uskoontulo hänen itsensä päätettävissä? Kyseinen debatti on hyvin vanha. Raamattu korostaa kuitenkin Jumalan tekoa hänen Pojassaan. Nähdäkseni ihmisen elämässä tulee ajanjaksoja, jolloin hän on herkempi hengellisille asioille kuin normaalisti. Tuota tilaa kutsutaan herätykseksi. Se on aika, jolloin Jumala kutsuu ihmisiä yhteyteensä Poikansa Jeesuksen kautta. Herätys ei itsessään pelasta ketään. Se on pelkkä uskon esiaste. Mutta kun ihminen on herätyksen tilassa, niin Jumalan mahdollisuudet ovat hänelle avoinna. Päästäkseen elävään uskoon eli Jeesuksen Kristuksen tuntemiseen ihmisen on käännyttävä.

Kääntymys on tuo ratkaiseva askel Jumalan puoleen. Voi olla, että henkilö kokee ollessaan ratkaisun paikalla, että hänestä käydään kovaa taistelua henkivaltojen välillä. Kääntymyksessä ihminen ottaa Jeesuksen Kristuksen vastaan, ja hän syntyy uudesti ylhäältä. Tehtyään uskonratkaisun taistelu hänen sielustaan taukoaa. Hän on päässyt sisälle Jumalan armoon. Hän saa olla Jumalan rakkauden kohteena ja levätä Kristuksessa. Jeesuksesta on tullut hänen Herransa ja Vapahtajansa. Mutta vaikka uskoontulo on hyvin voimakas ja siunattu askel, niin se on silti vasta asian alku.

Apostoli Paavali, joka oli entinen seurakuntien vainooja ja fariseus, sai itse kohdata Jeesuksen matkalla Damaskokseen. Jeesus ilmestyi hänelle ja teki hänestä apostolinsa. Jeesuksen erottamana ja lähettämänä Paavali julisti evankeliumia kaikkialla, myös Galatiassa. Jeesus, juutalaisten Messias, sai sijan galatalaisten sydämissä. Evankeliumi levisi Galatiaan. Syntyi seurakuntia. Mutta kuten näemme Paavalin kirjeestä galatalaisille, niin seurakunnista käytiin kovaa taistelua. Jumalan armolle ei todellakaan ole mitään vaihtoehtoja. Se on pelastuksen ehto. Sen tähden Paavali jyrkästi kielsi galatalaisia ympärileikkauttamasta itseään. Se olisi ollut juutalaiseen uskontoon liittymistä. Pyhä Henki oli kirkastanut Paavalille Jeesuksen Kristuksen merkityksen. Mekään emme ole lakiliiton alla vaan armoliiton alla. Näitäkin Paavali juuri tässä kirjeessään korostaa. Ympärileikkaus ei kuulu pakanuudesta uskoviksi tulleille. Tilanne Galatian seurakunnissa oli ilmeisen huono. Mutta silti Paavali näki toivoa heidän kohdallaan. Hän kirjoitti omavanhurskauteen langenneille Jumalan armosta. Olemme Uuden liiton alaisina Jumalan armon alla. Syntiongelmamme on ratkaistu. Päästäksemme perille taivaaseen meidän on pysyttävä Jumalan armon alla.

Gal. 5:3   ”Ja minä todistan taas jokaiselle ihmiselle, joka ympärileikkauttaa itsensä, että hän on velvollinen täyttämään kaiken lain.”

Olemme vapaita Jeesuksessa Kristuksessa. Meistä on tullut Uuden liiton jäseniä. Olemme osallisia Jumalan armosta uskon kautta. Ympärileikkaus liitti Moosekseen. Ne, jotka ympärileikkauttivat itsensä, käänsivät selkänsä Jumalan armolle. Paavali käyttää tässä jakeessa voimakasta kieltä. Hän korostaa, että itsensä ympärileikkauttanut ”on velvollinen täyttämään kaiken lain”. Lain alle lankeaminen ei ole pikkujuttu. Se on luopumista Jumalan armosta. Se on luopumista Jeesuksesta. Se on itseensä luottamista Jumalan sijasta. Lakihenkisyys vetoaa ihmisten ylpeyteen. Lakihenkinen rakentaa hiekalle eli omien tekojen varaan. Hänellä on suuret luulot itsestään. Hän luulee itsestään liikoja ja Jumalasta liian vähän.

Raamattu sanoo: ”Sillä muuta perustusta ei kukaan voi panna, kuin mikä pantu on, ja se on Jeesus Kristus” (1. Kor. 3:11). Emme siis pelastu armon ja lain kautta, vaan pelastumme yksin armosta. Jeesus on sovittanut meidät. Jumalan armo lepää hänessä. Meidän ei tule julistaa hukkuvalle maailmalle Moosesta vaan Jeesusta. Hän on avain pelastukseen. Vaikka Vanhan testamentin tutkiminen on mielenkiintoista, niin meidän on pysyttävä Jumalan armon alla. Jeesus toi Uuden liiton Vanhan tilalle. Tämä on totta niille, jotka ovat uskoneet evankeliumin ja pysyvät Jumalan armon alla. Meidän on nöyrryttävä armoon. Meidän on pidettävä tiivis yhteys Jeesukseen. Tarvitsemme häntä jokaisena aikana ja hetkenä. Pian hän saapuu. Oletko valmis? Pidä itsesi puhtaana, ja tee Jumalan tahdon mukaan. Usko Jeesukseen, ja pysy uskollisena hänelle. Hän ei hylkää eikä jätä sinua. Hän on murtanut synnin vallan Golgatalla. Hän on voittanut kuoleman. Jeesus on ylösnoussut. Missä hän on nyt? Hän on valtaistuimellaan Isän Jumalan oikealla puolella. Hänet korotettiin taivaalliseen valta-asemaansa. Hän hallitsee luomakuntaa vanhurskaasti.

Jeesus on täyttänyt lain. Yksikään toinen ei ole pystynyt siihen. Raamattu sanoo, ”ettei mikään liha tule hänen edessään vanhurskaaksi lain teoista; sillä lain kautta tulee synnin tunto” (Room. 3:20). Syntien anteeksisaaminen on Jeesuksen varassa. Hän antoi uhrin, jonka kautta meidät lunastettiin vapaiksi synnin orjuudesta ja ”lain kirouksesta” (Gal. 3:13). Taivas on meille avoin, kun uskomme Jeesukseen. Tässä ei ole mitään uutta. Tämä on se sanoma, jota jo apostolit julistivat. Aikamme ihmiset tarvitsevat Jeesusta. Sekään ei ole muuttunut. Aika tulee kuitenkin pian muuttumaan. Taivas on vielä avoimena, kunnes alkavat Jumalan tuomion ajat. Jumalan armon tarjous on vielä voimassa. Jeesus Kristus on Isän Jumalan käden ojennus tälle hukkuvalle maailmalle. Jeesus tuo valon sinunkin pimeyteesi, kun annat elämäsi hänelle. Kahleesi ovat murretut Kristuksessa. Olet vapaa.

Gal. 5:4   "Te olette joutuneet pois Kristuksesta, te, jotka tahdotte lain kautta tulla vanhurskaiksi; te olette langenneet pois armosta."

Paavali käyttää hyvin voimakasta kieltä. Hänen kirjeensä tarkoitus tulee tämän jakeen myötä yhä selvemmäksi. Se on antiteesi lakihenkisyydelle. Hän taistelee oikean uskon puolesta. Galatalaiset olivat "joutuneet pois Kristuksesta". Mikä vakava syytös! Lain kautta ei voi tulla vanhurskaaksi. Se on mahdollista ainoastaan Jumalan armosta ja uskon kautta Jeesukseen Kristukseen. Olet Jumalan silmissä joko pyhä ja vanhurskas hänen Pojassaan tai sitten et ole Kristuksessa ja olet syntinen. Lain noudattaminen ei vie sinua hengellisesti korkeammalle tasolle. Se on varsin yleinen harhakäsitys. Olemme kaikki tehneet joskus syntiä. Olemme kaikki tarvinneet Jeesusta. Ihmettelen niitä uskovia, jotka seuraavat galatalaisten jalanjälkiä. Vaikka he tulivat kerran uskoviksi, niin myöhemmin he luopuivat hänestä. Uusi elämä alkoi uskoon tulemisesta. Mutta jos Jumala jää meille etäiseksi, niin meillekin voi käydä kuten galatalaisille.

Uskoon vasta hiljattain tullut on hengellinen vauva. Hän tarvitsee elävän hengellisyyden rinnalle Jumalan Sanan ohjausta. Hän on hyvin altis erilaisille vaikutteille. Siksi hänen tulisi hakeutua varttuneempien uskovien yhteyteen. Saakoon juuri uskoon tullut kokea Pyhän Hengen virvoittavaa vaikutusta ja Jumalan Sanaan perustuvaa opetusta. Galatalaiskirje on hyvää matkaevästä kaikille, mutta erityisesti nuorille uskoville. Se nimittäin ankkuroi hänet Jumalan armoon Kristuksessa. On siis hyvä huomioida aika, jossa elämme. Olemmeko ajassa ennen vai jälkeen Kristuksen? Jo terve järkikin sanoo, että elämme Jeesuksen jälkeistä aikaa. Armon aika alkoi Jeesuksesta. Mooseksen aika on meistä katsottuna kauempana kuin Jeesuksen aika. Kristinusko on nuorempi ilmiö kuin juutalaisuus. Vaikka vaellamme uskomme esi-isän eli Aabrahamin jäljissä, niin olemme silti Uuden liiton alla.

Historian tragiikkaa on se, että juutalaiset ristiinnaulitsivat kuninkaansa roomalaisten sotilaiden kätten kautta. Kiihkouskonnolliset ovat kautta aikain olleet elävän hengellisyyden pahimpia vastustajia. Mikäli saat seurakunnassa kokea virvoituksen aikaa, niin usein on kuitenkin niin, että uskonnolliset sammuttavat Hengen palon. Galatalaisten ongelma voidaan ilmaista yhdellä sanalla. Se on uskonto. Se sai heidät luopumaan Jeesuksesta. Se sai heidät lankeamaan "pois armosta". Uskonnolliset ovat oikeassa siinä, että on kyse vanhurskaudesta. Mutta he ovat väärässä siinä, että miten tuo vanhurskaus saavutetaan. Evankeliumi ei nimittäin ole ihmisen teko Jumalan puoleen, vaan se on Jumalan teko ihmisen puoleen. Evankeliumi on Jumalan aloite. Evankeliumi on Jumalan vastaus syntiongelmaan. Siksi se on voiton sanoma. Jeesus on voittanut pahan vallan. Hänet ristiinnaulittiin. Hän osti meidät armoon. Emme elä tätä aikaa varten, vaan elämme tulevaa aikaa varten. Mikäli pysymme uskossa, niin saamme vielä kokea ruumiillisen vanhurskaiden ylösnousemuksen.

Gal. 5:5   "Sillä me odotamme uskosta vanhurskauden toivoa Hengen kautta."

Paavalin kirje galatalaisille on todellinen kristinuskon opillinen peruspilari. Siinä Paavali, pakanoiden apostoli, näyttää seurakunnalle väistöliikkeen lakihenkisyyden suhteen. Hän kirjoittaa uskon puolustuksen eli apologian. Kirjeessään hän taistelee evankeliumin totuuden puolesta. "Sillä me emme voi mitään totuutta vastaan, vaan totuuden puolesta" (2. Kor. 13:8). Lainopettajat olivat vallanneet Galatian seurakunnat eksyttävällä opetuksellaan. Tämä on kirjeen tausta ja sen kirjoittamisen syy. Näemme tässä kirjeessä sielujen pelastumiseen liittyvän ulottuvuuden. Lain tekoihin nojautuminen turhentaa Jumalan armon Kristuksessa. Kun luotat itseesi ja omiin tekoihisi, niin samalla luulet, ettet tarvitse Jeesusta. Paavali nimenomaan painottaa uskomisen merkitystä. Tässäkin käsiteltävässä jakeessa hän puhuu vanhurskaudesta uskomisen yhteydessä. Usko on Paavalille hyvin tyypillinen ilmaus. Hän asettaa sen vastakkain lain tekojen kanssa. Tulemme vanhurskaiksi uskon kautta.

Mutta kun luemme tätä jaetta, niin huomaamme siinä yhden lisätekijän. Paavali puhuu uskovan tulevaisuudesta. Hän sanoo, että "me odotamme uskosta vanhurskauden toivoa Hengen kautta". Tämä on merkillistä tekstiä. Se vanhurskaus, jonka olemme saaneet, tähtää myös tulevaan. Paavali puhuu vanhurskauden toivosta. Kun olemme saaneet Jumalan armosta syntyä uudesti, niin samalla on alkanut ikuinen elämä. Kuolemme kyllä, mutta vain yhden kerran. Vältymme toiselta kuolemalta eli erolta Jumalasta, jos emme luovu Kristuksesta. "Sillä minä olen varma siitä, ettei kuolema eikä elämä, ei enkelit eikä henkivallat, ei nykyiset eikä tulevaiset, ei voimat, ei korkeus eikä syvyys, eikä mikään muu luotu voi meitä erottaa Jumalan rakkaudesta, joka on Kristuksessa Jeesuksessa, meidän Herrassamme" (Room. 8:38–39). Edes kuolema ei voi katkaista sitä Jumalan läsnäoloa, jota saamme tuntea Pyhän Hengen kautta Jeesuksessa Kristuksessa. Meillä ei ole syytä pelkoon. Saamme iloita. Vaikka elämme maailmassa, niin saamme heijastaa "tulevan maailmanajan voimia" (Hebr. 6:5). Meidän ei tarvitse enää pelätä, kun olemme päässeet osallisiksi Jumalan rakkaudesta.

Mikään ei uhkaa Jumalaa. Kukaan ei voi sammuttaa häntä. Hän on Kaikkivaltias. Meille tarjotaan avoin pääsy hänen läsnäoloonsa. Se toteutuu Pyhässä Hengessä, Jeesuksen nimessä. Amen. Meidän tulee siis olla rohkeita ja viljellä Jumalan Sanaa. Meidän tulee vaeltaa Herran edessä puhtaalla sydämellä. Odota Herraa, ja hän täyttää kaipauksesi. Et ole yksin. Jeesus on kanssasi Pyhän Henkensä kautta. Liiku Jumalan johdatuksessa. Pysy avoimena hänelle. Emme ole maailmassa itseämme varten. Saakoon ilosanoma Jumalan armahtavasta rakkaudesta levitä kaikkialle. Kiitos Isä, että kirkastat Poikasi Jeesuksen nimen maan päällä Pyhän Hengen kautta. Amen.

Gal. 5:6   "Sillä Kristuksessa Jeesuksessa ei auta ympärileikkaus eikä ympärileikkaa-mattomuus, vaan rakkauden kautta vaikuttava usko."

Miten voimallista tekstiä apostolin kynästä. Paavali teroittaa galatalaisten ja meidän mie-liimme, että ympärileikkaus on turha ja yhdentekevä. Se on uskonnollinen riitti. Sillä ei ole hengellistä merkitystä. Paavali korostaa sen sijaan rakkauden merkitystä. Mikäli sydä-memme on jäässä, niin silloin Jumalan rakkaus ei pääse vaikuttamaan kauttamme. Mikäli mielemme on täynnä omia hankkeitamme, niin silloin emme kohtaa läheisiämme. Uskon tulee vaikuttaa rakkautena. Raamattu ei niinkään puhu rakastumisesta. Raamattu puhuu en-nemmin rakastamisesta. Jos tahdot seurata Jeesusta, niin sen tulee näkyä käytännössä. Us-kon todeksi eläminen on Jumalan ja lähimmäisen rakastamista. Se ei ole kuivaa teoriaa vaan elävää elämää. Usko on sydämen tila. Olemme alati Herran edessä. Se on armoa. Jeesus tiivisti lain kiellot, käskyt ja säädökset rakkauden käskyyn. Mutta miten toisten rakastami-nen yli päänsä on mahdollista? Onko toisten rakastaminen helppoa? Se ei ole helppoa. Siinä ei nimittäin ratkaise sinun oma mielipiteesi vaan toisten. Kokevatko toiset saaneensa sinulta rakkautta? Periaatteessa rakkaus ei ole abstrakti käsite vaan käytännön toimintaa toisten parhaaksi. Näin Jeesus teki. Niin kuuluu meidänkin tehdä.

Rakkaus ei siis ole myöskään vahva tunne, vaan se on ikuinen Jumalan armo. Raamattu nimittäin sanoo: "Kiittäkää Herraa, sillä hän on hyvä, sillä hänen armonsa pysyy iankaikki-sesti" (Ps. 136:1). Olemme armoliitossa Jeesuksen kanssa. Se on rakkaussuhde ihmisen ja Jumalan välillä. Miten ikuinen rakkaus siis on mahdollista? Se on siksi mahdollista, ettei se ole luonteeltaan aineellista ja ajallista vaan hengellistä ja ikuista. Jumalan liitto pysyy ikui-sesti. Jumala on ikuinen, ja ikuinen on myös hänen rakkautensa. Hän "on rakkaus" (1. Joh. 4:8). Rakkaus ei ole Jumala, mutta "Jumala on rakkaus" (1. Joh. 4:8).

Mutta hän on silti jotain muuta kuin ihmisen käsitys rakkaudesta. Jumalan totuudet käy-vät yli järjen. Niin on myös hänen armonsa. Emme ymmärrä kaikkea. Voimme silti turval-lisesti luottaa Jumalaan ja hänen ilmoitukseensa. Raamattu on luotettavin tie Jumalaan. Sen totuudet avautuvat uskolle. Sana sanoo, että rakkaus "iloitsee yhdessä totuuden kanssa" (1. Kor. 13:6). Nämä kaksi, rakkaus ja totuus, kuuluvat yhteen. Niillä on sama päämäärä. Ne ovat Jumalasta. Ihmiset etsivät totuutta. He etsivät rakkautta. Jumalasta he löytävät ne mo-lemmat. Hän on totuuden lähde. Hän on rakastava Isä. Tule hänen läsnäoloonsa, ja omista iankaikkinen elämä Jumalan Pojassa, Jeesuksessa Kristuksessa. Amen.

Gal. 5:7   "Te juoksitte hyvin; kuka esti teitä olemasta totuudelle kuuliaisia?"

Paavali heittää pallon kirjeensä lukijoille. Hän peräänkuuluttaa kristittyjen vastuuta. He eivät voi eivätkä saa piiloutua toisten selän taakse vastuuta pakoillen. Galatalaiset olivat olleet kuuliaiset evankeliumin "totuudelle". Paavali koettaa palauttaa heidän mieliinsä nuo ajat. Ei ole kovin vaikea rakentaa siltaa tämän muinaisen tekstin ja nykyajan välille. Mekään emme voi syyttää toisia, jos lankeamme. Vastuu on meidän. On totta, että meitä yritetään eksyttää. Paholainen, tuo vanha käärme, on yhä uskovien vihollinen. Lihallinen mielemme juuttuu hekumaan. Himot nousevat kuin rikkaruohot maasta. Meillä on ongelma. Synti houkuttaa ja koukuttaa. Turmiovallat riehuvat ympärillämme. Koko maailma nousee meitä vastaan. Pimeyden kuilut avautuvat, ja helvetilliset vallat nousevat. Paavali ei silti näytä hermostuvan pimeyden voimien tähden. Hän tietää synnin houkuttelevan meitä. Hän tuntee turmiovaltojen painostuksen. Näistä huolimatta hän asettaa tyynesti meidät vastuuseen. Ihminen on siis sekä vapaa että vastuunalainen.

Paavali antaa galatalaisille kehuja: "Te juoksitte hyvin". Sitten hän kuitenkin kysyy kohti käyvästi: "kuka esti teitä olemasta totuudelle kuuliaisia?". Galatalaiset olivat taantuneet hengellisesti. He olivat aluksi ottaneet evankeliumin vastaan. Ilmeisesti seurakunnat Galatiassa eivät kuitenkaan valvoneet ja vaalineet evankeliumin puhtautta. Saattaa olla, etteivät he tunteneet tarvitsevansa Jeesusta. Sen tähden he olivat lainopettajien eksytettävissä. Niin kuin Paavali kirjeessään korostaa: Evankeliumi on ainoa tie Jumalan yhteyteen. Jeesus antoi uhrin. Hän kuoli puolestamme. Kristuksen veri virtasi, ja syntivelkamme maksettiin. Galatalaiset olivat uskoneet ilosanoman. Taivas oli ollut heille avoin Kristuksessa. Lakihenkisyys ei ole koskaan ollut hengellisen elämän korkeampi aste. Asia on juuri päinvastoin. Lain alle meneminen on taantumista. Se on uskon menettämistä. Se on itsekeskeistä uskonnollisuutta. He hylkäsivät armon evankeliumin. Näin on käynyt monille seurakunnille. Ne ovat joutuneet "uskossaan haaksirikkoon" (1. Tim. 1:19).

Mitä meidän siis tulisi tehdä uskottuamme evankeliumin? Meidän tulisi pitää usko Jeesukseen. Meidän on tehtävä parannus uskonnosta. Emme saa asettaa luottamustamme itseemme vaan Jeesukseen. Meidän on nöyrryttävä Jumalan edessä. Elämämme riippuu hänestä. Yhteys Jumalaan toteutuu Jeesuksessa Kristuksessa. Jumalan armossa vaeltava uskova on useimmiten tyytyväinen. Armo on parempi kuin laki. Armo ei ohjaa meitä syntiin vaan siitä pois. Olemme Jumalan armosta saaneet syntimme anteeksi. Olemme puhdistautuneet Jeesuksen veren kautta. Meidät on vapautettu synnistä Jeesuksen kuolemassa. Saamme elää Jumalan voimassa ja vaeltaa hänen vanhurskaudessaan.

Gal. 5:8   ”Houkutus siihen ei ole hänestä, joka teitä kutsuu.”

Tässä jakeessa on läsnä kaksi tekijää. Ne ovat syntiin houkutteleva vastustaja sekä Jumala, joka ”kutsuu”. Jumalan vastustaja, Perkele, houkuttelee meitä lankeamaan syntiin. Niin hän on tehnyt aina. Muistakaa se, miten hän houkutteli Aadamia ja Eevaa Eedenissä. Samoin hän koetteli Jeesusta erämaassa siinä kuitenkaan onnistumatta. Ihminen lankesi paratiisissa, mutta Jeesus ei langennut erämaassa. Sama kiusaaja koettelee meitä yhä tänäkin päivänä. Jumala ei kiusaa meitä vaan Paholainen. Jumala sen sijaan kutsuu meitä armoonsa ja pyhyyteensä. Vaikka meitä kiusataan, niin joudumme itse kärsimään, mikäli lankeamme. Vastuu on meidän. Kannamme tekojemme seuraukset itse.

Evankeliumi on sanoma Jumalan vapaasta armosta. Se on voiton sanoma: Kristus mursi synnin vallan ja voitti kuoleman nousemalla kuolleista kolmantena päivänä. Tähän asti tämä on täysin selvää. Mistä siis johtuu opillinen hajaannus kristikunnassa? Miksi uskovat tuomitsevat toisensa harhaoppisiksi? Nämä ovat vaikeita kysymyksiä, mutta niihin on olemassa yksinkertainen vastaus. Ne johtuvat erilaisesta uskonkäsityksestä. En ole myöskään uskonlahkojen kannattaja, vaan tahdon puhua ekumenian eli yhteiskristillisyyden puolesta. Joudumme epäuskoisten pilkan ja panettelun kohteeksi ja aivan syystä. On typerää tuomita toisia uskovia. Vaikka Paavali oli itse johdattanut galatalaiset uskoviksi, niin hän ei silti asettunut heidän yläpuolelleen vaan heidän rinnalleen. He olivat keskenään uskonveljiä ja -sisaria Herrassa.

Olemme kaikki samanarvoisia. Koska Jeesus Kristus on kuollut meidän kaikkien puolesta, niin meidän ei todellakaan sovi tuomita ketään. Olemme kaikki tehneet syntiä. Olemme saman armon tarpeessa. Kirjeessään galatalaisille Paavali ei niinkään ojenna Galatian kristittyjä maailmallisuudesta vaan uskonnollisuudesta. He olivat langenneet ja joutuneet lain alle. He kuvittelivat, etteivät tarvitse Jumalan armoa. He luulivat kelpaavansa lain kautta. Heistä oli tullut ennemmin Mooseksen kuin Jeesuksen opetuslapsia. Kyse on siis kahdesta liitosta eli laista ja armosta. Niin kuin hyvin tiedämme, Mooses edustaa lakia ja Jeesus armoa. Vaikka tämän tiedämme, niin elämmekö sen mukaan? Annammeko anteeksi, kun meitä vastaan rikotaan? Niin meidän tulisi tehdä, koska olemme itse saaneet niin paljon eli kaiken syntivelkamme anteeksi. Mikäli olemme päässeet osalliseksi armon evankeliumista, niin emme saa tuomita. ”Houkutus” lihalliseen uskonnollisuuteen ”ei ole hänestä, joka teitä kutsuu”.

Gal. 5:9   ”Vähäinen hapatus hapattaa koko taikinan.”

Ylistetty olkoon meidän Herramme ja Vapahtajamme Jeesuksen Kristuksen nimi. Meidän tulee tunnustaa hänen nimensä ylitse kaikkien valtojen ja voimien. Emme saa antaa vastustajillemme eli maailmalle, synnille, lihalle emmekä Paholaiselle voittoa itsestämme. Kun tunnustamme Jeesuksen nimeä, niin olemme kaikkien vastustajiemme yläpuolella. Kun emme lannistu ja pysymme uskollisina, niin menestymme hengellisesti. Saamme voiton siitä lihallisesta uskonnollisuudesta, josta Paavali tässä jakeessa puhuu. Hän käyttää sanaa ”hapatus” negatiivisessa merkityksessä. Niin kuin fariseukset vastustivat Jeesusta evankeliumeissa, niin samoin nyt lainoppineet tekivät Galatiassa. He vastustivat evankeliumia ja sen tuomaa vapautta. He sammuttivat Hengen.

On tärkeää pitää vaarin itsestään ja ”varjella itsensä niin, ettei maailma saastuta” (Jaak. 1:27). Meille on annettu Jumalan armo elämään Kristuksessa. Emme pelastu muutoin kuin Jeesuksen kautta. Mutta armo on muutakin kuin vastaanottamista. Sillä on nimittäin myös käytännön ulottuvuus. Se ohjaa pois synnistä. Jumala kutsuu sinua luottamaan Jeesukseen. Mutta jos jatkat synnissä elämistä, niin menetät Jumalan siunauksen. Elävään uskoon kyllä kuuluu myös parannuksenteko eli synnin hylkääminen. Jumala on antanut meille rakkautensa Pojassaan. Olemme saaneet hänen rakkautensa Pyhässä Hengessä. Siksi meidän tulee osoittaa sitä myös muille. Meidän ei tule elää vain itsellemme. Toisten rakastaminen on elävän uskon käytännön ulottuvuus. Fariseukset ja lainoppineet olivat uskonnollisia puolueita. Heidän oppinsa perustui Mooseksen lakiin ja perinnäissääntöihin. Meille on suotu Jumalan armosta Jeesuksen tunteminen. Oikea usko on nimittäin suhde Jeesukseen. Meille on annettu vapaus synnistä hänen nimessään. Meille on annettu voitto synnistä Jeesuksen kuoleman kautta. Meidän tulee pysähtyä ristin juurelle. Kun peseydymme Jeesuksen veressä, niin saamme puhtaan sydämen. Kun annamme ristiinnaulita itsemme hänen kanssaan, niin vapaudumme synnistä. Ristin sanoma on siis vapaus.

Emme ole pelkästään armahdettuja syntisiä. Olemme myös vapautettuja syntisiä. Meistä on armon kautta tullut pyhiä. Uskovan suhde Jeesukseen ei kuitenkaan ole pelkkää työpalvelua. Sen lisäksi meistä on tullut hänen ruumiinsa jäseniä. Jos poistamme uskovien yhteydestä sen hengellisen ulottuvuuden, niin mitä jää jäljelle? Sosiaalinen kerho. Fariseusten puolue. Siksi meidän on puhdistauduttava kaikesta tekopyhyydestä ja ylpeydestä. Siksi meidän on pukeuduttava Jumalan armoon ja hänen vanhurskauteensa. Siksi meidän on riisuttava pois farisealainen omavanhurskaus ja omistettava Jumalan armo Jeesuksessa Kristuksessa, meidän Herrassamme.

Gal. 5:10   "Minulla on teihin se luottamus Herrassa, että te ette missään kohden tule ajattelemaan toisin; mutta teidän häiritsijänne saa kantaa tuomionsa, olkoon kuka hyvänsä."

Apostoli Paavali vetoaa jälleen galatalaisiin. Hän luottaa heihin. Paavali piti heitä uskonveljinä ja -sisarina. Hän asettui heidän rinnalleen mutta vaati silti muutosta vallitsevaan tilanteeseen seurakunnassa. Tässä jakeessa näkyy kaksi elementtiä. Ne ovat galatalaisten vastuu ja eksyttäjien tuomio. Paavali puuttui sen takia Galatian seurakuntien tilanteeseen, koska oli kysymys kristinuskon perustavasta opista. Oli kyse evankeliumin totuudesta. Kuten tulemme näkemään, Paavali ei ollut vielä purkanut kaikkea sisuaan tilanteen muuttamiseksi. Evankeliumi oli liukumassa galatalaisten ulottumattomiin. Niin kuin eivät galatalaiset, niin emme mekään pelastu armon ja lain kautta vaan yksin Jumalan armosta, Kristuksen tähden, uskon kautta. Paavali ei opettanut uskontoa, vaan hän julisti evankeliumia Jumalan vapaasta armosta Kristuksessa. Hän ei suositellut itseään vaan Jeesusta.

Pahat teot eivät näytä olleen Galatian seurakuntien ongelma. Pikemminkin hyvät teot olivat heidän ongelmansa. He rakensivat väärälle perustukselle. He rakensivat hiekalle. Ainoa kestävä perustus on Kristus. He olivat hylänneet hänet. He luottivat omiin tekoihinsa ja pitivät itseään ansioituneina Jumalan edessä. He olivat joutuneet lihallisen uskonnollisuuden valtaamiksi. He olivat menettäneet armontunnon. Nämä kaikki ovat syitä, joiden vuoksi myös meidän on otettava valvova asenne lakihenkisyyden torjumiseksi. Emme saa antaa periksi Haagarille ja Ismaelille, noille lakiliiton esikuville.

Raamatun linja on selkeä. Laki annettiin "rikkomusten tähden" (Gal. 3:19). Paavali kiteyttää evankeliumin opin kirjeessään roomalaisille: "Sillä synnin ei pidä teitä vallitseman, koska ette ole lain alla, vaan armon alla" (Room. 6:14). Laki kyllä tuomitsee synnin mutta ei vapauta siitä. Jotkut kuvittelevat, että armo on synnin hyväksymistä. Asia on juuri päinvastoin. Jumala ei ratkaissut syntiongelmaa lain kautta vaan armon kautta. Hän on johdattanut meidät pois lain alta. Amen! Ja mihin hän on meidät vienyt? Uuteen tilaan, johon pääsemme uskon kautta. Hän on vienyt meidät armoonsa. Jumalan pyhyyden vaatimus on täytetty Kristuksessa. "Rangaistus oli hänen päällänsä, että meillä rauha olisi" (Jes. 53:5). Jumala tuomitsi oman Poikansa kuolemaan meidän puolestamme. Näin hän teki voidakseen armahtaa meidät. Näin hän antaa meidän tulla vapaiksi laista ja sen tuomiosta. Jumala on pelastanut meidät Kristuksessa omalta vihaltaan. Näin sanoo Raamattu, Jumalan oma Sana: "Kristus on lain loppu, vanhurskaudeksi jokaiselle, joka uskoo" (Room. 10:4). Jumalan pelastusteko Kristuksessa on täydellinen. Sitä ei tarvitse parannella kenenkään toimesta.

Gal. 5:11   "Mutta jos minä, veljet, vielä saarnaan ympärileikkausta, miksi minua vielä vainotaan? Silloinhan olisi ristin pahennus poistettu."

Paavali ei saarnannut ympärileikkauksen puolesta. Hän julisti sanomaa rististä. Suuri totuus on tämä: "Sillä synnin ei pidä teitä vallitseman, koska ette ole lain alla, vaan armon alla" (Room. 6:14). Juuri Jumalan armo on se tekijä, joka vapauttaa synnistä. Emme ole lain alla. Olemme armon alla. Syntiongelma on ratkaistu Kristuksessa. Pelastus ei ole lähtöisin meistä. Jumala on tehnyt aloitteen. Kun käännyt Jeesuksen puoleen, niin mielesi muuttuu. Kun Herra kirkastaa kasvonsa sinulle, niin myös sinä kirkastut. Samalla tavalla kuin ihminen ja koko luomakunta on riippuvainen luonnollisesta valosta, niin samoin ihminen tarvitsee Jumalaa. Valo ei ole lähtöisin meistä itsestämme. Jumala valaisee meitä Sanallaan. Hänen armonsa riittää. Syntiemme anteeksisaaminen ei perustu meihin. Jumala armahtaa meidät Jeesuksen Kristuksen tähden. Vaikka ristin sanoma "on juutalaisille pahennus ja pakanoille hulluutus" (1. Kor. 1:23) on se meille "Jumalan voima ja Jumalan viisaus" (1. Kor. 1:24).

Näemme kaksi totuutta. Ensinnäkin; maailma ei ota Kristusta vastaan, koska ristin sanoma on sille "hulluutus" (1. Kor. 1:18). Toiseksi; "mutta meille, jotka pelastumme, se on Jumalan voima" (1. Kor. 1:18). Ristiinnaulittu ja verta vuotava Jeesus tyynnytti Jumalan vihan syntiä vastaan. Se on syy sille, ettemme enää ole lain alla vaan armon alla. Jumalan mielisuosio lepää yllämme, kun ojentaudumme uskossamme sen täyteen mittaan asti. Kristus on armon perusta. Jumalan tuomio oli hänen yllänsä. Meidän tuomiomme siirrettiin Jeesuksen päälle. Hän kantoi syntimme ristinpuulle. Syntivelkamme nollattiin. Näin tulimme vapaiksi synnin orjuudesta ja rangaistuksesta. Mikä tässä siis on ongelma? Se, että lain noudattaminen vetoaa ihmisen uskonnolliseen ylpeyteen, ja hän tahtoo itse ansaita pelastuksensa. Jos galatalaiset olisivat lainopettajien sijasta luottaneet Jeesukseen, niin Paavalin ei olisi tarvinnut olla heistä huolissaan.

Paavalin kirje galatalaisille on hyvin ajankohtainen. Moni aidosti uskoon tullut on liukunut lain alle. Lakihenkiset ihmiset ovat raastaneet heidän sielunsa vereslihalle. Lain tekoihin nojautuva opetus seurakunnissa on tukahduttanut monien uskon evankeliumin totuuteen. Emme tule vanhurskaiksi Jumalan edessä omalla voimallamme. Tulemme vanhurskaiksi ainoastaan hänen armostaan, Kristuksen täytetyn työn tähden.

Gal. 5:12   "Kunpa aivan silpoisivat itsensä, nuo teidän kiihoittajanne!"

Paavalin tuohtumus nousee huippuunsa. Hän neuvoo ympärileikkauksen saarnaajia viemään työnsä loppuun asti. Hän kehottaa heitä kuohitsemaan itsensä. On oma lukunsa, että liikkuuko tämä enää hyvän maun rajoissa. Paavali ei tunnu siitä välittävän. Hänelle tärkeintä on evankeliumi. Hän puolusti totuutta lain ja ympärileikkauksen oppimestareita vastaan. Samoin hänen kirjeensä toimii tänäkin päivänä taistelukirjoituksena oikean uskon puolesta. Lainopettajat turhentavat Jumalan suunnitelman. Heidän opetuksensa tekee Jumalan armon turhaksi. He eivät näet opeta Jeesuksesta vaan lain teoista. Tällainen opetus vetoaa lihaan. Ihmisen uskonnollinen ego kaipaa asemaa ja kunnioitusta. Pyhä evankeliumi todistaa fariseuksista, että: "he rakastivat ihmiskunniaa enemmän kuin Jumalan kunniaa" (Joh. 12:43).

Jumalattomilta puuttuu eräs ominaisuus. Se on ulkokultaisuus. Siksi monet viihtyvät paremmin julkijumalattomien kuin tekopyhien seurassa. Ei ole kuin yksi todellinen pyhyys Jumalan silmissä. Ihminen ei ole vanhurskas hänen edessään ilman Jeesusta. Kun ihminen ottaa Kristuksen vastaan, niin hänestä tulee pyhä. Hän saa lahjaksi Jumalan vanhurskauden. Jumala pukee hänet armoonsa ja pyhyyteensä. Monet näkevät kristinuskossa pelkästään sen moraalisen luonteen. Se näyttäytyy heille pelkkinä käskyinä ja sääntöinä. Tämä ei kuitenkaan ole evankeliumia vaan lakia. Mikäli olet tullut uskovaksi, niin sinun ei tarvitse kääntyä juutalaiseen lakiuskontoon. Sinun tulee pysyä Jumalan armon alla. Sinun ei tarvitse ympärileikkauttaa itseäsi. Laki on myös täytetty Jeesuksessa.

Sen lisäksi, että Jeesus on sovittanut syntimme, hän on myös tehnyt meistä vanhurskaita. Synnin taakka on armon siunattu esiaste. Evankeliumi on vastaus. Jeesus tarjoaa sinulle armahdusta. Hän on sovittanut sinunkin syntisi. Jeesuksen ristinkuolema Golgatalla oli maksu, joka vapautti meidät synnin kahleista. Jumala armahtaa sinut. Olet saanut anteeksi. Älä kuuntele niitä, jotka vaativat sinulta lain tekoja. Sinulle kuuluu Jumalan armo ja rauha. Saat levätä Kristuksessa. Hän on etsinyt sinua. Saat lahjaksi evankeliumin. Olet vapaa. Kenelläkään meistä ei ole muuta tietä Isän Jumalan läsnäoloon kuin Jeesus. Jumalan läsnäolossa saat hengittää vapaasti. Hän ei tuomitse sinua. Hän on tuominnut oman Poikansa edestäsi. Jeesus on Sijaiskärsijä. Elämä Jumalan läsnäolossa on ikuista. Ei edes kuolema voi katkaista sitä. Olemme turvassa Jumalassa.

Gal. 5:13   "Te olette näet kutsutut vapauteen, veljet; älkää vain salliko vapauden olla yllykkeeksi lihalle, vaan palvelkaa toisianne rakkaudessa."

Miten mahtavan sisältörikas jae apostolin kynästä. Jumalan Sanan avautuessa mutkat suoristuvat ja kaikki selkenee. Me olemme "kutsutut vapauteen". Meille on annettu Jumalan armosta vapaus synnistä ja lain orjuudesta. Kristus tuomittiin, että me saisimme vapautuksen. Vaikka elämme Jumalan armossa ja vaellamme sen alla, niin emme silti saa sallia "vapauden olla yllykkeeksi lihalle". Tämä on tärkeä huomautus. Jotkut nimittäin käyttävät armoa väärin eli omien lihallisten himojensa täyttämiseen. Se ei ole Herran tahto. Hän tahtoisi meidän elävän puhdasta elämää pyhinä ja vapaina synnistä. Ihmisen olemus muuttuu, kun hän tulee uskoon. Hänestä tulee Jumalan lapsi ja hänen armonsa kohde. Emme silti saa juuttua syntiin. Meidän on tehtävä parannus. Se on Jumalan armon vapauttava ulottuvuus. Meidän ei tule täyttää elämäämme lihallisilla himoilla vaan elää usko todeksi.

Paavali kirjoitti, että "palvelkaa toisianne rakkaudessa". Uskolla on myös käytännön ulottuvuus. Olemme saaneet paljon uskoon tullessamme. Koska Jeesus antoi kaikkensa meidän edestämme, niin on meidänkin palveltava toisiamme. Elävän uskon tulee vaikuttaa rakkautena. Mutta mikäli sydämemme on jäässä, niin Jumalan armo ei vaikuta kauttamme. Usko ei ole pelkkää käskyjen noudattamista. Paavali nimittäin puhuu juuri vapauden puolesta.

Laki on uskonnollinen järjestelmä. Se on ihmisen ponnistelua Jumalan tahdon toteuttamiseksi. Mutta Kristuksessa olemme vapaita tällaisesta suorittamisesta. Lain noudattamisessa on kysymys inhimillisestä toiminnasta. Mutta evankeliumi perustuu Jumalan vapaaseen armoon Kristuksessa. Jeesus tuli ja täytti lain. Me olemme vapaita mutta emme syntiä vaan vanhurskautta varten.

On suuri etuoikeus palvella Jumalaa ja lähimmäisiä. Raamattu ohjaa elävään uskoon ja hyviin tekoihin. Kunpa Jumala täyttäisi meidät rakkaudellaan niin, että sydäntemme jää sulaisi ja saisimme välittää hänen armoaan. Jeesus ei tullut pelkästään minun ja sinun tähtesi, vaan hän on elänyt ja kuollut kaikkien ihmisten puolesta. Raamatun käsitys ihmisestä on toisaalta hyvin korkea. Vaikka olimme syntisiä, Jeesus rakasti meitä ja uhrasi itsensä puolestamme. Jumala suhtautuu kuitenkin syntiin vakavasti. Hänen pyhä olemuksensa vaati rangaistusta synnille. Mutta rakkautensa tähden hän päätti lähettää oman Poikansa tuomittavaksi kuolemaan meidän puolestamme. Meistä on maksettu kallis hinta. Syntivelkamme on mitätöity Jeesuksen verellä. Lunnaat on maksettu. Kahleemme on murrettu. Syntiongelma on ratkaistu. Ota vastaan Jumalan vapauttava armo Jeesuksessa. Palvele Jumalaa ja ihmistä hänen rakkautensa ajamana Jumalan kunniaksi. Amen.

Gal. 5:14   "Sillä kaikki laki on täytetty yhdessä käskysanassa, tässä: "Rakasta lähim-mäistäsi niinkuin itseäsi.""

Paavalin opettama evankeliumin totuus on linjassa Raamatun muiden osien kanssa. Ja ko-konaisuus on enemmän kuin osiensa summa. Jumalan Sanassa on pohjimmiltaan kysymys rakkaudesta. Valitettavasti puhe rakkaudesta on kärsinyt ajassamme kovan inflaation. Rak-kaus on sana, jolle on tehty paljon väkivaltaa tässä maailmassa. Useat etsivät rakkautta mutta vääristä paikoista. Rakkauden nimissä tehdään paljon pahaa. Moni avio- ja henkirikos on tehty väärän rakkauden vuoksi. Aidon rakkauden löydät vain Jumalan luota. Monet ku-vittelevat, että rakkaus on täysin hallitsematonta. He puhuvat ennemmin rakastumisesta kuin rakastamisesta. Jumala kuitenkin rakastaa meitä kaikkia. Siksi hän lähetti Jeesuksen. "Sillä niin on Jumala maailmaa rakastanut, että hän antoi ainokaisen Poikansa, ettei yksi-kään, joka häneen uskoo, hukkuisi, vaan hänellä olisi iankaikkinen elämä" (Joh. 3:16). Voit siis huokaista helpotuksesta. On joku, joka rakastaa sinua. Jeesus rakastaa sinua. Jeesus rakastaa minua. Sen hän on todistanut kuolemalla puolestani. Me, jotka olemme saaneet syntyä uudesti Jumalan rakkauden Hengestä, tiedämme sen tunteen, kun saa olla Jumalan rakkauden kohde. "Jumalan rakkaus on vuodatettu meidän sydämiimme Pyhän Hengen kautta, joka on meille annettu" (Room. 5:5).

Myös Jumalan laki on linjassa hänen rakkautensa kanssa. Rakkaus on lain ydin. Meidän tulee rakastaa Jumalaa yli kaiken ja lähimmäistämme niin kuin itseämme. Mutta: "Kuka sitten on minun lähimmäiseni?" (Luuk. 10:29) Kysymys on aiheellinen ja oikeutettu. Itse olen soveltanut siihen periaatetta: Hädässä lähimmäinen tunnetaan. Tässä näemme myös evankelisen ulottuvuuden. Maailma hukkuu ilman Jeesusta. Meidän tehtävämme on auttaa ihmiset uskoon. Kylvötyö Jumalan elonpellolla saa jatkua, kunnes Jeesus tulee takaisin. Koska emme tiedä Kristuksen paluun hetkeä, niin meidän on pysyttävä uskollisina Jeesuk-sen todistajina tässä pimenevässä maailmanajassa. Jokainen uskovaksi tullut on ylen runsas palkkio vaivasta. Silloin taivas iloitsee. Ole Kristuksen todistaja siellä, missä olet. Kaikkia ei ole kutsuttu lähtemään lähetystyöhön toiselle puolelle maailmaa.

Silti meidän kannattaisi muuttaa elämämme arvojärjestys evankeliumin mukaiseksi. Emme saa jatkaa itsellemme elämistä. Tulee hetki, jolloin meiltä kysytään, että mihin käy-timme elämämme. Toimimmeko hukkuvien sielujen pelastumiseksi vai emme? Lähetys-käsky on voimassa vielä tänäkin päivänä. Se on voimassa armonajan loppuun asti. Huolel-linen Jumalan Sanan kylväminen saa johtaa suureen elonkorjuuseen. Saakoon Jumalan rak-kaus käydä toteen kaikkialla maailmassa evankeliumin kautta. Amen.

Gal. 5:15   "Mutta jos te purette ja syötte toisianne, katsokaa, ettette toinen toistanne perin hävitä."

Tämä on surullinen kuva suuresta osasta ihmiskuntaa. Mikseivät ihmiset rakasta toisiaan? Ongelma ratkeaisi, jos ihmiset rakastaisivat toisiaan. Toki rakkaudesta puhuminen on helpompaa kuin sen osoittaminen käytännössä. Varmasti on toisaalta myös niin, että ihmiset etsivät rakkautta väärästä paikasta. Uskon, että rakkauden tarve on yksi ihmisen syvimmistä tarpeista. En tahdo olla kyyninen tässäkään asiassa, mutta ollakseni mahdollisimman rehellinen, en koe saaneeni rakkautta sen absoluuttisessa merkityksessä yhdeltäkään ihmiseltä. Jälkiviisaana on helppo todeta, että olen etsinyt rakkautta väärästä paikasta eli ihmisten luota. Luulin löytäväni rakkautta ihmisiltä. Siksi petyin, kun en löytänyt. Onneksi on Jumala. Hän lähetti Jeesuksen myös minun elämääni, ja hänessä rakkauden tarpeeni täyttyi. Kun uudestisynnyin ylhäältä Pyhästä Hengestä ja Jumalan Sanan siemenestä, niin sain tunnetasolla todisteen siitä, että Jumala rakastaa minua. Jeesus rakastaa minua. Ja sinua.

Näiden vuosien aikana, jotka olen saanut Jeesusta seurata, olen saanut myös älylliset perustelut Jumalan rakkaudelle ihmiskuntaa kohtaan. Jumalan rakkauden todiste on Jeesuksen Kristuksen ristinkuolema. Hän kuoli vuoksemme, koska hän rakasti meitä. Hän ei ole muuttunut. Hänen rakkautensa on ikuinen. Kaikkien näiden vuosien jälkeen koen yhä hänen kutsunsa seurata häntä. Sanoin, etten ole kokenut yhdenkään ihmisen rakastaneen minua. Tämä on totta, jos olemme aivan ehdottomia. Ainoastaan Jumala rakastaa meitä täydellisesti. Rakkauden etsintämme päättyy häneen. Jotta voisimme rakastaa lähimmäistämme niin kuin itseämme, meidän täytyy ensin syttyä Jumalan tulesta. Mikäli koet, että uskon liekkisi on sammumaisillaan, niin käänny heti Jeesuksen Kristuksen puoleen. Anna hänen rakkautensa levitä kauttasi. Olemme kaikki riippuvaisia Jumalasta. Se on totuus. Jumala ei tarvitse meitä. Me tarvitsemme Jumalaa. Hänen rakkautensa ei vähene hänen antaessaan sitä meille. Hänen armonsa on mittaamattoman suuri.

Olen kaiketi näissä teksteissä kirjoittanut paljon evankeliumiin ja toisaalta myös lakiin liittyen. Hengelliset totuudet ovat yleensä kauniita ja yksinkertaisia. Niin on myös sen totuuden laita, että todellisen uskon tulee vaikuttaa rakkautena. On toisaalta myös niin, että uskoamme ja sen aitoutta haastetaan. Siitäkin syystä rukoukseni on, että vahva jumalasuhde tekisi myös ihmissuhteistamme toimivampia. Kun muistamme sen, että rakkaus "iloitsee yhdessä totuuden kanssa" (1. Kor. 13:6), niin meidän käy hyvin. Silloin rakkautemme ei ole totuudetonta eikä totuutemme rakkaudetonta. Amen.

Gal. 5:16   "Minä sanon: vaeltakaa Hengessä, niin ette lihan himoa täytä."

Paavali aloittaa jälleen raskaan tykityksen kaiken lihallisuuden nujertamiseksi. Meidän tulisi antautua Pyhän Hengen johtoon. Meidän tulisi seurata häntä. Tämän jakeen oppi on hyvin toimiva. Se on puhutellut minua paljon. Apostoli puhuu vapaan kristillisyyden puolesta. Miten voisimme noudattaa uskonnollisia riittejä ja muotomenoja, jos tahdomme vaeltaa "Hengessä"? Paavali tahtoo kiinnittää huomiomme lihallisuuden, oli se sitten uskonnollista tai maailmallista, kukistamiseen. Kristinusko on vapautta synnin orjuudesta ja lain kirouksesta. Meillä on suhde elävään persoonaan eli Jeesukseen Pyhän Hengen kautta. Meidän tulee antaa sydämemme Pyhän Hengen täytettäväksi.

Paavali asettaa vastakkain lihan himon ja Hengessä vaeltamisen. Niiden välillä on jyrkkä kontrasti. Emme voi käydä voittoisaa taistelua omaa lihallista minäämme vastaan ilman Pyhää Henkeä. Meidän täytyy kuolla omille itsekkäille pyrkimyksillemme seurataksemme Jeesusta. Meidän tulee antaa itsemme ristiinnaulittavaksi Herramme Jeesuksen Kristuksen kanssa. Mutta usko ei ole pelkkää itselleen kuolemista. Se on myös vapaata hengellistä elämää Kristuksessa. Paavali neuvoo uskovaisia: "vaeltakaa Hengessä, niin ette lihan himoa täytä". Liha ja Henki ovat kaksi toisistaan erillistä ja toisiaan vastaan olevaa periaatetta. Jumala antaa meille voiman kuolla itsellemme ja elää hänelle. Olisi kummallista, jos hän vaatisi meiltä pelkkää itsensä kieltämistä. Nyt hän kuitenkin antaa meille jotain itsekeskeisyytemme tilalle. Hän antaa lihallisen elämäntavan tilalle puhtaan ja pyhän uskonvaelluksen. Ilman Jeesuksen seuraamista ei ole todellista kristinuskoa.

Jeesus on tehnyt minulle pelkästään hyvää. Hän on ohjannut minut Jumalan armoon ja hänen pyhyyteensä. Hän antaa sinullekin uuden alun, mikäli niin tahdot. Jumalan armo "on joka aamu uusi, ja suuri on hänen uskollisuutensa" (Val. 3:23). Mikäli sinulla on helmasyntejä, niin voit vapautua myös niistä. Sinun tulee uudistua ja kohota vaikeuksiesi yläpuolelle niin kuin kotka. Voit aloittaa alusta. Mikäli olet hengessäsi sidottu ja taakoitettu, niin saat kokea vapauden ja levon Herrassa. Älä etsi rakkautta ihmisistä vaan Jumalasta. Et tule pettymään. Hän on ehdottoman luotettava. Älä luota itseesi. "Älä ole viisas omissa silmissäsi. Pelkää Herraa ja karta pahaa. Se on terveellistä sinun ruumiillesi ja virkistävää sinun luillesi" (Sananl. 3:7–8.) Voita uskonnollinen nuutumuksesi uudistumalla hengellisesti. Virvoitu Pyhässä Hengessä. Anna hänen suloisen rakkautensa virrata kauttasi hukkuviin sieluihin. Julista evankeliumia Pyhän Hengen voimassa ja voitelussa Jeesuksen nimessä. Se on Jumalan tahto. Amen.

126

Gal. 5:17   "Sillä liha himoitsee Henkeä vastaan, ja Henki lihaa vastaan; nämä ovat nimittäin toisiansa vastaan, niin että te ette tee sitä, mitä tahdotte."

Paavali ei kuittaa opetustaan Henkeen ja lihaan liittyen yhdellä tai kahdella jakeella, vaan kyseessä on laajempi kokonaisuus. Ennen kuin ihminen tulee uskoon, hänessä ei ole sitä sisäistä ristivetoa, joka hänessä on uskoontulonsa jälkeen. Kun olet kerran antanut elämäsi Jeesukselle, niin älä enää haikaile maailman suuntaan. Entinen elämäsi on nyt ohi. Olet uusi luomus Herrassa. Sotasi Jumalaa vastaan on nyt ohi. Suhteesi häneen on kunnossa. Mikä siis on ongelma? Ongelma on juuri se, mistä Paavali kirjoittaa, nimittäin liha. Sisäinen ristiriita eli taistelu lihan ja Hengen välillä on uskovien ongelma. Paavali kirjoitti kirjeensä "Galatian seurakunnille" (Gal. 1:2) eli uskovaisille.

Jos olet uskossa Jeesukseen ja tunnet houkutuksia syntiin, niin älä kuitenkaan lankea. Viettelyksiä tulee, mutta niihin ei tarvitse langeta. Meitä tullaan kiusaamaan. Mutta mitä enemmän annat sijaa sydämessäsi Jeesukselle, sitä paremmin pystyt taistelemaan syntiä vastaan. Elämä tulee koettelemaan uskollisuuttasi. Jos meillä ei olisi lainkaan himoja, niin ei myöskään turmiovalloilla olisi meihin mitään tarttumapintaa. Raamattu sanoo: "jokaista kiusaa hänen oma himonsa, joka häntä vetää ja houkuttelee; kun sitten himo on tullut raskaaksi, synnyttää se synnin, mutta kun synti on täytetty, synnyttää se kuoleman" (Jaak. 1:14–15).

Emme saa tehdä syntiä. Menetämme Jumalan siunauksen, mikäli vielä uskovina jatkamme synneissämme. Kun Jumalan valo on paljastanut syntimme, niin meidän on tehtävä niistä parannus ja hylättävä ne kokonaan. Emme ole silti tulleet täydellisiksi. Olemme matkalla. Mutta synteihin juuttuminen hidastaa uskonvaellustamme. Kun meistä on tullut Jumalan lapsia, niin meillä on myös vastuu teoistamme. Mikäli lapsi kaikista varoituksista huolimatta työntää kätensä tuleen, niin hän kärsii vahingon omasta syystään. Periaatteessa käymme jo voitettua sotaa. Voimasuhteet eivät ole tasan. Syntiongelma on jo ratkaistu. Jeesus teki sen. Käytännössä on kuitenkin monia, jotka joutuvat synnin vuoksi elämässään tappiolle. Meidän tulee nöyrtyä Jumalan armoon näissäkin tapauksissa.

En tahdo syyttää tai tuomita ketään. Sen vain tahdon tuoda julki, että myös sinun synnilliset tottumuksesi ovat voitettavissa Pyhässä Hengessä ja Jeesuksen nimessä. Älä haikaile maailman suuntaan, vaan etsi Jumalan kasvoja. Älä etsi maallista menestystä vaan Jumalan kirkkautta ja kunniaa. Ota vastaan Kristuksen valtakunta kuin lapsi. Luota Jeesukseen. Hän on ratkaissut syntiongelman myös sinun kohdallasi. Täyty uskon Hengellä, ja vapaudu Herramme Jeesuksen nimessä ja hänen verensä voimalla. Amen.

Gal. 5:18   "Mutta jos te olette Hengen kuljetettavina, niin ette ole lain alla."

Paavali tarjoaa opetuksensa galatalaisille kuin auttavan käden. Hän ohjaa heitä vapauteen lain alta Pyhän Hengen kautta. Tässä on ehdottomasti elävän kristillisyyden tuntu. Mieleeni muistuu eräs Sanan kohta: "Sitten Henki vei Jeesuksen ylös erämaahan perkeleen kiusattavaksi" (Matt. 4:1). Näin ollen voimme todeta sen, ettei Jumala välttämättä johdata sinua nautintoihin ja maalliseen kunniaan vaan vaikeuksiin ja kärsimyksiin. Sinua tullaan koettelemaan. Kestä nuo koettelemukset; niin Jeesuskin kesti. Raamattu sanoo, että voitettuaan kiusaukset "Jeesus palasi Hengen voimassa Galileaan; ja sanoma hänestä levisi kaikkiin ympärillä oleviin seutuihin. Ja hän opetti heidän synagogissaan, ja kaikki ylistivät häntä" (Luuk. 4:14–15.)

Paavali opettaa, että seuratessamme Henkeä, emme "ole lain alla". Kun katsomme sitä, että miten Jumala johdatti Jeesusta Pyhän Hengen kautta, niin se tarkoitti ensin koetuksia ja sitten kunniaa. Raamattu sanoo: "Herran pelko on kuri viisauteen, ja kunnian edellä käy nöyryys" (Sananl. 15:33). Myös Daavidia koeteltiin ennen kuin hän pääsi kuninkaalliseen valta-asemaan. Tiedämme Jobin kärsimykset ja sen, miten "Herra siunasi Jobin elämän loppupuolta vielä enemmän kuin sen alkua" (Job. 42:12). Muistamme Joosefin, Jaakobin pojan, tapauksen. Hän kohosi nopeasti vankeudesta hallinnolliseen johtoasemaan Egyptissä, ja Jumalan siunaus lepäsi hänen yllään. Mekään emme joudu uskossamme tappiolle, kun luotamme Jeesukseen koko sydämestämme.

Kuuliaisuudella on siunaus. Meidän kannattaa totella Jumalaa. Meidän on uudistettava elämämme arvojärjestys hänen mielensä mukaiseksi. Emme saa laiminlyödä evankeliumin työtä. Sanoma Jeesuksesta on levitettävä kaikkialle maailmaan. Elämme lopun aikaa. Työkutsu Jumalan elonpellolle on voimassa. Meidän tulee sekä kylvää Jumalan Sanan siemeniä että leikata kypsää viljaa taivaan aittaan niin kauan kuin aikaa on. Meidän on asetettava evankeliumi etusijalle. Jumala tahtoo meidän voittavan sieluja Jeesukselle Kristukselle. Jumala johtaa meitä sekä koetuksiin että töihin. Mikäli pääset kunnia-asemaan ihmisten silmissä, niin pidä ylpistymättä kiinni Jumalan armosta. Näin sanoo Sana: "Autuas se mies, joka kiusauksen kestää, sillä kun hänet on koeteltu, on hän saava elämän kruunun, jonka Herra on luvannut niille, jotka häntä rakastavat!" (Jaak. 1:12) Vaikka Henki johtaa meidät pois lain alta, niin hän ei johda meitä laittomuuteen vaan Jumalan vanhurskauteen. Meidän ei tule julistaa maailmalle tuomiota vaan evankeliumia. Tämä aika ei niinkään tarvitse tuomioprofeettoja kuin armon evankelistoja.

Gal. 5:19   "Mutta lihan teot ovat ilmeiset, ja ne ovat: haureus, saastaisuus, irstaus,"

Paavali on jo opettanut lain tekoihin liittyen. Se, että emme "tule vanhurskaaksi Jumalan edessä lain kautta" (Gal. 3:11) on Paavalin opetuksen ydin. Nyt, tässä käsillä olevassa jakeessa, hän puhuu lihan teoista. Vaikka meistä ei tule pyhiä lain kautta vaan yksin armosta, niin emme saa tehdä syntiä. Kirjeensä alkupuolella Paavali painotti vanhurskauden perustaa eli Jumalan armoa Kristuksessa. Nyt hän kääntää kelkkansa kohti asian toista puolta. Lihallisuutta on nimittäin kahta lajia. Niistä ensimmäinen eli lain teot on uskonnollista lihallisuutta. Toinen eli lihan teot on maailmallista lihallisuutta. Paavali vääntää rautalangasta, että mitä hän tarkoittaa lihan teoilla. Hän aloittaa listansa räikeillä sukupuolisynneillä ja moraalisella epäpuhtaudella. Hänen mukaansa "haureus, saastaisuus, irstaus" eivät sovi Jeesuksen Kristuksen seuraajalle. Mikäli kristityn elämäntapa ei millään tavalla poikkea tämän maailman elämäntavasta, niin on syytä kysyä, että onko hän uskossa lainkaan.

Emme saa elää haureellisesti. Näin sanoo Raamattu: "Sillä tämä on Jumalan tahto, teidän pyhityksenne, että kartatte haureutta, että kukin teistä tietää ottaa oman vaimon pyhyydessä ja kunniassa, ei himon kiihkossa niinkuin pakanat, jotka eivät Jumalaa tunne" (1. Tess. 4:3–5). Mikäli et tahdo avioliittoon, niin sinun on pidettävä itsesi puhtaana. Vaihtoehdot ovat joko selibaatti tai avioliitto. Tämä on Raamatun linja. Valitettavasti monet laiminlyövät tämän opetuksen. Avoliitto ja esiaviollinen seksi ovat syntiä. Ne eivät ole Jumalan mielen mukaisia. Älä kuuntele tämän maailman eksyttävää opetusta. Se vie vain turmioon. Mikäli oikeasti tahdot seurata Jeesusta, niin sinun tulee kieltää itsesi. Tee kaikkesi, ettet lankeaisi haureuteen, saastaisuuteen tai irstauteen. Ne ovat tekoja, jotka rikkovat Jumalaa vastaan. Niiden harjoittaja särkee samalla itsensä.

Selibaatti ei sovellu kaikille. Kaikki eivät pysty siihen. Sen vuoksi on avioliitto. Ikävä kyllä monen avioitumiskynnys on aivan liian korkea. He kuvittelevat, että avioliitto on vain rikkaiden etuoikeus. Monet maailmanmieliset kristityt luulevat, että kun ei ole varaa hienoon hääjuhlaan, ei voi mennä avioliittoon. Monien kriteerit mahdolliselle puolisolle ovat vääriä. Ne ovat ihanteita, jotka eivät nouse Jumalan Sanasta vaan tästä maailmasta ja omasta lihallisesta mielestä. Paavali opettaa toisaalla: "mutta haureuden syntien välttämiseksi olkoon kullakin miehellä oma vaimonsa, ja kullakin naisella aviomiehensä" (1. Kor. 7:2).

Gal. 5:20   ”epäjumalanpalvelus, noituus, vihamielisyys, riita, kateellisuus, vihat, juo-
net, eriseurat, lahkot,”

Paavali jatkaa syntilistaansa. Huomatkaa edelleen ja erityisesti se, ettei hän kirjoita uskosta
osattomille vaan uskovaisille. Me, jotka olemme saaneet jumalallisen valon, emme saa
tehdä syntiä. Armossa vaeltaminen ei tarkoita synnillistä elämäntyyliä vaan vapautta sellai-
sesta. Paavalin luettelemat asiat ovat hyvin vakavia syntejä. Paavalin teksti käy kohti. Epä-
jumalanpalveluksen luonne käy selväksi, kun tarkastelemme sitä Mooseksen lain valossa.
Ensimmäinen käsky nimittäin on: ”Älä pidä muita jumalia minun rinnallani” (2. Moos.
20:3). Epäjumalanpalvelus on tämän käskyn rikkomista. Olisimme hyvin turvatussa ja on-
nellisessa asemassa, jos saisimme koko elämämme ajan noudatettua edes tätä yhtä käskyä.
Epäjumalaksi voi muodostua mikä asia tahansa.

Onko noituudesta puhuminen aiheellista tänä päivänä? Näyttäisi olevan niin, että uus-
pakanuus nostaa päätään kaikkialla. Emme saa seurata minkäänlaisia salatieteitä tai maagi-
sia oppeja. Mooseksen lain mukaan noituudesta seurasi kuolemantuomio: ”Velhonaisen älä
salli elää” (2. Moos. 22:18). Jos kerran laki suhtautui näin vakavasti noituuteen, niin emme
mekään saisi osoittaa hyväksyntää noituuden harjoittajalle. On erittäin groteskia, jos Jee-
suksen nimeä tunnustava palvelee Saatanaa. Myös vihamielisyys ja riita ovat lihallisten us-
kovien yleisiä helmasyntejä. Ne ilmenevät vinoutuneina asenteina ja toisten panettelemi-
sena. Emme saa kuitenkaan pilkata ketään. Myös riita on epäkypsyyden merkki. Meidän
tulee hallita mielemme ja kielemme. Emme saa kantaa kaunaa ketään kohtaan, vaan meidän
on kohottava riitojen yläpuolelle. Ongelmat eivät ratkea riitelemällä. Lisäksi se on aivan
turhaa.

Myös toisten kadehtiminen kertoo ikävällä tavalla uskovaisen ihmisen syntisen sydä-
men tilan. Raamattu sanoo: ”Älä himoitse lähimmäisesi huonetta” (2. Moos. 20:17). Mei-
dän ei tulisi olla sairaalloisen kiinnostuneita toisten asioista saati sekaantua niihin. Juonilla
uskon Paavalin tarkoittaneen pahaan tähtäävää juonittelua eikä asioiden suunnittelua tai
harkintaa. Raamattu sanoo: ”Eriseurainen noudattaa omia pyyteitään; kaikin neuvoin hän
riitaa haastaa” (Sananl. 18:1). Meidän ei tarvitse langeta yhteenkään näistä synneistä. Us-
kon, että kaikki edellä mainitut sekä myös lahkot ovat vältettävissä. Miten? Juuri siihen
Paavali tulee antamaan parhaat ohjeet tulevissa jakeissa. Jumalan tahto ei ole, että uskovai-
set vaeltavat lihallisten himojen mukaan, vaan että he seuraavat Raamatun antamia ohjeita.
Se, joka laskee elämänsä perustuksen Kristuksen varaan, kestää koettelemukset. Jumala
valvoo meitä. Olemme alati hänen tarkkailussaan. Kun vaellamme Hengessä, niin saamme
elää vapaina lihan teoista, ja olemme onnellisia Herran palvelijoita.

130

Gal. 5:21   "kateus, juomingit, mässäykset ja muut senkaltaiset, joista teille edeltäpäin sanon, niinkuin jo ennenkin olen sanonut, että ne, jotka semmoista harjoittavat, eivät peri Jumalan valtakuntaa."

Olemme taivasten valtakunnan perillisiä. Sen mukaisesti meidän on myös elettävä. Aikaisemmin Paavali opetti lain tekoihin liittyen. Niihin turvautuva luottaa omiin tekoihinsa. Siksi hänen elämänsä perustus ei ole kallion vaan hiekan päällä. Tässä jaksossa Paavali opettaa lihan teoista. Niiden harjoittaja ei välitä Jumalasta. Ainakin lankeemuksensa hetkellä sellainen ihminen on kääntynyt pois Herrasta. Synnin harjoittaja on synnin orja. Jeesus sanoo: "jokainen, joka tekee syntiä, on synnin orja" (Joh. 8:34). Kaikki Paavalin mainitsemat asiat ovat lihan tekoja.

Kateuden lisäksi hän mainitsee "juomingit" ja "mässäykset". Nuo synnit ovat räikeitä poikkeamia Jumalan tahdosta. Humalan hakeminen on vakava synti. Ylensyönti on kuitenkin sitäkin yleisempi. Se on valitettavaa. Elämme kerskakulutuksen läpäisemässä yhteiskunnassa. Jos uskovaisten juomis- ja syömistottumukset eivät millään tavalla poikkea tästä maailmasta, niin se on ongelma. Lihallisen uskovan ylenpalttisuus juomisessa ja syömisessä on pahennukseksi Herralle. Meille tekisi hyvää opetella kohtuullinen ja vaatimaton elämäntapa. Raamattu sanoo: "Katso, tämä oli sisaresi Sodoman synti: ylpeys, leivän yltäkylläisyys ja huoleton lepo hänellä ja hänen tyttärillään; mutta kurjaa ja köyhää hän ei kädestä ottanut" (Hes. 16:49). Kysymys kuuluu, että onko mikään muuttunut? Voi olla, että aikojen saatossa ihmisten elintaso on heitellyt suuntaan jos toiseenkin, mutta näkisin, että nykyisen elämänmenon ja Sodoman välillä on selvä yhteys.

Emme saa käyttää kaikkea varallisuuttamme ruumiilliseen ja sielulliseen hekumointiin. Meidän kannattaa tehdä parannus herkuttelusta. Emme ole täällä itseämme varten. Lähimmäisyys toteutuu toisten auttamisena, kuten taloudellisena tukemisena. Mikäli elintasomme on tuloihimme nähden maksimaalinen, niin olemme köyhien kannalta täysin hyödyttömiä. Jos kaikki energiamme suuntautuu vain itseemme ja henkilökohtaisen menestyksen saavuttamiseen, niin meistä on tullut epäjumalia itsellemme. Meidän tulisi ennemmin auttaa toisia kuin vain tuijottaa omaa napaamme. Elämme suuren itsekeskeisyyden kyllästämässä kulttuurissa. Olemme langenneet saatanalliseen ansaan eli ylpeyteen ja itserakkauteen. Tavoittelemme kiihkeästi omaa etuamme. Tahdomme menestyä tässä maailmassa. Etsimme kunniaa ihmisiltä. Yhteiskunnallinen asema ja arvostus seurakunnassa ovat nousseet sille paikalle, joka kuuluu vain Jumalalle. Elämme siis vaikeita aikoja. Tuon asian myöntäminen ei silti tee meistä syyttömiä. Kaikki tämä on pahennusta ja kulminoituu yhteen ainoaan sanaan. Se on liha.

Gal. 5:22   "Mutta Hengen hedelmä on rakkaus, ilo, rauha, pitkämielisyys, ystävälli-
             syys, hyvyys, uskollisuus, sävyisyys, itsensähillitseminen."

Aiemmissa jakeissa Paavali opetti lihan tekoihin liittyen. Niiden vastakohta on "Hengen hedelmä". Niin kuin lihan teot ovat ihmisessä, niin samoin myös Hengen hedelmä ilmenee ihmisessä. Emme saa hylätä yhtäkään näistä hengellisen kasvun ominaispiirteistä, vaan meidän tulee tavoitella niitä kaikkia. Jumalalle kokonaan antautunut Jeesuksen seuraaja kasvaa uskossa. Rakkaus vaikuttaa hänessä ja hänen kauttaan. Tämä jae muistuttaa meitä myös ilosta. Meidän ei siis tarvitse surra, vaan saamme iloita. Nämä ominaisuudet ovat hengellisen edistymisen merkkejä. Jos tapaamme uskovissa näitä piirteitä jo tänä aikana, niin se on Jumalan armoa. Mutta jos löydämme kaikki nämä ominaisuudet kaikista usko-vista, niin se on Jumalan kirkkautta. Se on taivas. Noiden puuttuminen kuitenkin yhä vah-vistaa sen totuuden, että nykyinen maailmanaika ei ole vielä taivasten valtakunta.

Se Jumalan armo ja rakkaus, jota me Kristuksessa saamme heijastaa tähän maailmaan, on vasta alkua. Meillä tulee olla taivaallinen näky sydämissämme ja mielissämme. Voi olla, että sinulla on synkkä menneisyys. Älä kuitenkaan välitä siitä, vaan seuraa Jeesusta aina taivaaseen asti, niin perit osallisuuden hänen kirkkaudestaan. Ei mikään inhimillinen voima tai viisaus ole edes verrattavissa siihen. Jumalan luokse pääseminen tulee todella olemaan kaiken kärsimyksen ja vaivan arvoista. Laita kaikki pelimerkkisi Jeesukseen. Aseta täysi toivosi häneen. Taivaassa kaikki kyyneleemme tullaan pesemään pois.

Paavali ei pelkästään opeta meitä olemaan tekemättä lihan tekoja. Hän vahvistaa hen-gellistä identiteettiämme Kristuksessa. Olemme Jumalan lapsia. Matkaamme kohti taivasta. Ainakin "rakkaus, ilo, rauha, pitkämielisyys, ystävällisyys, hyvyys, uskollisuus, sävyisyys, itsensähillitseminen" ovat hyvinkin tavoittelemisen arvoisia asioita. Ne ovat hyödyllisiä ja käytännönläheisiä ominaisuuksia. Jos sinulla on ne, niin hyödyt niistä itse, ja myös muut hyötyvät niistä kauttasi.

Olen joskus pyytänyt Herralta, että hän antaisi hedelmää. Ehkä olisi enemmänkin tullut tavoitella niitä uskossa rukoillen. Paavalin opetuksen ydin on, että meidän tulee lihan teko-jen sijasta antaa Hengen hedelmän kasvaa meissä. Meidän täytyy uudistua uskossamme Pyhässä Hengessä. Meidän tulee antaa hänen valaista meitä. Hän paljastaa syntimme. Mei-dän tulee antautua syvälle käyvään parannuksentekoon. Saakoon evankeliumin tuli levitä myrskyn lailla kaikkeen maailmaan. Siihen ohjaa myös Hengen hedelmä. Se on väkevä todiste Kristuksen elämää muuttavasta ja uutta luovasta voimasta.

Gal. 5:23   "Sellaista vastaan ei ole laki."

Paavali laajentaa opetustaan. Hengen hedelmä ei ole ristiriidassa Mooseksen lain kanssa. Jumala ei johda meitä laittomuuteen tai lain alle vaan hänen pyhyyteensä Henkensä kautta. Raamattu ei ole ristiriidassa itsensä kanssa. Jumalan Sana kyllä opettaa toisilleen vastakkaisista aiheista mutta "Raamattu ei voi raueta tyhjiin" (Joh. 10:35). "Sillä laki on annettu Mooseksen kautta; armo ja totuus on tullut Jeesuksen Kristuksen kautta" (Joh. 1:17). Vaikka meidän on huomioitava se historian tilanne, johon Raamatun tekstit sijoittuvat, niin se ei tee tyhjäksi Raamatun jumalallista luonnetta. Vaikka on täysin totta, että Galatalaiskirje kirjoitettiin alun perin muinaisille galatalaisille, niin yhtä totta on myös se, että "Jumalan sana on elävä ja voimallinen" (Hebr. 4:12) myös kaikille muille. Raamattu on se, mikä se sanookin olevansa eli Jumalan Sana. Meille ei ole mitään toista ohjetta elämämme perustaksi.

Seuratessamme Jeesusta emme riko lakia. Vaeltaessamme Hengessä emme ole lakia vastaan. Kyse ei ole silti inhimillisestä suorittamisesta, vaan Jumala on tekojemme voimanlähde. Tässä näemme jälleen kuolleen uskonnon ja elävän uskon välisen eron. Olemme saaneet Jumalan voiman osaksemme evankeliumin kautta. Jeesus Kristus on Herra. Hänen voimassaan kulkeva ihminen ei seuraa lakia eikä laittomuutta vaan Pyhää Henkeä. Herran Henki ei kuitenkaan toimi vastoin Jumalan Sanaa. Kristinuskon opit eivät perustu ihmisten kokemuksiin vaan Raamattuun, joka on Jumalan ilmoitus. Vaikka olet uudestisyntynyt, niin sinun tulee olla alamainen sille, mikä on raamatullista. Selkeä Sanan opetus on vahvan seurakunnan tukijalka. Tekomme tullaan arvioimaan Raamatun mittapuun mukaan. Raamattu avautuu evankelisen lukutavan avulla. Evankeliumi on Raamatun ydin. Jeesus on sen päähenkilö. Koko Raamattu todistaa Jeesuksesta Kristuksesta. Hän on Sana.

Mooseksen laki on voimassa niiltä osin kuin Uusi testamentti vahvistaa ne. Jumalan Sana on ehjä ja riittävä kokonaisuus. Kristillinen opetus rakentuu sen varaan. Laista ei kuitenkaan tule katoamaan pienintäkään osaa, "ennenkuin kaikki on tapahtunut" (Matt. 5:18). Lain tehtävä on tuomita synti. Mutta me saamme kaikki syntimme anteeksi evankeliumin kautta Kristuksessa Jeesuksessa. Lain valossa olemme syntisiä, mutta evankeliumin valossa olemme vanhurskaita. Jeesus on sovittanut meidät Jumalan kanssa. Hän on lunastanut meidät vapaiksi synnin orjuudesta ja lain kirouksesta. Saamme elää vapaudessa evankeliumin kautta. Jeesus elää, ja hän tulee pian takaisin. Mutta jo nyt meidän tulee elää uskomme todeksi ja kutsua pelastukseen myös toisia. Sitä "vastaan ei ole laki".

Gal. 5:24   "Ja ne, jotka ovat Kristuksen Jeesuksen omat, ovat ristiinnaulinneet lihansa himoineen ja haluineen."

Mikä valtava kaneetti! Paavali paljastaa syvällisen hengellisen totuuden. Hän opettaa ristin teologiaa. Risti on ainoa toimiva lääke lihallisiin himoihin ja haluihin. Meidän täytyy kuolla omalle itsekkyydellemme. Emme saa antaa lihan vallita meitä. Siksi meidän tulee antautua Pyhälle Hengelle ja ottaa risti. Se on hyvin käytännöllinen väline syntiä vastaan. Kuollut ei nimittäin tee syntiä. Juuri osallisuus Jeesuksen Kristuksen kuolemaan vapauttaa synnistä. Tämä on ristin salaisuus ja sen voima. Risti merkitsee kuolemaa lihalle mutta elämää Hengelle. Jumalan Henki asuu Jeesuksen seuraajissa. Meillä pitää olla ase, jolla taistella syntiä vastaan. Tuo ase on risti. Me saamme elää vapaina Hengessä. Me saamme kuolla itsellemme. Se on suuri kiitosaihe ja etuoikeus. Meistä ei tule Jumalan palvelijoita ilman ristiä. Meidän täytyy voittaa hengellinen taistelu lihallisuutta vastaan. Raamattu sanoo myös: "Niin tekin pitäkää itsenne synnille kuolleina, mutta Jumalalle elävinä Kristuksessa Jeesuksessa" (Room. 6:11).

Meidän tulee käydä rukoustaisteluun lihan voittamiseksi. Rukouksessa käännymme Jumalan puoleen. Mitä enemmän annamme sydämessämme tilaa Herralle, sitä vähemmän liha meitä vallitsee. Kun annat elämäsi Jeesukselle, niin saat samalla voiman olla tekemättä syntiä. Uskon, että vapaana synnistä olet myös onnellisempi kuin synnin orjuudessa. Jeesus sanoo: "jokainen, joka tekee syntiä, on synnin orja" (Joh. 8:34). Samalla tavalla kuin Israelin kansa oli orjuudessa ollessaan Egyptissä, niin myös me olemme olleet synnin orjia tässä maailmassa. Mutta niin kuin Mooses johti Israelin pois Egyptistä ja sen orjuudesta, niin myös Jeesus kutsuu meidät pois maailmasta ja synnin orjuudesta.

Raamattu sanoo: "Jos siis Poika tekee teidät vapaiksi, niin te tulette todellisesti vapaiksi" (Joh. 8:36). Synnin orjuus on lakkautettu Kristuksessa. Hän mursi synnin vallan Golgatan keskimmäisellä ristillä lähes kaksi tuhatta vuotta sitten. Olet vapaa Jeesuksen Kristuksen ristinkuoleman kautta. Lunnaasi on maksettu. Syntivelkasi on nollattu. Olet saanut anteeksi. Puhdistaudu Jeesuksen veressä. Anna itsesi Jumalalle. Hän pitää sinusta huolen. Hän johdattaa sinua. Omista täysi puhtaus Karitsan veren kautta, ja tule täyteen Pyhää Henkeä, niin saat kokea Jumalan läsnäoloa ja läheisyyttä siellä, missä olet. Jumala rakastaa sinua. Hän ei tahdo sinun kärsivän synnin vuoksi. Luovuta syntikuormasi Kristuksen ristinpuulle. Vapaudu siitä synnin painolastista, mikä painaa harteillasi.

Gal. 5:25   "Jos me Hengessä elämme, niin myös Hengessä vaeltakaamme."

Aikaisemmin apostoli Paavali kirjoitti, että "vaeltakaa Hengessä, niin ette lihan himoa täytä" (Gal. 5:16). Hän on myös kirjoittanut: "Älköön siis synti hallitko teidän kuolevaisessa ruumiissanne, niin että olette kuuliaiset sen himoille" (Gal. 6:12). Paavali ei todellakaan ollut mikään nikolaiitta eli sellainen, joka hyväksyy synnin harjoittamisen armon varjolla. Hän ei seurannut heidän oppiaan vaan julisti Jumalan vapauttavaa armoa Jeesuksessa Kristuksessa. Otamme vastaan Jumalan armon uskon kautta. Siihen sisältyy sekä syntien anteeksisaaminen että niistä vapautuminen. Olemme kaikki joskus rikkoneet Jumalaa vastaan. Hän kuitenkin armahtaa meidät Poikansa uhrikuoleman ansiosta. Osallisuus Jeesuksen ristinkuolemaan on voima, joka murtaa synnin kahleet ja tuo vapauden.

Tässä käsiteltävässä jakeessa Paavali opettaa hengellisiä asioita meille. Jos kerran olemme syntyneet uudesti ylhäältä Pyhästä Hengestä ja Jumalan Sanan siemenestä, niin olemme Hengessä. Elämä "Hengessä" ei kuitenkaan ole staattista, vaan saamme seurata Jeesusta tekoihin. Sitä on "Hengessä" vaeltaminen. Meidän tulee olla alttiita Jumalan äänelle. Meidän tulee seurata Jumalan johdatusta. Emme ole itsemme omat. Kuulumme Jumalalle. Hän on hallitsija. Me olemme vain palvelijoita. Mikäli täytät sen kutsun, jonka olet Jumalalta saanut, niin saat palkan uskollisuutesi mukaan. Hän on kutsunut sinut pelastukseen. Se on lähtökohta. Hän on kutsunut sinut pyhitykseen eli erottautumaan Jumalalle, Herrallesi. Hän on kutsunut sinut palvelukseensa. Elonpelto tarvitsee sekä kylväjiä että leikkaajia.

Seurakunnalla tulee olla hätä hukkuvista sieluista ja näky heidän voittamisekseen. Olemme saaneet evankeliumin ilosanoman osaksemme. Missiomme on tehdä kaikki kansat Jeesuksen opetuslapsiksi "kastamalla heitä Isän ja Pojan ja Pyhän Hengen nimeen ja opettamalla heitä pitämään kaikki" (Matt. 28:19–20) se, mitä Jeesus opetti. Hengellinen elämä ei siis ole pelkästään pelastumis- tai pyhittymiskysymys. Se liittyy myös Herran palvelemiseen. Tänäkin päivänä rukoukseni on, että mahdollisimman monet löytäisivät oman palvelutehtävän Jumalan valtakunnassa. Kaikista ei tule pappeja tai evankelistoja. On myös käytännön töitä. Raamattu sanoo: "Mutta suuressa talossa ei ole ainoastaan kulta- ja hopeaastioita, vaan myös puu- ja saviastioita, ja toiset ovat jaloa, toiset halpaa käyttöä varten" (2. Tim. 2:20). Tämäkin opetus tuli Paavalin kynästä. Sen pointtina on oman paikan löytäminen sekä sen hyväksyminen ja siinä pysyminen.

| Gal. 5:26 | "Älkäämme olko turhan kunnian pyytäjiä, niin että toisiamme ärsytte- lemme, toisiamme kadehdimme." |

Tässä luvun päättävässä jakeessa Paavali ottaa esille tärkeän aiheen. Hän kirjoittaa "turhan kunnian" pyytämisestä. Raamattu sanoo Israelin kansan hallitusmiehiin liittyen: "he rakastivat ihmiskunniaa enemmän kuin Jumalan kunniaa" (Joh. 12:43). Kun me olemme uskon kautta päässeet Jumalan armoon, niin se ei ole meidän oma ansiomme. Emme ole tulleet tuntemaan Jumalaa oman viisautemme kautta vaan Jeesuksen Kristuksen kautta. Pelastus ei perustu meihin itseemme. Siksi emme saa ottaa kunniaa itsellemme. Evankeliumi perustuu Jumalan vapaaseen armoon Kristuksessa. Saamme omistaa sen uskon kautta. Samalla tavalla kuin Jumala on luonut ihmisen, niin hän on myös tehnyt aloitteen ihmiskunnan pelastamiseksi. "Siinä on rakkaus - ei siinä, että me rakastimme Jumalaa, vaan siinä, että hän rakasti meitä ja lähetti Poikansa meidän syntiemme sovitukseksi" (1. Joh. 4:10). Meidän tulee oppia pois oman kunnian pyytämisestä. Me olemme "ansiottomia palvelijoita" (Luuk. 17:10). Oman kunnian etsiminen voi olla toisista ärsyttävää. Me olemme saman armon alla, emmekä ole toinen toistamme parempia tai huonompia. Oman kunnian etsiminen on itsensä korottamista Jumalan kunnian kustannuksella.

Toisten ärsyttäminen tai kadehtiminen ei ole Jumalan tahto. Se ei ole vaeltamista rakkauden mukaan. Kunnia kuuluu vain Jumalalle. Hän on Kaikkivaltias. Koska Jumala on armahtanut meidät Jeesuksen täytetyn työn vuoksi, niin meidän tulee kunnioittaa häntä. Me saamme armon, ja Jumala saa kunnian. Se on oikein. Mikään ei velvoittanut Jumalaa lähettämään omaa Poikaansa kuolemaan ristillä meidän puolestamme. Mikään mahti tässä maailmassa ei olisi pystynyt pakottamaan Jumalaa tekemään niin. Mikä siis sai Jumalan uhraamaan Poikansa puolestamme? Syynä siihen on rakkaus, joka on Jumalan syvin olemus. Jumalan armo on siitä syystä vapaata, ettei se perustu velvollisuuteen vaan rakkauteen.

Meidän tulee hylätä ihmiskunnia. Meidän pitää jo lakata etsimästä ensimmäisiä sijoja tässä maailmassa. Miksi siis niin monet uskovat tavoittelevat kunnia-asemaa yhteiskunnassa ja seurakunnassa? He ovat rakastuneet ihmiskunniaan. He ovat maallistuneita. On väliä sillä, että edustaako elämäsi tätä maailmaa vai Jumalan valtakuntaa. Länsimainen kristillisyys näyttäisi edustavan vahvasti maallisia arvoja. "Sillä sinä sanot: Minä olen rikas, minä olen rikastunut enkä mitään tarvitse" (Ilm. 3:17). Aineellinen rikkaus on vaarallista elävälle hengellisyydelle. Jos vain evankeliumi olisi meille ensimmäisellä sijalla, niin emme tavoittelisi maallisia, ja voisimme tehdä uskostamme täyttä totta.

Gal. 6:1   ”Veljet, jos joku tavataan jostakin rikkomuksesta, niin ojentakaa te, hengelliset, häntä sävyisyyden hengessä; ja ole varuillasi, ettet sinäkin joutuisi kiusaukseen.”

Paavali peräänkuuluttaa kristittyjen vastuuta. Hän valtuuttaa meidät myös nuhtelemaan kanssaveljiämme, jos he rikkovat Herran tahtoa vastaan. Hän korostaa siinäkin kuitenkin varovaisuuteen. Nykyisin emme kiinnitä tarpeeksi huomiota kiusausten voittamiseen. Emme valvo sydämemme tilaa riittävän tarkasti. Raamattu sanoo aiheesta muun muassa näin: ”Yli kaiken varottavan varjele sydämesi, sillä sieltä elämä lähtee” (Sananl. 4:23). Paavali esittää tapauksen, jossa ”joku tavataan jostakin rikkomuksesta”. On myös tapauksia, joissa tekijän syyllisyys ei ilmene suoraan. Apostoli Johannes kirjoittaa: ”Jos me tunnustamme syntimme, on hän uskollinen ja vanhurskas, niin että hän antaa meille synnit anteeksi ja puhdistaa meidät kaikesta vääryydestä” (1. Joh. 1:9). Nuhdella tulee ”sävyisyyden hengessä”. Paavali ylittää yksilökeskeisyyden mukavuusalueen. Sen lisäksi, että meidän tulee valvoa omia tekojamme, meidän tulisi valvoa myös toisten kristittyjen tekoja. Koska elämme yksilökeskeisessä kulttuurissa, niin tämä ei ole niin helppoa. Silti Paavali neuvoo, että ”ojentakaa te, hengelliset, häntä”.

Emme saa mennä liian lähelle synnin harjoittajaa, mikäli se voi johtaa meidät kiusaukseen. Siksi Paavali kirjoitti, että ”ole varuillasi, ettet sinäkin joutuisi kiusaukseen”. Raamattu sanoo myös: ”Puhdas ja tahraton jumalanpalvelus Jumalan ja Isän silmissä on käydä katsomassa orpoja ja leskiä heidän ahdistuksessaan ja varjella itsensä niin, ettei maailma saastuta” (Jaak. 1:27). Olemme siis vastuussa teoistamme ja jopa toistenkin teoista. Tätä voidaan nimittää yhteisvastuullisuudeksi. Emme siis ole yksin Jumalan edessä. Jumalasuhde ei ole pelkästään yksilön, vaan se on myös yhteisön asia. Mikäli teemme uskostamme Jeesukseen Kristukseen täyttä totta, niin kannamme myös toisia hänen eteensä vahvistaen ja rohkaisten heitä. Emme saa olla nuivia lähimmäisiämme kohtaan. Oikea jumalasuhde heijastuu lämpönä ja välittämisenä ihmissuhteisiin. Meillä tulisi olla mahdollisimman hyvät välit kaikkiin ihmisiin. Tämä tietenkin vaarantuu, jos olemme kovin kärkkäitä arvostelemaan tai nuhtelemaan heitä. Kun meitä nuhdellaan, niin meidän tulee ymmärtää oma vajavaisuutemme ja se, että kyse on luottamuksesta.

Toisia arvosteleva henkilö astuu aroille alueille. Hän ottaa riskin. Joskus se kannattaa ja joskus ei. Kaikki eivät kestä kritiikkiä. Meidän ei kuitenkaan saisi suhtautua itseemme niin äärimmäisen vakavasti, että hermostumme, jos joku kehtaa esittää kritiikkiä meitä kohtaan. Raamatun hyvä neuvo on: ”Jos mahdollista on ja mikäli teistä riippuu, eläkää rauhassa kaikkien ihmisten kanssa” (Room. 12:18). Se, että olemme kokeneet jumalallisen valon, ei siis vähennä vastuutamme. Asia on päinvastoin. Jos olemme saaneet paljon, niin meiltä vaaditaan tekoja, jotka ovat sen mukaisia.

Gal. 6:2   "Kantakaa toistenne kuormia, ja niin te täytätte Kristuksen lain."

Paavalin kirje galatalaisille näyttää todellisen eetillisen puolensa. Kristuksen lain noudattaminen on jokaisen kristityn velvollisuus. Oli kyse sitten fyysisestä, psyykkisestä, sosiaalisesta, taloudellisesta tai hengellisestä auttamisesta, niin tämä jae kattaa ne kaikki. Meidän ei pidä rajoittaa Jumalan Sanaa. Teemme väärin, jos sidomme Raamatun kirkon traditioon ja oppiin. Paavalin kirje galatalaisille on yksi valtava antiteesi lakihenkisyydelle. Pääpiirteissään se puhuu lähinnä armon evankeliumin puolesta. Emme pelastu lain ja armon kautta vaan ainoastaan armosta. Jumala lukee Kristuksen sovitustyön osaksemme, kun uskomme Jeesukseen Kristukseen. Jeesus kuoli meidän ja koko maailman edestä Golgatalla. Hänen kauttaan pääsemme vapaaksi synnin orjuudesta. Meille tarjotaan taivasta Kristuksessa. Taivasten valtakunta käy toteen hänessä. Jeesus laski valtakuntansa peruskiven ensimmäisen tulonsa aikaan. Mutta Jumalan ja Kristuksen valtakunta saa täyttymyksensä, kun Jeesus tulee takaisin.

Ensin hän saapui palvelijana. Näin ollen voidaan todeta, ettei Jumala kutsunut meitä toimettomuuteen vaan palvelemaan. Jumalan valtakunnan perustuslaki ovat ne Jeesuksen opetukset, jotka olemme saaneet Jumalan Sanan kautta. Paavali neuvoo meitä kantamaan toistemme kuormia. Meidän tulee seurata Jeesusta arjessamme niihin tekoihin, jotka ovat hänen tahtonsa mukaisia. Käsittelyssä olevan jakeen ydinteema on palveleminen. On sanottu, että Jumalalla ei ole työttömiä. Hänen palvelemisensa ei välttämättä ole myöskään riippuvainen ajasta ja paikasta. Saamme nimittäin rukoilla häntä milloin vain ja missä vain. Saamme seurata Jumalan johdatusta niihin töihin, jotka hän on meitä varten valmistanut. Seurakunnat tarvitsevat vapaaehtoistyöntekijöitä. Vaikka meillä ei olisi varsinaista palveluvirkaa, niin työtä kyllä riittää siitä huolimatta.

On myös niin, että pätevä työnjohtaja on tehnyt aikaisemmin samaa työtä kuin hänen alaisensa tekevät. Mainitsin jo rukouksen. Pidän terveen seurakunnan merkkinä vireää rukouselämää ja aktiivista vapaaehtoistyöläisten armeijaa. Meidän tulee löytää oma paikkamme seurakunnassa. Löydä sinäkin oma paikkasi. Parasta on, jos löydät sellaisen tehtävän, joka vastaa kutsumustasi ja lahjojasi. Sen lisäksi, että toisten kuormien kantaminen voi tarkoittaa käytännön auttamista, se voi tarkoittaa myös sielunhoitoa tai köyhien taloudellista tukemista. Teemme maailmalle parhaan palveluksen, mikäli pidämme sille esillä evankeliumia. Se on nimittäin ainoa asia, joka pelastaa hukkuvan maailman. Me emme voi auttaa, mutta tiedämme, kuka voi. Hänen nimensä on Jeesus.

138

Gal. 6:3   "Sillä jos joku luulee jotakin olevansa, vaikka ei ole mitään, niin hän pettää itsensä."

Apostoli Paavali varoittaa itsepetoksesta. Emme saa luulla itsestämme liikoja. Jos asiaa tarkastellaan Jumalan pyhyyden näkökulmasta, niin emme ole mitään. Korkeintaan olemme syntisiä. Mutta jos tarkastelemme itseämme Jumalan rakkauden näkökulmasta, niin olemme Jumalan lapsia Jeesuksessa Kristuksessa uskon kautta. Vaikka meillä on tämä korkea identiteetti, niin emme saa ylpistyä. Meidän tulee muistaa, että mikä oli Isän Jumalan tahto ainoaa Poikaansa kohtaan. Siksi meidän tulee elää itsemme kieltämisessä ja ottaa ristimme. Meille on suotu tuntea Jumala Jeesuksen Kristuksen kautta. Ihmiskunnan pelastuksen toivo lepää meidän Herramme ja Vapahtajamme Jeesuksen nimen varassa. Meidän tulee asettaa kaikki uskalluksemme häneen.

Ilman Jumalan armoa ei ole myöskään hänen todellista tuntemistaan. Tunnemme Jumalan kahdessa eri merkityksessä. Ensinnäkin tunnemme Jumalan uskon kautta Jeesukseen. Toinen asia on Jumalan läsnäolon tunteminen Pyhän Hengen kokemisen kautta. Jeesus vuodatti Pyhän Hengen helluntaipäivänä alkuseurakunnan päälle. Pyhä Henki oli tosin läsnä jo, kun Jumala loi maailman kuudessa päivässä. Ja jos olemme aivan tarkkoja, Jumalan Henki oli paikan päällä jo ennen luomista. Raamattu sanoo: "Ja maa oli autio ja tyhjä, ja pimeys oli syvyyden päällä, ja Jumalan Henki liikkui vetten päällä" (1. Moos. 1:2).

Haluan korostaa sitä, että Pyhä Henki on täysin itsenäinen tekijä suhteessaan maailmaan, ihmisiin ja seurakuntaan. Tänäkin päivänä hän liikkuu maailmassa ja etsii niitä, jotka tahtovat antaa elämänsä Jeesukselle. Poika ilmoitti Isän. Pyhä Henki ilmoittaa Pojan. Jumala on luonut maailman Sanallaan aivan niin kuin on kirjoitettu. Me olemme hengellisesti katsottuna erittäin hyväosaisia. Olemme päässeet osallisiksi Jumalan armosta ja rauhasta. Meille on annettu Pyhän Hengen lahja. Meillä on Jumalan Sana uskomme ja elämämme oppaana. Saakoon Jumalan Henki avata meille Pyhää Raamattua. Saakoon Jumalan Sana ravita vanhurskauden nälkämme ja janomme.

Jeesus Kristus on totuuden etsinnän päätepiste. Hän on maallisen vaelluksen loppu ja uuden elämän alku. Saat hänessä uuden mahdollisuuden. Jos tuhlasit elämäsi pelimerkit turhuuteen, niin turvaa nyt Jeesukseen koko sydämestäsi, niin saat kaikki syntisi anteeksi sekä taivasosuuden. Uskovana sinulla on loistava tulevaisuus. En voi luvata sinulle sekä maailmaa että Jumalaa, mutta Jeesuksen puoleen kääntyminen on kannattavin päätös, mitä voit tehdä. Näin ollen uskovan fokus on tulevassa maailmassa. Emme kuulu tähän maailmanaikaan. Olemme pyhiinvaeltajia tämän langenneen maailman halki kohti Jumalan taivaallista kirkkautta.

Gal. 6:4   "Mutta tutkikoon kukin omat tekonsa, ja silloin hänen kerskaamisensa on vain siinä, mitä hän itse on, ei siinä, mitä toinen on;"

Erittäin hyvä ohje Paavalilta. Sen lisäksi, ettemme saa puhua pahaa toisista, emme saa puhua heistä myöskään hyvää. Emme siis saa kehuskella toisten teoista. Vaikka tämä opetus on täysin järjellisesti ymmärrettävissä, monet silti eivät noudata sitä. On sekä väärin että noloa leuhkia toisten teoista. Galatalaiskirjeen tässä vaiheessa Paavali esittää aikaisemman opetuksensa käytännön seuraukset. Jos elämämme perustus on Kristuksessa, niin saamme rakentaa hänen varaansa. Tämä tekee meistä vastuullisia. Paavali haastaa lukijoitaan ottamaan oman elämän hallintaan. Emme saa liikaa keskittyä toisten tekemisiin. Myös toisten asioihin sekaantuminen on väärin. Sen sijaan meidän tulisi tarkastella omia tekojamme.

Evankeliumi perustuu Jumalan armoon Jeesuksessa Kristuksessa. Ottamalla Jeesuksen vastaan suuntasi kääntyy kohti taivasta. Emme voi tehdä pelastuaksemme muuta kuin ottaa uskossa Jumalan armo vastaan. Uskoon sisältyy kuitenkin myös aktiivinen puoli. Uskoon kuuluvat nimittäin myös hyvät teot. Ne eivät ole vanhurskauden juuri vaan sen hedelmä. Löytääksesi oman paikkasi sinun kannattaa rukoilla taivaallista Isääsi, että hän näyttäisi sinulle suunnitelmansa kohdallasi. Me ihmiset näemme vain pienen osan Jumalan suuruudesta.

Saakoon Herra kirkastaa kasvonsa sinulle. Valaiskoon hän koko olemuksesi läsnäolonsa kirkkaudella. Miksi etsimme maallista mammonaa ja kunniaa? Eikö meidän tulisi ennemmin kumartaa Jumalaa kuin maailmaa? Menestyksesi on Jumalan lahja. Se tuo kunniaa hänelle. Saat aina vaan enemmän, mikäli annat kunnian hänelle, jolle se kuuluu nimittäin Jumalalle. Saattaa olla, että sinulla on vaikeuksia työllistymisen suhteen. Se ei ole ainoa menestyksen mitta. Sitä ei ole myöskään raha ja omaisuus. Usko, jota sydämessäsi kannat, on menestyksen avain. Raamattu sanoo: "Ja suuri voitto onkin jumalisuus yhdessä tyytyväisyyden kanssa" (1. Tim. 6:6). Vähään tyytyminen on kaunis ominaisuus. Usko Jeesukseen Kristukseen ja tyytyminen kohtuullisiin tuloihin tuo sinulle sekä onnen että menestyksen.

Jos sinulla on sukulaisia, niin myös he ovat rikkaus. Mikäli elät sovussa perheesi kesken, niin olet menestynyt ihmissuhteissasi. Jumala on kyllä aina kanssasi. Silti saatat joskus tarvita myös apua, joka tulee ihmisten kautta. Itse asiassa Jumalan apu tulee useimmiten juuri ihmisten kautta. Elämä, joka jää yksinäiseksi rukoustaisteluksi pimeyden valtoja vastaan, voi olla hyvin kolkko. Vaikka periaatteessa vastustan sitä, että seurakunnasta tulee pelkkä hyväosaisten sosiaalinen kerho, niin käytännössä seurakunta, jossa ei ole ihmisiä, ei ole seurakunta. Toimiva rukousyhteys aviopuolison kanssa on suuri siunaus. Älä jää seurakuntayhteyden ulkopuolelle. Älä katkeroidu, tuli mitä tuli. Mikäli saavutamme loukkaamattoman omantunnon, niin meistä on tullut voittajia.

Gal. 6:5   "sillä kunkin on kannettava oma taakkansa."

Tämä on tärkeä lisäys Paavalin esille tuomaan aiheeseen. Galatalaiskirjeen alkupuoli on ollut hengellisten periaatteiden valaisemista. Nyt Paavali näyttäisi vierittävän vastuuta yhä enemmän kirjeensä lukijoille. Miksi Paavali puhuu "taakasta"? Mitä hän tarkoittaa sillä? Nähdäkseni se on yksilöllinen vastuu jostakin asiasta. Se voi olla työ, koulu tai perhe. Jumala kutsuu myös valtakuntansa työhön erilaisia ihmisiä. Voi olla, että koet hädän hukkuvista sieluista raskaana ylläsi. Jos näin on, niin kehotan sinua ainakin rukoilemaan. Tämä on tärkeä kutsumus.

Evankelistana toimiminen näyttäisi olevan hyvin kokonaisvaltainen tehtävä. Teet Jumalan työtä ihmisten keskuudessa. Voit kokea vastuuta toisista uskovista. Se näyttäisi viittaavan papilliseen kutsuun. Viihdyt parhaiten seurakunnan yhteydessä. Kun evankelista suuntaa katseensa maailmaan, niin pappi suuntaa katseensa seurakuntaan. Kolmantena näkisin apostolisen kutsun. Apostoli on henkilö, joka on saanut Jumalalta kutsun lähetystyöhön. Kun evankelista toimii lähinnä paikallisella tasolla, niin apostoli toimii kansainvälisesti. Neljännen luokan muodostavat opettajat. He saavat eniten opettaessaan Jumalan Sanaa. He saattavat viipyä tunteja hengellisen kirjallisuuden, erityisesti Raamatun, äärellä. On myös diakoneja, johtajia, profeettoja sekä auttajia. Seurakuntien tulisi aktivoitua palvelukseen. Seurakuntien jäykkä hierarkia näyttäisi olevan vain estämässä niiden kokonaisvaltaista antautumista Jumalan valtakunnan työlle. Uskon, että ketään ei ole ennalta määrätty penkkikristityksi. Uskon, että kaikilla on jokin tehtävä seurakunnassa.

Tarvitsemme johtajia. Se ei ole kuitenkaan tarkoitettu kaikille. Astu Herran palvelukseen. Hän värvää sinut työhön. Olit sitten entinen, nykyinen tai tuleva evankelista, pappi, apostoli tai opettaja, niin palvele Herraasi iloiten. On suurta Jumalan armoa tunnistaa talenttinsa ja asioida niillä. Voit kokea olevasi taakoitettu jonkin asian suhteen. Ehkäpä tuo taakka on Jumalan antama. Ehkä juuri se on viittaava siihen työhön, johon Herra sinut tahtoo. Meidän on kannettava oma taakkamme. Meidän on otettava ristimme ja seurattava Jeesusta niihin tekoihin, joita varten hän on meidät valmistanut. Emme saa vetäytyä. Emme saa antaa periksi. Kun antaudumme enemmän Jumalalle, niin löydämme oman paikkamme sitä pikemmin. Minua on siunannut suuresti nämä kirjalliset hankkeet. Olen niissä pyrkinyt asettamaan evankeliumin etusijalle. Näin olen tehnyt päästäkseni siitä itsekin osalliseksi. Silti en täysin tunnista oman kutsumukseni luonnetta. Luulen, että tällainen epätietoisuus on tyypillistä Jumalan lapselle. Herra tietää tulevaisuutemme. Viisaudessaan hän ei paljasta meille kaikkea samalla kertaa.

Gal. 6:6   ”Jolle sanaa opetetaan, se jakakoon kaikkea hyvää opettajallensa.”

Jo juutalaisuudessa sanan opetus oli keskeisessä roolissa. Pyhien kirjoitusten asema on aina ollut korkea heidän keskuudessaan. Myös meidän tulisi antaa Jumalan Sanalle se sija, joka sille kuuluu. Pyhä Raamattu on uskon ja elämän ainoa ohjenuora. Se on mittapuu, jolla meitä arvioidaan. Mitä tulee opettamiseen, Sana sanoo: ”Veljeni, älkööt aivan monet teistä pyrkikö opettajiksi, sillä te tiedätte, että me saamme sitä kovemman tuomion” (Jaak. 3:1). Opettajan tehtävään kuuluu suuri vastuu. Hänen tulisi olla hengellisesti edistyneempi toisiin verrattuna. Muuten hänellä ei ole mitä opettaa seurakunnalle. Mikäli hän ei tunne Raamattua, niin hänellä ei ole tarvittavaa lähtökohtaa sanan opettamiseen. Hänen täytyy tietenkin olla elävässä uskossa Jeesukseen. Muuten hän on sokea opas. Epäuskoisen on turha yrittää opastaa uskovaa. Sanan opettajan tulee alistaa opetuksensa Jumalan Sanalle. Koska kyseessä on julkinen virka, hänen ei saa olla liian herkkä palautteelle. Toki ihmisen motivaatio on tässäkin kysymyksessä tärkeässä roolissa. Saatat viihtyä pitkään Jumalan Sanan äärellä. Olet tutkinut Raamattua säännöllisesti mahdollisimman paljon. On myös eri asia uskoa ja luottaa Jumalan ilmoitukseen kuin ymmärtää sitä ja kyetä opettamaan sanaa myös toisille.

Nähtävästi Paavali nostaa opettamisen korkealle seurakunnassa. Hän sanoo oppilaaseen liittyen, että hän ”jakakoon kaikkea hyvää opettajallensa”. Tämä tarkoittanee ennen kaikkea taloudellista tukemista. On luonnollista, että maksat sille, jolta saat opetusta. Vaikka näemme tässä käsillä olevassa jakeessa epäsuorasti sen ulottuvuuden, ettemme saa olla ahneita, niin se on pelkkä sivujuonne. Pääasia on hyvän tekeminen sanan opettajille. Myös muualla Paavalin kirjeissä arvostetaan opettajia. Yksi niistä sanoo: ”Vanhimpia, jotka seurakuntaa hyvin hoitavat, pidettäköön kahdenkertaisen kunnian ansainneina, varsinkin niitä, jotka sanassa ja opetuksessa työtä tekevät” (1. Tim. 5:17).

On syytä huomata ero sanan julistajien ja opettajien välillä. Nähdäkseni suurin ero heidän välillään on se, että heillä on eri toimintakenttä. Sanan julistaja toimii maailmassa. Hän siis julistaa evankeliumia uskosta osattomille. Sanan opettaja toimii seurakunnassa. Hän opettaa Jumalan Sanaa uskoville. Paavalin päähuomio tässä jakeessa ei kuitenkaan ole sanan opettajassa vaan sanan kuulijassa. Niiden, jotka pääsevät osallisiksi kristillisestä opetuksesta, tulisi auttaa opettajiaan tekemällä heille hyvää. Näin seurakunta kannattaa itse itseään. Sanan kuulijoiden antama taloudellinen tuki mahdollistaa sanan opettajien toiminnan. Sen myötä he saavat yhä enemmän antautua Jumalan Sanan tutkimiseen ja opettamiseen.

Gal. 6:7   ”Älkää eksykö, Jumala ei salli itseänsä pilkata; sillä mitä ihminen kylvää, sitä hän myös niittää.”

Tämä on luonnollinen periaate, jolla on hengellinen merkitys. Se ei riitä, että sinulla on jumalasuhde. Sinun tulee saada hengellinen elämäsi tasapainoon. Siihen tarvitset oikean kylvöaineksen eli Jumalan Sanan. Me emme saisi eksyä pois niiltä teiltä, joita pitkin Herra meitä tahtoo kuljettaa. Avaa Raamattusi, ja koe Jumalan puhe. Seuraa hänen johdatustaan, niin et koskaan eksy. ”Sinun sanasi on minun jalkaini lamppu ja valkeus minun tielläni” (Ps. 119:105). Jeesus sanoo: ”Minä olen tie ja totuus ja elämä” (Joh. 14:6). Tulet saamaan sen, mitä olet kylvänyt. Siksi neuvon nyt sinua kylvämään sieluusi Jumalan Sanan siemeniä. Saakoon ne itää ja tuottaa satoa ikuiseen elämään. Omistaudu Jumalan Sanan tutkimiselle. Omista sen lupaukset uskon kautta. Saavuta täysi uskon ja ymmärryksen mitta. Ole vapaa. Koe Jumalan sinulle tuoma vapaus Jeesuksessa Kristuksessa, meidän Herrassamme.

Galatalaiskirjeensä tässä vaiheessa apostoli Paavali vielä vetoaa lukijoihinsa. Hän asettaa heidät vastuuseen. He eivät voi vedota tietämättömyyteen saatuaan opetusta. Kuten tulemme näkemään, Paavali puhuu tässä jakeessa erityisesti ”Henkeen” (Gal. 6:8) kylvämisestä ”lihaansa” (Gal. 6:8) kylvämisen sijasta. Oletko tuhlannut elämäsi maallisiin huvituksiin? Älä enää tee niin. Tee uskostasi täyttä totta. Tutki Raamattua. Anna Jumalan puhua sinulle Sanansa kautta. Käy polvillesi Herran eteen. Vietä mahdollisimman paljon aikaa hänen edessään. Liikkuessasi tunne Jumalan läsnäolo. Hän on kanssasi. Pysy seurakunnan yhteydessä. Älä katkeroidu, tuli mitä tuli. Tule täyteen Jumalan armoa ja Jeesuksen tuntemista. Antaudu Jumalan Pyhän Hengen johtoon ja johdatukseen. Saakoon hän ohjata sinua Jumalan tuntemiseen Kristuksessa. Jumalan Henki pitää yhtä Jumalan Sanan kanssa. Mikäli olet kylvänyt mahdollisimman paljon Jumalan Sanaa avoimeen sydämeesi, niin Jumalan Hengellä on sinusta yhä vahvempi ote, ja Jeesus saa kunnian. Raamattu sanoo: ”Joka ei kunnioita Poikaa, se ei kunnioita Isää, joka on hänet lähettänyt” (Joh. 5:23).

Paavalin kirje galatalaisille on kirjoitettu apologeettisesta näkökulmasta. Se on kirjoitettu oikean uskon puolustamiseksi. Siinä Paavali taistelee evankeliumin totuuden puolesta henkilöön katsomatta. Mitä teetkin, niin älä torju Jeesusta. Jos et vielä ole tullut uskoon, niin käänny Jeesuksen puoleen. Jumalan voit tuntea vain Jeesuksen kautta. Teismi, Jumalan olemassaoloon uskominen, ei sinua pelasta. Taivaaseen pääseminen edellyttää Jeesuksen Kristuksen tuntemista uskon kautta. Mikäli et ole uudestisyntynyt Jumalan lapsi, niin rukoile Jeesusta pelastamaan sinut ja antamaan sinulle Pyhän Hengen lahjan.

Gal. 6:8 	"Joka lihaansa kylvää, se lihasta turmeluksen niittää; mutta joka Henkeen kylvää, se Hengestä iankaikkisen elämän niittää."

Tämä jae selventää edellistä jaetta hyvin paljon. Panokset ovat kovat. Paavali antaa tasan kaksi vaihtoehtoa. Kylvämme joko lihaan tai Henkeen. Niitämme joko "turmeluksen" tai "iankaikkisen elämän". Se, mitä niität, näyttää sen, mitä olet kylvänyt. Oi Isä Jumala, anna meille sinun pyhän Poikasi Jeesuksen nimessä voimallinen hengellinen herätys tänne Eurooppaan, niin että mahdollisimman monet saavat kääntyä sinun puoleesi, uskoa evankeliumin totuuden ja tehdä parannuksen. Oi pyhä Isä Jumala, anna sinun ainoan Poikasi Jeesuksen nimessä seurakuntien uudistua tässä maanosassa. Oi Jeesus, Herra, anna meille sinun Pyhän Henkesi öljy, niin että sinun tulesi meissä saisi palaa aina. Oi Herra, anna sinun totuutesi tulla julki koko maailmalle, niin että evankeliumi menee eteenpäin, ja hukkuvat sielut pelastuvat myös Euroopassa.

Olkoon yhteinen rukouksemme hukkuvien sielujen pelastuminen ja uskovien uudistuminen. Mikäli hengelliset hanamme ovat avoinna, niin myös elatuksen murheet poistuvat perheistä ja seurakunnista. Eurooppa tarvitsee Jumalaa. Tämä on hätähuuto eurooppalaisten puolesta. On ikään kuin sielunvihollinen, Perkele itse, olisi myrkyttänyt aikamme ihmisten mielet tässä maanosassa. Tarvitsemme uusia uskovia seurakuntiin. He tuovat uudistuksen jo vanhoihin ja hieman kangistuneisiin rukoustottumuksiimme. Katsokaa Jeesukseen. Meidän tulee asettaa hänet keskipisteeksi. Hänessä on elämä. Mikäli sinulta puuttuu Jeesus, niin sinulta puuttuu elämä. Saat ilon ja rauhan Kristuksessa, kun annat hänen Pyhällä Hengellä ja voimalla valloittaa sydämesi. Niin tehden lasket perustuksen. Jeesus on ainoa perustus, joka kestää.

Kylvä Henkeen. Saat iankaikkisen elämän. Valitse Jeesus. Suosittele häntä toisille. Hän auttaa sinua. Saakoon myös Jumalan Pyhä Henki ohjata meitä rukoukseen ja paastoon. Hänen kauttaan Jeesuksen Kristuksen nimi kirkastuu meissä ja meidän kauttamme. Kun Jumalan tuuli puhaltaa, niin Jumalan lapset saavat täyttyä ilolla ja riemulla. Vapahtaja ei ole kieltänyt meitä iloitsemasta. Älä suostu siihen happamuuteen ja penseyteen, jossa monet ovat. Ota vaarin myös näistä apostoli Paavalin kirjoituksista: "Iloitkaa aina Herrassa! Vieläkin minä sanon: iloitkaa!" (Fil. 4:4) ja "vahvistukaa Herrassa ja hänen väkevyytensä voimassa" (Ef. 6:10). Ota varteen nämä hyvät neuvot. Niissä on elämää ja "ne ovat saman Paimenen antamia" (Saarn. 12:11). Amen.

Gal. 6:9 ”Ja kun hyvää teemme, älkäämme lannistuko, sillä me saamme ajan tullen niittää, jos emme väsy.”

Hyvät teot sisältyvät varsinaiseen uskoon. Todellinen Jumalan tunteminen Kristuksessa poikii hyviä tekoja. Kun alamme tehdä niitä, niin emme saa aivan helposti luovuttaa. Meidän tulee taipua Herran palvelukseen ja ottaa hänen ikeensä. Pidä siis silmäsi avoinna, ja tartu niihin tilaisuuksiin, mitä on tarjolla. Puhe oli siis hyvistä teoista. Ei ole väärin tehdä hyvää. Paavalin kirjeen alkupuoli ilmentää kristillisen opin kruunua eli oppia uskonvanhurskaudesta. Hän opetti siinä laajasti siitä, miten uskon kautta Jeesukseen Kristukseen meistä tulee pyhiä ja vanhurskaita. Kun hän opettaa näin, niin hän ei kiellä meitä tekemästä hyvää. Armonjärjestys vain on: ensin usko ja sitten teot. Tämä on muuttumaton periaate. Käänteinen järjestys ei ole kestävä perusta. Tekojen varaan rakentaminen on hiekalle rakentamista. Siksi tekojen tulee seurata uskoa, koska usko Jeesukseen on vanhurskauden perusta. Teot ovat se rakennus, joka on rakennettu perustan varaan. Jeesus on ainoa kallioperusta, ja muualla on vain hiekkaa.

Paavali on kyllä korostanut Jeesukseen uskomisen merkitystä. Tässä jakeessa hän tuo esiin uuden ulottuvuuden. Saamme tehdä hyvää, kiitos Herralle. Maailma tulee koettelemaan uskollisuuttamme Jumalan tahdolle. Meitä ei tulla päästämään helpolla. Paavali silti lupaa, että ”me saamme ajan tullen niittää, jos emme väsy”. Elonkorjuu on iloinen tapahtuma. Siihen viitataan Raamatussa. Pelkkä kylväminen ilman niittämistä on ankeaa. Sana puhuu toisaalla tästä kylvön ja leikkuun suhteesta. ”Jotka kyynelin kylvävät, ne riemuiten leikkaavat” (Ps. 126:5).

Meillä tulisi olla auttavat kädet. Emme saisi elää pelkästään itsellemme. Meidän tulee nöyrtyä palvelemaan. Herra palkitsee ne, jotka seuraavat häntä hyviin tekoihin. Hän ei tule jäämään kenellekään mitään velkaa. Emme pelastu tekojemme kautta, mutta voimme jäädä ilman palkkaa, jos emme harjoita laupeutta. Tätä ei ole vaikeaa ymmärtää. Usein ihminen tietää, että mikä on oikein, mutta hän ei silti tee sitä. Tässäkin kysymyksessä meidän tulee kuolla itsellemme elääksemme Jumalalle ja palvellaksemme lähimmäisiämme. Auta, jos voit. Tulet saamaan takaisin sen, mitä olet antanut. On Jumalan armon rikkautta, kun saamme sekä kylvää että niittää. Antakoon Herra meille voimaa laupeuteen. Meidän tulee muistaa kaikkea sitä hyvää, mitä hän on meille antanut. Me saamme laittaa hyvän kiertämään. Laupeuden harjoittaminen on kristinuskon käytännöllinen seuraus. Jumala siunatkoon sen kylvön, jonka teet. Hän antakoon sinun runsaasti niittää hyvien tekojesi hedelmiä. Se mihin ryhdyt, tee se tosissasi. Yritä parhaasi. Muuta ei voi vaatia. Monesti on myös niin, että rukous valmistaa sinua myös hyviin tekoihin lähimmäistesi parhaaksi ja Jumalan kunniaksi. Amen.

Gal. 6:10   "Sentähden, kun meillä vielä aikaa on, tehkäämme hyvää kaikille, mutta varsinkin uskonveljille."

Emme siis saa laiminlyödä hyviä tekoja. Ne ovat todellisen uskon käytännön seuraus. Paavalin teksti sisältää myös eskatologisen ulottuvuuden. Meillä on "vielä aikaa" tehdä hyvää. Vaikka teoillamme ei ole pelastavaa merkitystä, niin on niillä kuitenkin jotain väliä. Evankeliumi ei johda meitä laittomuuteen ja pahoihin tekoihin vaan vanhurskauteen ja hyviin tekoihin. Raamattu ohjaa meitä myös oikeaan asenteeseen. Se kattaa terveen suhtautumisen työhön. Jumala on kiinnostunut meistä. Hän tarkkailee, että miten elämme. Raamattu ei ole relativistinen teos, vaan sen totuudet ovat perustavia fundamentteja. Tekomme tullaan arvioimaan Raamatun mittapuun mukaan. Koska olemme päässeet osallisiksi jumalallisesta valosta, niin on myös vastuumme sen myötä kasvanut. Olemme saaneet Jumalan Sanan oppaaksemme. Uskomme ainoa ja muuttumaton perustus on Jeesus Kristus. Vain hänen varaansa tehty rakennus kestää elämän myrskyt ja maailman kuohut.

Evankeliumi on ilmainen lahja. Siinä ei ole kysymys ihmisteoista vaan Jumalan armosta. Me olemme evankeliumin kohde. Jumala on armahtanut meidät Jeesuksen kautta. Jeesus mursi synnin vallan Golgatalla. Hän ratkaisi syntiongelman. Olemme saaneet tulla vapaiksi ja vanhurskaiksi Jumalan armosta. Mutta rakennukseen kuuluu muutakin kuin pelkkä perustus. Paavali kirjoittaa: "jos joku rakentaa tälle perustukselle, rakensipa kullasta, hopeasta, jalokivistä, puusta, heinistä tai oljista, niin kunkin teko on tuleva näkyviin; sillä sen on saattava ilmi se päivä, joka tulessa ilmestyy, ja tuli on koetteleva, minkälainen kunkin teko on" (1. Kor. 3:12–13.) Jalokivet ja -metallit puhdistuvat tulessa. Muut Paavalin mainitsemat ainekset palavat. Emme voi rakentaa kestävää rakennusta pelkkien puheiden varaan.

Niin tärkeää kuin kieltäymyksessä eläminen onkin, niin ei sekään vielä ole Jumalan Sanan jaloin periaate. Toisten rakastaminen on jalo periaate. Se on myös elävän hengellisyyden mittari. Mikäli rakastat lähimmäistäsi niin kuin itseäsi, niin olet turvallisella tiellä. Silloin toteutat Jumalan tahtoa parhaalla mahdollisella tavalla. Jumalan rakastaminen yli kaiken ja lähimmäisenrakkaus ovat ne teot, joihin Raamattu meitä haastaa. Mikäli kristinuskosta yli päänsä voidaan puhua uskontona, niin se on ennen kaikkea rakkauden uskonto. Jos vain kristityt kaikkialla eläisivät Jumalan rakkauden mukaan, niin evankeliumi etenisi hurjaa vauhtia. Rakkauden säännön noudattaminen on Jumalan tahto ja tarkoitus. Periaatteessa pahuus johtuu rakkauden puuttumisesta. Puhun paikallisen vaikuttamisen puolesta. Voit aloittaa rakkauden motivoiman hyväntekeväisyyden vaikka heti. Jumala näkee sen ja palkitsee sinut. Oikein tehdessäsi saat myös puhtaan ja hyvän omantunnon, ja Jumala saa kunnian.

Gal. 6:11   "Katsokaa, kuinka suurilla kirjaimilla minä omakätisesti teille kirjoitan!"

Apostolin tekstistä ilmenee Jumalan Sanan inhimillinen luonne. Raamattu ei siis ole pelkästään jumalallinen, vaan se on myös inhimillinen. Paavalin kirjoitus viestittää osaltaan sitä, että hän on pannut itsensä likoon galatalaisten vuoksi. Käsillä oleva jae aloittaa viimeisen jakson Paavalin kirjeessä galatalaisille. Kirjeessään hän on liikkunut paljolti periaatteiden tasolta ja viljellyt myös käytännöllisiä sovelluksia. Tässä jakeessa hän paljastaa sydämensä laadun. Hän kantaa huolta galatalaisten hengellisestä tilasta. Jeesus on ja pysyy Herrana, uskomme häneen tai sitten emme. Mutta Jeesukseen kannattaa uskoa, koska vain siten pääsee taivaaseen. Paavali siis kantoi vastuuta galatalaisista niin kuin paimen lampaista. Hän oli johtanut heidät Jeesuksen Kristuksen tuntemiseen. Hän oli heidän apostolinsa. Galatalaisten kannalta olisi ollut parasta kuunnella Paavalin ohjeita ja noudattaa niitä.

Galatalaiskirjeen sisältö käsittelee lähinnä pelastusoppia, mutta sen kirjoittamisen syy on pastoraalinen. Paavali kirjoittaa siinä paikoitellen terävästi, koska hänen käsittelemänsä aihe oli hänelle niin henkilökohtainen. Tässä jakeessa hän tahtoo vielä kerran kiinnittää lukijoidensa huomion. Hänen kirjeensä lähestyy loppua, ja hän aloittaa viimeisen vetoomuksen, että galatalaiset palaisivat lain alta armon alle. Vaikka näemme tekstistä sellaisia asioita kuin, että Paavalin kirje oli suuri taloudellinen uhraus, ja että hän näki vaivaa sen kirjoittamiseen, jonka hän teki ilman kirjuria; nämä ovat sivuseikkoja. Nämä tekijät osoittavat tietysti Paavalin suurta intoa evankeliumin totuuden puolustamiseksi. Näemme hänen taistelleen oikean uskon puolesta. Oma kysymyksensä on luku- ja kirjoitustaitoon liittyvät kysymykset. Ei ole niinkään epäselvyyttä sen suhteen osasiko Paavali lukea ja kirjoittaa kuin sen suhteen, että olivatko galatalaiset kykeneviä lukemaan hänen kirjeensä heille. Ilmeisesti Galatian seurakunnissa oli kuitenkin niitä, jotka osasivat lukea. Koska kirjeet olivat tuohon aikaan hyvin arvokkaita, niin niitä kierrätettiin luettaviksi ääneen eri seurakunnissa.

On meidän onnemme ja etumme, että Uusi testamentti sisältää Paavalin kirjeen galatalaisille. Sama lakihenkisyys, joka vaivasi Galatian seurakuntia, on yleinen vielä tänäkin päivänä. Jumalan armossa eläminen on vastaus lakihenkisten seurakuntien uudistamiseksi. Saakoon Jumalan rakkaus valloittaa ihmisten sydämet niin, että uskonnollisten muotomenojen sijaan tulee elävä usko. Euroopan elonpelto kutsuu työmiehiä kylvämään ja leikkaamaan. Ota sinäkin Jumalan armo vastaan Jeesuksessa Kristuksessa. Antaudu Herralle, ja vapaudu uskonnon orjuudesta. Jeesus Kristus elää!

Gal. 6:12   "Kaikki, jotka pyrkivät lihassa olemaan mieliksi, ne pakottavat teitä ympä-
             rileikkauttamaan itsenne vain siksi, ettei heitä Kristuksen ristin tähden vai-
             nottaisi."

Paavali ei niinkään tarkoita mielistelyä yleisesti ottaen, vaan hän kirjoittaa siitä ympärileik-
kaukseen liittyen. Historiallinen tilanne, joka vaikutti Galatian seurakunnissa, sai hänet kir-
joittamaan näin. Meidän tulee silti osata eritellä lihallinen mielistely ja hengellinen kannus-
taminen ja rohkaiseminen. Vaikka tällä jakeella ei ole suoranaista kontaktia nykyisten seu-
rakuntien ongelmiin, on se Galatalaiskirjeen kokonaisuuden osana tärkeä linkki kristinus-
kon historiaan. Paavalilla oli selkeä näkemys ja kanta ympärileikkauksen suhteen: Pakana-
kristittyjen ei saanut ympärileikkauttaa itseään. Se olisi ollut kääntyminen juutalaisuuteen.

Galatia ei ollut osa Israelia vaan sijaitsi Vähä-Aasiassa eli suunnilleen nykyisen Turkin
alueella. Se ei siis kuulunut Israeliin. Vaikka myös Galatiassa luultavasti oli diasporajuuta-
laisia, niin siellä olleet seurakunnat lienevät olleet taustoiltaan pakanavoittoisia. Vaikka pe-
riaatteessa juuri kristinusko, oli se sitten juutalais- tai pakanataustaista, on todellista juuta-
laisuutta, on toisaalta luontevaa käsittää juutalaisuus ja kristinusko eri uskonnoiksi. Vaikka
tämän jakeen ylitulkitsemisen vaara on olemassa, niin se on silti enemmän kuin muinais-
historiaa. Jeesus Kristus on läsnä tässäkin jakeessa. Hän on Jumalan ikuinen Sana. Totuus
on yksi ja ainoa. Hän on Jeesus. Hänessä Jumalan armo pysyy voimassa. Hänen kauttaan
meillä on pääsy Isän Jumalan yhteyteen.

Kolmas Paavalin mainitsema tekijä on Kristuksen risti. Hän muistuttaa meitä tärkeim-
mästä. Lain taulut edustavat Mooseksen lakia, mutta Kristuksen risti puolestaan edustaa
Jumalan vapaata armoa. Paavali on vedonnut galatalaisiin välittämänsä evankeliumin to-
tuuden kautta. Hän on puolustanut sitä. Hän on taistellut sen puolesta. Meidänkin tulisi olla
valmiita seisomaan totuuden puolesta. Saakoon elävä usko levitä takaisin muotomenoihin
langenneisiin seurakuntiin.

On vielä syytä huomauttaa, että myös Galatalaiskirje on seurakuntakirje. Jo sen alussa
Paavali kohdisti kirjeensä "Galatian seurakunnille" (Gal. 1:2). Paavali ei ollut erakko. Hän
toimi ja vaikutti seurakunnan yhteydessä. Tässä näkyy Jumalan säätämys. Niin apostoli
kuin Paavali olikin, hän ei ollut yksilökeskeinen guru. Hänellä oli paljon työkumppaneita,
jotka jakoivat saman mission hänen kanssaan. Vaikka taivas on uudestisyntyneitten kristit-
tyjen todellinen koti, niin me tarvitsemme seurakunnan. Jeesus ei perustanut pelkästään
kristinuskoa, vaan hän perusti seurakunnan, jossa Jumalan Sana ja Jumalan Henki toimivat.
Kristillinen seurakunta on kaikista puutteistaan huolimatta Jumalan asettama ja uskovien
hengellinen koti.

Gal. 6:13   "Eiväthän nekään, jotka ympärileikkauttavat itsensä, itse noudata lakia, vaan he tahtovat teitä ympärileikkauttamaan itsenne saadakseen kerskata teidän lihastanne."

Paavali paljastaa väärän evankeliumin julistajien sydämen. He ovat ympärileikattuja ja vaativat sitä myös toisilta. He eivät "itse noudata lakia". Heidän motiivinsa perustuu uskonnolliseen hierarkiaan. He tahtovat muodostaa eliitin seurakunnan sisälle. Olemme kuitenkin saman Jumalan armon alla uskon kautta Jeesuksessa Kristuksessa. Meille tarjotaan pelastusta, joka ei perustu lain noudattamiseen vaan uskoon. Olemme vanhurskaita Jumalan armosta Jeesuksen täytetyn työn ansiosta. Jeesus on ylösnoussut ja elää ikuisesti. Hän hallitsee maailmaa ja seurakuntaa. Kun hän tulee takaisin kuninkaana, niin myös hänen opetuslapsensa saavat hallita hänen kanssaan. Mahdollisuutemme ovat Jeesuksessa. Jumalan lupaukset, jotka Sana ilmoittaa, ovat Jeesuksessa. Meille tarjotaan vapautta synnin kahleista. Jeesus on murtanut synnin vallan.

On silti niin, että maailman ja seurakunnan välillä on syvä kuilu. Mikäli tahdot siirtyä maailmasta seurakuntaan, niin sinun on uskottava Jeesukseen ja otettava kaste. Kun olet päässyt Jumalan armoon, niin et saa elää lihan mukaan vaan Hengen. Meille tarjotaan pääsyä taivasten valtakuntaan. Synnin harjoittajat eivät peri Jumalan valtakuntaa. Usko on Jumalan armon ottamista vastaan. Siihen kuuluu sekä syntien anteeksisaaminen että parannuksenteko. Saatuasi anteeksi sinun täytyy hylätä synti. Käänny uudestaan Jeesuksen Kristuksen puoleen. Hän on meidän ainoa toivomme. Vaikka väärän evankeliumin julistajat pyrkivät eksyttämään Jumalan laumaa, niin seurakunnan Herra pitää kyllä omistaan huolen.

Saat osallistua evankeliumin työhön. Mikäli sinulla on evankeliumin tuli sydämessäsi, niin älä kätke sitä vakan alle, vaan huolehdi siitä, että uskosta osattomat saavat kuulla ilosanomaa Jeesuksesta Kristuksesta. Mene kaikkeen maailmaan levittämään Jumalan tulta. Herra on kanssasi ja varustaa sinut Jumalan valtakunnan työhön. Antaudu rukoustaisteluun hukkuvien sielujen puolesta. Maailman pahuus ei ole Jumalan syytä. Ainoa lääke turmelukseen on evankeliumi Herrasta Jeesuksesta. Ei ole muuta keinoa. Synti on asia, johon järkipuhe ei tehoa. Jeesus on murtanut synnin kahleen ja voittanut pimeyden voimat. Jeesuksen uhriveri vuodatettiin Golgatalla, ja meidät sovitettiin Jumalan kanssa. Maailman evankeliointi on seurakunnan vastuulla. Jeesuksesta kertominen uskosta osattomille on uskovaisten tehtävä. Jumala on valtuuttanut meidät voittamaan sieluja. Asetu elonpellolle, ja ota yllesi Kristuksen ies. Älä antaudu epäuskolle ja penseydelle, vaan syty Jumalan tulesta, ja kulje Pyhässä Hengessä evankeliumia julistaen.

Gal. 6:14   "Mutta pois se minusta, että minä muusta kerskaisin kuin meidän Her-
ramme Jeesuksen Kristuksen rististä, jonka kautta maailma on ristiin-
naulittu minulle, ja minä maailmalle!"

Paavali vyöryttää loppuvetoomustaan vastustamattomalla voimalla. Tämä on hänen henki-
lökohtainen todistuksensa. Hän on siinä ilmaissut asian mahdollisimman ytimekkäästi. Jotta
ottaisin Paavalin tekstin paremmin huomioon ennen kuin tarjoan evankelisia sovelluksia
siitä, niin teen muutaman huomion tästä jakeesta. Ensinnäkin; Paavali torjuu mahdollisim-
man jyrkästi kaiken kerskaamisen paitsi kerskaamisen "meidän Herramme Jeesuksen Kris-
tuksen rististä". Risti on Paavalin teologian ydin. Se ilmenee hyvin selvästi Galatalaiskir-
jeessä. Toisena huomiona on kaksi ulottuvuutta, jotka liittyvät ristiin. Niin kuin Paavali,
niin samoin myös toiset, jotka uskovat Jeesukseen henkilökohtaisesti, ovat erotettuja maa-
ilmasta ristin kautta. Olemme ristiinnaulitut maailmalle. Paavalin pointti on hyvin selkeä.
Seurakunta on kutsuttu ulos maailmasta. Mikäli todella olet osallinen Jeesuksen ristinkuole-
maan, niin sinä et ole maailmasta. Mikäli olet kuollut Jeesuksen kanssa, niin sinä elät Ju-
malalle, ja olet vapautettu synnistä. Tämä on ristin salaisuus. Kuollut ei tee syntiä.

Saakoon Jumalan Sanan totuus Herramme Jeesuksen kuolemasta tulla julki kaikkialla.
Tulkoon valoon ristin merkitys kaikille niille, jotka seuraavat Jeesusta. Mikäli olet antanut
elämäsi Jeesukselle, niin älä enää elä tämän maailman menon mukaan, vaan antaudu koko-
naan Jumalan käyttöön ja hänen tahtonsa seuraamiseen. Et kuulu maailmaan vaan taivasten
valtakuntaan, Jumalan taivaaseen. Vaikka emme kuulu tähän maailmaan, niin meidän tulisi
tuntea huoli tämän maailman ihmisistä. Hädän hukkuvista sieluista tulisi saada seurakunnat
liikkeelle. Evankeliumi kuuluu uskosta osattomille. Näin sanoo pyhä evankeliumi: "Minä
sanon teille: samoin on ilo taivaassa suurempi yhdestä syntisestä, joka tekee parannuksen,
kuin yhdeksästäkymmenestä yhdeksästä vanhurskaasta, jotka eivät parannusta tarvitse"
(Luuk. 15:7).

Et pääse Jumalan pyhyyteen muutoin kuin hänen armonsa kautta. Sinun tulee kääntyä
Jeesuksen Kristuksen puoleen ja kokea uudestisyntymisen ihme, jos tahdot viettää ikuisuu-
tesi Jumalan kanssa. En tahdo pelotella helvetillä. En tuomitse ketään. On silti puhdas Raa-
matun totuus, että sinun on tehtävä parannus synnistä. Emme silti pääse Jumalan vanhurs-
kauteen muutoin kuin uskomalla Jeesukseen. Jos tahdot tehdä parannuksen, niin ota vastaan
Jumalan armo Jeesuksessa Kristuksessa. Lakiliitto johtaa orjuuteen. Armoliitto johtaa va-
pauteen. Vaikka olemme lihallisia, niin meistä voi vielä tulla hengellisiä, jos seuraamme
Jeesusta ristille. Siinä on lihan kuolema ja Hengen elämä.

Gal. 6:15   "Sillä ei ympärileikkaus ole mitään eikä ympärileikkaamattomuus, vaan
             uusi luomus."

Paavali palauttaa vielä lukijoidensa mieliin uudestisyntymisen ihmeen. Sen kautta meistä on tullut Jumalan rakkaita lapsia. Olemme saaneet Pyhän Hengen lahjan. Ympärileikkaus kuuluu juutalaisuuteen. Ympärileikkaamattomuus viittaa puolestaan pakanakansoihin kuulumiseen. Niiden sijasta meidän täytyy uskoa. Paavali ei ollut lainopettaja vaan evankeliumin julistaja. Ympärileikkaus oli merkki Israelin kansaan kuulumisesta. Mooseksen laki muodostaa juutalaisuuden opillisen perustan. Kristittyjä on kahta eri tyyppiä eli juutalaiskristittyjä ja pakanakristittyjä. Jeesus ilmestyi juutalaisille. Hän vaelsi Israelin kansan keskuudessa. Ympärileikkaus on ulkoinen riitti, mutta uudestisyntyminen tuo sinut Jumalan yhteyteen. Uusina luomuksina me olemme päässeet osallisiksi Jumalan armosta. Hänen rauhansa lepää yllämme. Saavutat Jumalan vanhurskauden vain Jumalan armosta, uskon kautta Jeesukseen Kristukseen. Jumalan armo riittää. Kun olet saanut syntisi anteeksi, niin älä enää tee syntiä. Muista, mitä Jeesus sanoi aviorikoksen tehneelle naiselle: "En minäkään sinua tuomitse; mene, äläkä tästedes enää syntiä tee" (Joh. 8:11).

Uskon kohde on tärkeä. Se on Jeesus, Herra. Avaa hänelle sydämesi ovi, ja ota hänet vastaan. Uskon kautta sinusta tulee vanhurskas ja pyhä. Paavali on aikaisemmin tässä kirjeessä tehnyt selkoa Jeesuksen ristinkuoleman merkityksestä. Emme voi vapautua synnistä muutoin kuin tulemalla ristiinnaulituksi Jeesuksen kanssa. Elävä usko tarkoittaa kuolemaa lihalle mutta elämää Hengessä. Näin Jeesus kirkastuu. Jumala saa kunnian. Me saamme armon. Vaikka olemme ansiottomia, niin olemme silti armahdettuja. Meidän tulee ojentaa tyhjät kätemme Jumalan puoleen. Vaikka olisimme tällä hetkellä tyhjiä, niin Jeesus laskee Pyhän Hengen lahjan meihin. Hän paljastaa meille syntimme. Hän puhdistaa meidät verellään. Hän täyttää meidät Pyhällä Hengellä, joka kirkastaa meille Jeesuksen. Olemme Jumalan lapsia. Vain uskomalla Jeesukseen sinäkin saat pelastua. Jumalan armo on yleinen, mutta se tulee omistaa henkilökohtaisen uskon kautta. Vaikka Jeesus on kuollut kaikkien ihmisten puolesta, niin me vapaudumme synnistä vain häneen uskomalla. Usko on sydämen tila ja asenne. Usko on suhde Jumalaan. Meille tarjotaan vapaata pääsyä Jumalan taivaaseen. Hänen armonsa tarjous on yhä voimassa. Siksi meidän tulee pitää tarjolla elämän sanaa uskosta osattomille.

Gal. 6:16   "Ja kaikille, jotka tämän säännön mukaan vaeltavat, kaikille heille rauha ja laupeus, ja Jumalan Israelille!"

Paavali viittaa aikaisempaan opetukseensa. Hän on puolustanut evankeliumin totuutta. Hän on kirjoittanut Jeesuksen ristin osallisuudesta ja uskonvanhurskaudesta. Hän on viitannut Aabrahamiin liittoteologian näkökulmasta. Hän on kirjoittanut Jumalan lapseudesta sekä Mooseksen laista esikuvien kautta. Paavalin ponnekkaimpana teesinä on hänen opetuksensa kristityn vapaudesta. Hengessä vaeltaminen, Hengen hedelmä ja uskovan osallisuus Jeesuksen Kristuksen kuolemaan ovat sitä vahvaa ruokaa, jota apostoli jakaa seurakunnille tässä kirjeessä. Galatalaiskirjeen viimeisessä luvussa hän esittää lähinnä ne sovellukset, jotka nousevat niistä periaatteista, jotka hän toi julki aikaisemmin. Nähdäkseni Paavalin puhuminen säännöstä käsillä olevassa jakeessa koskee Galatalaiskirjeen kokonaisuutta eikä vain joitakin yksittäisiä kohtia. Siitä ilmenee myös se, että Paavali osoitti kirjeensä laajemmalle kohderyhmälle kuin vain "Galatian seurakunnille" (Gal. 1:2).

Jumalan Israel näyttää viittaavan siihen kokonaisuuteen, jonka juutalaiskristityt ja pakanakristityt muodostavat. Totuus on yksi ja ainoa. Pelastus tapahtuu saman Jeesuksen kautta. Jumala antaa meille hänen vanhurskauttavan armonsa Poikansa täytetyn työn kautta. Pääsy Jumalan armoon toteutuu uskon kautta Jeesukseen Kristukseen. Katson siis olevan niin, että Paavalin käyttämä ilmaus "Jumalan Israelille", viittaa kristikuntaan. Kristinuskon juurien sanotaan olevan juutalaisuudessa. On ollut puhetta myös siitä, että kristinusko on vain yksi tulkinta juutalaisuudesta. Kuitenkin näkisin asian olevan niin, että ne ovat kaksi toisistaan erillistä uskontoa. Ensimmäiset Jeesuksen seuraajat olivat juutalaisia aivan kuten Jeesus itse. Mutta juutalaisuus ilman Messiasta on kaukana elävästä kristillisyydestä. Siksi on niin, että kristinuskon juuret ovat juutalaiskristillisyydessä.

Meidät on liitetty alkuperäisiin Jeesuksen apostoleihin. Olemme samaa kokonaisuutta. Kuulumme Jumalan Israeliin. Hengellinen syntyperämme on korkea. Olemme Jumalan lapsia. Mutta kristinusko on sen lisäksi historiallinen ilmiö. Olemme osa sen pitkää jatkumoa. Olemme "apostolien ja profeettain perustukselle rakennettuja, kulmakivenä itse Kristus Jeesus" (Ef. 2:20). Näin kirjoittaa apostoli Pietari: "Ja tulkaa hänen tykönsä, elävän kiven tykö, jonka ihmiset tosin ovat hyljänneet, mutta joka Jumalan edessä on valittu, kallis, ja rakentukaa itsekin elävinä kivinä hengelliseksi huoneeksi, pyhäksi papistoksi, uhraamaan hengellisiä uhreja, jotka Jeesuksen Kristuksen kautta ovat Jumalalle mieluisia" (1. Piet. 2:4–5).

Gal. 6:17   ”Älköön tästedes kukaan minulle vaivoja tuottako; sillä minä kannan Jee-
suksen arvet ruumiissani.”

Mitkä olivat ne haavat, jotka Paavalilla oli? En usko hänellä olleen niin sanottuja stigmoja,
vaikka hän sanookin hänellä olevan ”Jeesuksen arvet”. Paavali tuskin viittaa myöskään
osallisuuteen Jeesuksen Kristuksen verihaavoihin. Se on selitys, joka antaa tekstille hengel-
lisemmän merkityksen kuin Paavali on tarkoittanut. Sen sijaan olen luonnollisen selityksen
kannalla. Paavali tarkoittaa niitä haavoja, jotka hän oli saanut kokiessaan vainoa Jeesuksen
nimen vuoksi. Kyseessä on siis konkreettiset haavojen ”arvet”. Ne olivat tulleet häneen
lyönneistä, jotka hän oli kokenut vainoissa. Ilmeisesti Paavalin kirjoittamistyö oli vaival-
loista. Hän kirjoitti: ”Älköön tästedes kukaan minulle vaivoja tuottako”. Hän ei kuitenkaan
välttämättä viittaa tällä kirjoittamisen vaivoihin vaan johonkin muuhun. Paavali tunsi tus-
kaa perustamiensa seurakuntien vuoksi. Toisaalla hän kirjoitti: ”Ja kaiken muun lisäksi jo-
kapäiväistä tunkeilua luonani, huolta kaikista seurakunnista” (2. Kor. 11:28). Näin ollen
voidaan todeta, että Paavali kantoi huolta muistakin seurakunnista kuin vain niistä, jotka
hän oli perustanut. Paavali siis pyysi, ettei häntä vaivattaisi. Hän oli joutunut vainotuksi.
Hän oli kokenut väkivaltaa Jeesuksen ja hänen valtakuntansa vuoksi.

Vaikka Paavalia oli kohdeltu huonosti, niin hän ei ollut katkeroitunut. Hän nosti kat-
seensa voittopalkintoon. Hän kiinnitti katseensa Jeesukseen Kristukseen. Hän tunsi Jeesuk-
sen ja hänen voimansa. Hän eli suuremmalle kirkkaudelle kuin se, mitä maailmassa on. Hän
kirjoitti toisaalla, ”että tämän nykyisen ajan kärsimykset eivät ole verrattavat siihen kirk-
kauteen, joka on ilmestyvä meihin” (Room. 8:18). Paavali ei ollut menestysteologi. Hän ei
elänyt tälle maailmalle. Häneen oli lyöty haavat evankeliumin tähden. Jälleen Paavali kir-
joittaa: ”Jos olemme panneet toivomme Kristukseen ainoastaan tämän elämän ajaksi, niin
olemme kaikkia muita ihmisiä surkuteltavammat” (1. Kor. 15:19).

Meille tarjotaan taivasta. Tämä maailmanaika tulee päättymään, kun Jeesus tulee takai-
sin. Me, jotka olemme uskoneet Jeesukseen Kristukseen, perimme iankaikkisen Jumalan
kuningaskunnan. Ota ristisi tänä aikana, niin saat kruunun tulevana aikana. Tästä on kysy-
mys. Paavalin kirjeen galatalaisille opetus käsittelee lähinnä ristiä. Vaikka se on Paavalin
puolustus eksyttäjiä vastaan, niin sen aiheena ei ole laki vaan armo. Galatalaiskirje ilmentää
ristin teologiaa ja osoittaa sen suuntaan. Paluu armoon edellyttää ristin ottamista. Vaikka
Galatalaiskirjeen sanoma koskee uskovaisten elämää tässä ajassa, niin meidän ei sovi unoh-
taa laajaa kuvaa. Pääsy taivaaseen on selkeä tavoitteemme. Sinne pääseminen edellyttää
kuitenkin Jeesukseen uskomista jo nyt.

Gal. 6:18   "Meidän Herramme Jeesuksen Kristuksen armo olkoon teidän henkenne kanssa, veljet. Amen."

Näin olemme päässeet Paavalin kirjeen galatalaisille viimeiseen jakeeseen. Lyhyenä arviona siitä ja sen muodosta on, että se on lopputoivotus. Apostoli tunnustaa uskonsa Herraamme Jeesukseen Kristukseen. Hän toivottaa Herran armoa kirjeensä vastaanottajille. Ilmeisesti he olivat miehiä, uskonveljiä. Tämä on ainoa yksityiskohta tässä jakeessa, joka kaipaa pientä tulkintaa. Tuo pieni sana, "veljet", näyttäisi nimittäin viittaavan siihen, että Galatalaiskirje kirjoitettiin vain uskoville miehille, joita Paavali nimittää veljiksi. On luultavaa, että naisen asema apostolien ajan seurakunnissa ei ollut sama kuin useimmissa nykyseurakunnissa. Myös yhteiskunnat olivat entisaikoina patriarkaalisempia kuin nykyisin.

Ehkä koko kysymys sukupuolesta on pelkkä sivujuonne. Se on sitä ainakin evankeliumin kannalta. Jeesus ei nimittäin kuollut pelkästään miesten puolesta, vaan hän kuoli kaikkien syntisten puolesta. Hän murskasi Paholaisen. Syntiongelma ratkaistiin Golgatalla. Jeesuksen Kristuksen veri virtasi Golgatan keskimmäiseltä ristiltä noin kaksi tuhatta vuotta sitten, ja niin syntimme sovitettiin. "Ja Jeesus huusi suurella äänellä ja sanoi: "Isä, sinun käsiisi minä annan henkeni."" (Luuk. 23:46). Tämä Jumalan Poika, Jeesus, maksoi koko syntivelkamme. Olit mies tai nainen, niin perit iankaikkisen elämän Jumalan luona aivan samalla tavalla eli uskomalla Herraan Jeesukseen Kristukseen. Saat kokea Jumalan armoa. Hän lähetti Poikansa, koska hän rakasti meitä, vaikka emme ansainneet sitä. Mooseksen laki ei ratkaissut syntiongelmaa. Sen teki vain Jeesus. Hän on voittanut. Kuoleman valta on murtunut.

Tule pois epäuskon Baabelista, ja ota vastaan evankeliumin totuus uskossa. Lakkaa rakentamasta uskonnollista Baabelin tornia, ja elä todeksi Kristuksen evankeliumi. Seuraa Herraasi Jeesusta iloon ja valoon. Jumalan lapsena saat kokea esimakua taivaasta jo täällä ajassa, mutta paras on vielä edessä. Tule Jumalan armon arkkiin, ja pelastaudu hukkumiselta. Anna kaikki kunnia hänelle, jolle se kuuluu eli Jumalalle. Antaudu Pyhän Hengen käyttöön, ja koe hänen virvoittava voitelunsa. Tee evankeliumin työtä siellä, missä olet. Kulje Herrassa sydän hänen suuntaansa avoimena. Seurakunnat tarvitsevat herätyksen, että missio hukkuvien sielujen pelastumiseksi saisi toteutua. Saakoon Jumalan Henki uudistaa seurakunnat Euroopassa ja kaikkialla maailmassa. Saakoon Jumalan Sana avautua Jeesuksen opetuslapsille ja seuraajille. Tulkoon Jumalan valtakunta pian. "Maran ata" (1. Kor. 16:22). Valmistautukaa Jeesuksen paluuseen. Jättäkää lain orjuus ja sen kirous. Eläkää todeksi Jumalan armo, ja kulkekaa Jumalan pyhyyteen. Näin tehden Jumala saa kunnian, ja Jeesuksen Kristuksen nimi kirkastetaan. Amen.

Filem. 1:1   "Paavali, Kristuksen Jeesuksen vanki, ja veli Timoteus rakkaalle Filemo-
nille, työtoverillemme,"

Kirjeensä alussa Paavali esittelee itsensä. Hän kirjoittaa vankilasta. Hänen seuranaan on
"veli Timoteus". Kirjeensä hän on kohdistanut Filemonille. Kyseessä on henkilökohtainen
ja lyhyt kirje. Apostoli Paavali ei ollut yksinäinen erakko, vaan hän tunsi paljon ihmisiä.
Emme Raamatun pohjalta tiedä sen tarkemmin, että mistä vankilasta Paavali kirjoitti, joten
jätämme sen kysymyksen avoimeksi.

Kun tulet uskoon, niin Jumala ei välttämättä johda sinua etusijoille tässä maailmassa,
vaan sinulle saattaa käydä kuten Paavalille; voit joutua vankeuteen. Toisaalla Paavali on
kirjoittanut: "Muista Jeesusta Kristusta, joka on kuolleista herätetty ja on Daavidin siementä
minun evankeliumini mukaan, jonka julistamisessa minä kärsin vaivaa, kahleisiin asti, niin-
kuin pahantekijä; mutta Jumalan sana ei ole kahlehdittu" (2. Tim. 2:8–9).

Paavalin kirjeellä galatalaisille ja hänen kirjeellään Filemonille on eräs yhteinen aihe.
Ne molemmat koskevat orjuuden teemaa, vaikkakin eri näkökulmista. Galatalaiskirje käsit-
telee hengellistä orjuutta eli uskovan lainalaista tilaa. Paavalin kirje Filemonille puolestaan
käsittelee orjuutta luonnollisesta näkökulmasta. Se ei ole tämän kirjeen pääaihe, mutta se
sivuaa sitä. Se on lyhyt kirje, joka koskee Onesimusta, karannutta orjaa. Onesimuksesta oli
tullut Jeesuksen Kristuksen opetuslapsi Paavalin julistettua hänelle evankeliumia. Filemon,
jolle apostoli Paavali kirjeensä kohdisti, oli myös tullut Paavalin kautta uskoon. Tämän li-
säksi hän omisti Onesimuksen, joka oli ollut hänen orjansa.

Paavali ei kirjoita orjien omistamista vastaan, koska hänen kirjeensä tarkoitus on palaut-
taa Onesimus Filemonin luokse. Näin ollen saamme huomata sen, että kirjeen tarkoitukseen
nähden Paavali oli suhteellisen monisanainen. Vaikka tästä kirjeestä on saatavissa se käsi-
tys, että Paavali puolusti orjuuden instituutiota, lienee se tulkinnan viemistä liian pitkälle.
Kyseessä on yksittäinen tapaus. Pieni rohkaisun sana tähän väliin lienee paikallaan. "Herra,
sinun Jumalasi, on sinun keskelläsi, sankari, joka auttaa. Hän ilolla iloitsee sinusta, hän on
ääneti, sillä hän rakastaa sinua, hän sinusta riemulla riemuitsee" (Sef. 3:17.) Niin kuin äsken
siteeraamassani jakeessa, samoin myös Paavalin kirjeen Filemonille päällimmäisenä ai-
heena on rakkaus. Ilman Paavalin lähetysintoa Onesimus tuskin olisi tullut Jeesukseen Kris-
tukseen uskovaksi. Mutta kun näin tapahtui, Onesimuksen asiat Jumalan kanssa tulivat kun-
toon. Siitä huolimatta karanneena orjana hänen yhteiskunnallinen asemansa oli huono. Hän
oli lainsuojaton. Siksi hänelle olisi parempi, että hän palaisi isäntänsä Filemonin luokse.
Paavali ymmärsi tämän ja toimi sen mukaisesti. Paavali ei siis ollut idealistinen utopisti ja
uudistaja vaan käytännön realisti. Hän toimi tilanteen ehdoilla.

Filem. 1:2   "ja Appialle, sisarellemme, ja Arkippukselle, taistelutoverillemme, ja sinun kodissasi kokoontuvalle seurakunnalle."

Paavali ja Timoteus eivät kohdistaneet kirjettään pelkästään Filemonille vaan myös Appialle ja Arkippukselle. Emme tiedä heistä kovin paljon. Appia oli naispuoleinen henkilö. Paavali kutsuu häntä sisareksi. Arkippusta hän nimittää taistelutoveriksi. Filemon lienee ollut suhteellisen varakas henkilö. Tämä ilmenee ensinnäkin siitä, että hän omisti orjia, joista yksi oli Onesimus. Toinen hänen varallisuudestaan kertova tekijä on se, että hän omisti niin suuren kodin, että siellä kokoontui seurakunta. Näin voidaan samalla nähdä myös kotikokousten raamatullisuus. Itse apostoli Paavali ei esitä moitteen sanaa kotikokouksia vastaan. Seurakunnat eivät siis aivan välttämättä tarvitse suuria kirkkorakennuksia tai yhdistysten omistamia rukoushuoneita.

Uskovien yhteys toimii myös kalliiden kirkkorakennusten ulkopuolella. Seurakunta ei ole rakennus paitsi hengellisessä mielessä. Seurakunta ovat ne kristityt, joista se koostuu. Silti tässä pitää paikkansa se periaate, että kokonaisuus on enemmän kuin osiensa summa. On nimittäin niin, että seurakunta ilman Jumalaa ei ole seurakunta. Ilman Jeesusta ei ole kristillistä seurakuntaa. Pyhä Henki asuu niissä, jotka uskovat Jeesukseen Kristukseen. Seurakunta ei siis ole sosiaalinen kerho ja hyväosaisten klubi. Sen sijaan jumalakeskeisyyden tulisi hallita kristillisiä seurakuntia. Nimikristillisyys on hyvin valitettava ilmiö. Ollakseni mahdollisimman maltillinen sanon, että on niitä, joiden nimi on kirkkokunnan tai kristillisen yhdistyksen tai yhteisön kirjoissa, mutta he eivät ole uudestisyntyneitä.

Evankeliumin tulisi olla keskeisimmällä sijalla seurakunnissa. Ilman sitä seurakunnan toiminta on turhuutta. Monesti se on poliittisten ja taloudellisten intressien sanelemaa. Leipäpapit ahnehtivat lisää mammonaa. Nuo sokeat fariseukset kumartavat kultaista vasikkaa. Uskovaisten ahneus ja ylellinen elämäntapa ovat kuin huono vitsi. Meidän tulisi olla valmiita luopumaan omaisuudestamme Jeesuksen vuoksi. Vaikka Jumala tahtoo, että me menestymme, hän ei tahdo mammonan hallitsevan meitä. Ylellisyyksistä luopuminen vapaaehtoisesti nöyryyttää meidän ylpeätä sydäntämme taipumaan Jumalan eteen ja hänen tahtoonsa. Jumala kyllä voi antaa sinulle paljon omaisuutta. Jos niin tapahtuu, niin älä kiinnitä sydäntäsi rikkauksiin. Ne ovat ajallisia. Ihmisen sielu on ikuinen. Siksi evankeliumin työllä on ikuista merkitystä. Yhdenkin ihmisen voittaminen Kristukselle on arvokkaampaa kuin tämän maailman aarteet ja rikkaudet. Ilmeisesti Filemon antoi kotinsa seurakunnan käyttöön evankeliumin ja Jeesuksen nimen tähden. Näin meidänkin tulisi tehdä. Amen.

Filem. 1:3   ”Armo teille ja rauha Jumalalta, meidän Isältämme, ja Herralta Jeesukselta Kristukselta!”

Tämä jae päättää alkutervehdyksen, jossa Paavali on esitellyt itsensä ja Timoteuksen sekä maininnut ne, joille he kirjeensä kohdistivat. Siitä näemme sen, että kirjeen nimi, ”Paavalin kirje Filemonille”, on hieman harhaanjohtava. Ensinnäkin; myös Timoteus voidaan lukea kirjeen lähettäjäksi. Toiseksi; he eivät lähettäneet kirjettä pelkästään Filemonille vaan myös ”Appialle” ja ”Arkippukselle” sekä Filemonin kodissa ”kokoontuvalle seurakunnalle” (Filem. 1:2). Muodoltaan kirje ei ole henkilökohtainen. Silti kun tarkastelemme kirjettä kokonaisuutena, niin huomaamme sen olevan sisällöltään henkilökohtainen. Se ei käsittele yhteisiä vaan yksityisiä asioita.

Historiallisen taustan lisäksi alkutervehdyksestä ilmenee myös teologisia lähtökohtia. Paavali toivottaa lukijoille Jumalan armoa ja rauhaa. Hän kirjoittaa siis uskoville, jotka ovat osallisia Jumalan armosta ja rauhasta. Kirjeen painopiste ei ole evankelioiva vaan pikemmin pastoraalinen. Paavalin ote on isällinen. Hän paimentaa lukijoitaan, erityisesti Filemonia. Kuten tulemme huomaamaan, Filemon oli tullut uskoon apostoli Paavalin kautta. Paavalin kirjeen Filemonille teologisena lähtökohtana on myös se, että Jumala on Isä. Toinen alkutervehdyksen teologinen ulottuvuus on Jeesus Kristus. Paavali ei toivota lukijoilleen armoa ja rauhaa pelkästään Isältä Jumalalta vaan myös ”Herralta Jeesukselta Kristukselta”. Armon ja rauhan toivotus on Paavalille tyypillinen ilmaus. Hän käyttää sitä usein kirjeissään. Näin ollen voidaan todeta, että Uuden liiton todellisuus ilmentää Jumalan armoa ja rauhaa.

Jeesus Kristus, Jumalan ainoa Poika, on täyttänyt lain vaatimuksen. Emme ole enää lain alla vaan armon alla. Koska olemme saaneet syntimme anteeksi, niin emme enää saa tehdä syntiä. Se, mitä Jeesus sai aikaan kuollessaan Golgatan keskimmäisellä ristillä, oli hyvin laajalle ulottuva ja voimallinen teko. Siinä on useita ulottuvuuksia. Yksi niistä on Jumalan armo. Jeesus tyynnytti kuolemallaan Jumalan vihan. Synnin rangaistus, jota laki vaatii, asetettiin Jeesuksen päälle. Raamattu sanoo: ”Sen, joka ei synnistä tiennyt, hän meidän tähtemme teki synniksi, että me hänessä tulisimme Jumalan vanhurskaudeksi” (2. Kor. 5:21). Jeesuksen täytetyn työn vuoksi Jumala armahtaa meidät. Syntimme on sovitettu. Velkamme on maksettu. Jumalan pyhyys vaati synnille rangaistusta. Silti hän tahtoi pelastaa meidät tuolta tuomiolta, koska hän rakastaa meitä. Jumala on hyvä. Hänen tekonsa ovat hyvät. Evankeliumi on Jumalan hyvyyden äärimmäinen ilmaus. Vaikka elämme langenneessa maailmassa, niin saamme elää osallisina Jumalan armosta ja omistaa hänen rauhansa. Jumalan lapsina saamme heijastaa hänen kirkkauttaan. Saamme palvella häntä levosta käsin. Olemme saaneet paljot syntimme anteeksi. Siksi meidän tulisi osoittaa armoa myös toisille. Amen.

Filem. 1:4   "Minä kiitän Jumalaani aina, muistaessani sinua rukouksissani,"

Kun muistamme toisia rukouksin, niin yksi tapa on rukoilla heidän puolestaan. Sitä kutsutaan esirukoukseksi. Toinen tapa on kiittää Jumalaa heistä. Juuri näin Paavali ilmaisee tässä jakeessa tehneensä. Hän kohdistaa sanansa Filemonille. Tässä alkutervehdyksen jälkeisessä jaksossa apostoli Paavali vie aiheen yleiseltä tasolta henkilökohtaiselle tasolle. Hän tuo esiin paimenen sydämensä. Hän on kiitollinen Herralle Filemonista. Heillä on yhteinen menneisyys. Filemon oli siis tullut uskoon Paavalin kautta.

Eivät kaikki uskovat menesty hengellisesti. Paavalikaan ei kiitä Jumalaa kaikista kristityn nimeä kantavista. Uskovaisten keskuudessa on paljon maailmanmielisyyttä ja lihallisuutta. Meidän tulisi viettää enemmän aikaa Herran edessä kuin omien harrastustemme parissa. Filemon oli menestynyt. Seurakunta kokoontui hänen kodissaan. Näin hän palveli Herraa myös omilla varoillaan. Näin meidänkin tulisi tehdä. On surullista, kun kristityt eivät hallitse rahankäyttöään. Meidän tulisi valita vaatimaton elintaso voidaksemme auttaa köyhiä. Sinun tulee hallita talouttasi ja olla valmis luopumaan omaisuudestasi Jeesuksen nimen vuoksi. Elämä ei riipu rahasta. Elämä riippuu Jumalasta. Antaessaan saa. Kun uhraat varojasi Jumalan valtakunnan työhön, niin hyödyt siitä myös itse. Taloudenhoito on periaatteessa maallinen kysymys. Silti meidän tulisi alistaa talouskäyttäytymisemme niille hengellisille periaatteille, joita Raamatussa on. Elävä kristinusko toimii käytännössä. Vaikka Filemonilla oli varallisuutta, hän ei ollut ahne, koska hän antoi oman kotinsa seurakunnan käyttöön.

Syntiongelmaa ei kuitenkaan ratkaissut raha vaan Jeesus. Jumalan pelastustarjous hukkuvalle maailmalle on vain yksin Jeesus. Hänessä ja hänen kauttaan synnin valta on murrettu. Jeesus kuoli Golgatalla sinunkin puolestasi. Sinut on sovitettu Jumalan kanssa Jeesuksen ja hänen täytetyn työnsä kautta. Tämä on evankeliumi. Tämä on uskon ydin: Jeesus nousi kuolleista kolmantena päivänä. Elävään uskoon kuuluu kuitenkin muutakin kuin vain perustus. Kun antaudumme yhä enemmän Jumalalle hänen käyttöönsä, niin varoista luopuminen ei ole yhtään vaikeaa. Saamme osallistua Jumalan työhön varoillamme. Se on yksi elävän uskon käytännön ulottuvuuksista.

Jos rukousyhteytemme on kunnossa, niin Jumala valaisee olemuksemme, ja Jeesuksen nimi kirkastuu. Paavali kiitti Jumalaa Filemonista. Onko meissä mitään sellaista, että kun ihmiset muistavat meitä rukouksin, he voisivat kiittää meistä? Raamattu sanoo: "ole sinä uskovaisten esikuva" (1. Tim. 4:12). Filemon oli esimerkillinen kristitty. Maailmalla on omat esikuvansa. Sillä on omat idolinsa. Seurakunnalla on omansa. En silti puhu ihmiskunniasta vaan Jumalan armosta. Herra ohjaa meitä pyhyyteensä hänen tuntemisensa kautta. Hänessä meillä on mitä suurin aihe sekä kiitokseen että iloon. Amen.

Filem. 1:5   "sillä minä olen kuullut sinun rakkaudestasi ja uskostasi, joka sinulla on Herraan Jeesukseen ja kaikkia pyhiä kohtaan;"

Hyvin sytyttävää tekstiä. Paavali kehuu Filemonin uskonvaellusta. Kristillinen usko ei toimi tyhjiössä. Usko Jumalaan mahdollistaa sen, että rakastamme lähimmäistämme niin kuin itseämme. Usko vaikuttaa rakkautena. Kristillisen seurakunnan tulisi lähtökohtaisesti toimia paikallistasolla. Jos rakkauden kaksoiskäskyä olisi noudatettu, niin maailma olisi parempi paikka. En puhu korkealta. En ole rakkauden asiantuntija. Silti olen saanut kokea Jumalan rakkautta ja ammentaa siitä myös ihmissuhteisiin. Filemonilla oli rakkautta "kaikkia pyhiä kohtaan". Näin hän ei sanonut itsestään, vaan Paavali sanoi sen hänestä. Omat eväämme loppuvat pian, jos emme saa hankituksi jostain lisää. Jumalan rakkautta ei ole tarkoitus pantata itsellään. Se on tarkoitettu jaettavaksi. Rakkaus on evankeliumin antoisa juuri. Jos rahasta luopuminen on monille uskoville suuri koetinkivi, niin samoin myös toisten rakastaminen saattaa olla vaikeaa käytännössä. Raamattu sanoo: "Ja sentähden, että laittomuus pääsee valtaan, kylmenee useimpien rakkaus" (Matt. 24:12).

Meidän tulee kääntyä Herran puoleen, ettei uskon liekki pääse sammumaan. Näyssäni kolme sammunutta kynttilää kumarsi yhden palavan kynttilän puoleen saadakseen siitä tulen. Miksi niin monet jäävät seurakuntayhteyden ulkopuolelle? He eivät jää pois siitä syystä, että Jumalassa olisi jotain vikaa, vaan koska ihmissuhteet ovat niin vaikeita. Uskonnolliset ihmiset eivät pidä siitä vapaudesta, minkä evankeliumi tuo. Lakihenkisten seura on hyvin ahdistavaa. He eivät kiinnitä katsettaan Jeesukseen vaan ihmiseen. He kuvittelevat, että pelastus riippuu heistä itsestään. Siksi he ovat ulkokullattuja. On kuitenkin paljon parempi olla armon kerjäläinen kuin tekopyhä fariseus.

Evankeliumi tuo mukanaan vapauden. Lain vaatimukset on täytetty Jeesuksessa Kristuksessa. Uuden liiton todellisuus on Jumalan armoa ja rauhaa. Ihmisen osaksi jää vain usko. Jeesuksen seuraaminen tarkoittaa kaikesta luopumista. Sanapari "usko ja rakkaus" esiintyvät joissakin Uuden testamentin kohdissa. Yhdessä niistä on sanottu: "Sillä Kristuksessa Jeesuksessa ei auta ympärileikkaus eikä ympärileikkaamattomuus, vaan rakkauden kautta vaikuttava usko" (Gal. 5:6). Nämä ovat vahvoja raamatullisia käsitteitä. Niin kuin ihmisen osaksi jää uskoa, niin samoin meidän osaksemme jää myös rakastaa. Elävä usko vaatii Jeesuksen puoleen kääntymisen. Samoin voimme rakastaa toisiamme vain, mikäli olemme saaneet Jumalan rakkauden sisimpäämme niin, että se tulvii yli.

Taivaallisen Isämme rakkaus on ikuinen. Hänen armonsa liitto pysyy voimassa. Saamme noudattaa Jumalan tahtoa, mutta tärkeintä on silti rakkaus, joka kohdistuu Jumalaan ja ihmisiin. Filemonilla oli nämä. Sama on mahdollista myös meille. Jumalan täydellinen rakkaus vuodatetaan päällesi Pyhän Hengen muodossa, kun käännyt Jumalan puoleen meidän Herramme Jeesuksen Kristuksen nimessä. Amen.

Filem. 1:6   "ja rukoukseni on, että sinun uskosi, se usko, joka on meille yhteinen, olisi väkevä kaiken hyvän tuntemisessa, mikä meillä Kristuksessa on."

Paavali ei puhu korkealta ja kovaa. Hänen tekstinsä Filemonille huokuu veljellistä rakkautta. Hän ei korota itseään. Hän ei korosta olevansa apostoli vaan uskonveli Filemonille. On ilmiselvää, että Filemon oli oikeassa uskossa. Paavali myös rukoilee hänen puolestaan.

Vaikka Jumala on Kaikkivaltias, niin hän ei vallitse meitä väkisin. Hän on täysin vapaa. Kukaan ei voi pakottaa häntä. Hän on täysin suvereeni, mutta silti hän on päättänyt armahtaa meidät. Rakkaus on Jumalan syvin olemus. Sinäkin voit päästä siitä osalliseksi. Mutta mitä tulee Paavaliin ja Filemoniin, niin käsillä oleva teksti ilmaisee kaiken muodollisuuden puuttumista. Paavali ei nosta itseään millekään jalustalle. Usko Jeesukseen tuo mukanaan "kaiken hyvän" tuntemisen. Paavali tuo esiin rukouksensa. Se on tämän jakeen aihe. Siinä on myös malli esirukouksesta meille nykyajan uskoville. Jumalan hyvyys ilmenee hyvin monin tavoin. Mikäli rukoilemme häntä, niin pääsemme osallisiksi hänen lahjoistaan. Monesti ollessamme rukouksessa Jumalan Henki laskee meille rukousaiheita. Ne koskevat hyvin usein toisia uskovia. Raamattu sanoo: "Henki rukoilee Jumalan tahdon mukaan pyhien edestä" (Room. 8:27).

Niin ihmeelliseltä kuin se saattaakin kuulostaa, Raamattu nimittää Jeesuksen seuraajia pyhiksi. Jumalan vanhurskaudella on lisäksi myös käytännön ulottuvuuksia. Mikäli jatkat synnin harjoittamista vielä uskoontulon jälkeenkin, niin et tule menestymään. Pidän köyhien maiden kristittyjä onnellisempina kuin rikkaiden maiden kristittyjä. Köyhät luultavasti ymmärtävät Jumalan armon paremmin kuin rikkaat. Köyhyys on pelkästään maallinen rasite. Köyhänä mammona ei sido sinua. Arvostat ihmisiä enemmän kuin tavaraa. Monet rikkaat viettävät ylellistä elämää. Heidän aikansa kuluu nautinnoissa. He ovat tottuneet ratkaisemaan asiat rahalla. Heiltä puuttuu riippuvaisuuden tunto, vaikka he ovat mammonan orjia. Ehkäpä suurinta jumalanpilkkaa on uskonnon varjolla tapahtuva ahneuden harjoittaminen. Emme saa kuvitella, että olemme täysin immuuneja talouteen liittyvien houkutusten suhteen. Rahan himo on aikamme mahdollisesti suurin eksyttäjä. Kun luotat mammonaan, niin olet kääntynyt pois Herrasta, ja palvelet epäjumalaa.

Maallistuneita uskovia on hyvin paljon. Siksi tarvitsemme uuden herätyksen seurakuntiin. Pelastuskysymys ei ratkennut rahalla, vaan Jeesus vuodatti kalliin verensä meidän edestämme. Vaikka Filemon epäilemättä oli rikas mies, hän teki hyvää, koska uskoi Jeesukseen Kristukseen. Hänellä oli mahdollisuus auttaa. Hän hyödynsi tuota mahdollisuutta. Näin tekemällä hän keräsi aarretta taivaaseen. Miksi viettäisimme elämämme nautinnoissa, kun voimme palvella Herraa? Miksi eläisimme tälle maailmalle, kun voimme elää Jumalalle? Jeesus opetti, että: "kootkaa itsellenne aarteita taivaaseen, missä ei koi eikä ruoste raiskaa ja missä eivät varkaat murtaudu sisään eivätkä varasta" (Matt. 6:20).

Filem. 1:7   "Sillä minä olen saanut paljon iloa ja lohdutusta sinun rakkaudestasi, koska pyhien sydämet ovat virvoittuneet sinun kauttasi, veljeni."

Käy yhä selvemmäksi, että miten tärkeä kristillinen seurakunta oli Filemonille. Hän toimi uskovien parhaaksi. Paavali iloitsi Filemonin seurakuntakeskeisyydestä. Filemon oli herätellyt uskovia. Hän oli virvoittanut heitä. Usko on hyvinkin kokonaisvaltainen asia. Elävä usko toimii nimittäin rakkauden kautta. Olemme saaneet paljon Jumalan rakkautta. On tärkeää antaa sitä eteenpäin ja ammentaa lisää Jumalan Sanasta ja Pyhästä Hengestä. Voisimmeko kenties tuoda "paljon iloa ja lohdutusta" muille uskoville? Mikäli suhteemme Jumalaan on kunnossa, niin sen tulisi vaikuttaa eheyttävästi myös ihmissuhteisiimme. Raamattu sanoo: "joka ei rakasta veljeänsä, jonka hän on nähnyt, se ei voi rakastaa Jumalaa, jota hän ei ole nähnyt" (1. Joh. 4:20). Paavali nimitti Filemonia veljeksi tässä jakeessa. Hän hyväksyi tämän. Paavali tarkoitti nimenomaan uskonveljeä ja seurakunnallista yhteyttä.

Olemme Jumalan lapsia, jos kerran olemme syntyneet uudesti ylhäältä. Raamattu sanoo myös että: "Tahtonsa mukaan hän synnytti meidät totuuden sanalla, ollaksemme hänen luotujensa esikoiset" (Jaak. 1:18). Oikeastaan uskoon ei tulla, vaan siihen synnytään. Uudestisyntymisen myötä sinusta tulee taivaan kansalainen. Emme silti saa kerskata siitä, että olemme syntyneet uudesti. Jumalan Pyhä Henki asuu Jeesukseen uskovissa. Hän ohjaa meitä sekä armoon että totuuteen. Synnintunto ja armontunto riippuvat hänestä.

Vaikka Paavalin kirje Filemonille on nimensä perusteella yksityiskirje, niin sillä on myös seurakunnallinen ulottuvuutensa. Uskovat kokoontuivat Filemonin kodissa. Filemon itse oli tullut Paavalin kautta uskoon. Kuitenkin tämä kirje kertoo Onesimus-nimisestä karanneesta orjasta, jonka Filemon omisti. Paavalin kirjeen Filemonille tarkoituksena oli mahdollisimman suppeasti ilmaistuna se, että Filemon ottaisi Onesimuksen takaisin. Kirje sivuaa siten myös anteeksiantamisen teemaa. Filemonilla olisi ollut oikeus rankaista Onesimusta. Sitä Paavali ei kuitenkaan toivonut. Uudessa testamentissa on eräs toinenkin kertomus, joka muistuttaa tämän kirjeen sisältöä. Se on kertomus tuhlaajapojasta (Luuk. 15:11–32). Myös meille, nykypäivän tuhlaajapojille ja -tytöille, tarjotaan pääsyä takaisin oikean isäntämme nimittäin Jumalan luokse. Jumalan vapaasta armosta saamme tulla takaisin hänen yhteyteensä. Jumala loi ihmisen, joka lankesi syntiin. Jeesuksen tarkoitus on palauttaa ihmiset takaisin Jumalan yhteyteen. Kyse on paluusta kotiin. Taivas on uskovan todellinen koti. Olemme tässä maailmassa vain pienen hetken ikuisuuteen verrattuna.

Filem. 1:8   "Sentähden, vaikka minulla Kristuksessa on paljon rohkeutta käskeä sinua tekemään, mitä tehdä tulee,"

Vaikka tämä jae on virkkeen osa, niin siitä ilmenee meille muutamia asioita. Paavali kirjoittaa uskonveljelleen Filemonille. He ovat molemmat "Kristuksessa". Toiseksi; Paavali ei käytä auktoriteettiaan suhteessaan Filemoniin. Hän on kyllä hengellinen johtaja, mutta hän ei johda ylhäältä vaan rinnalta. Vaikka Filemon oli tullut uskoon apostoli Paavalin toiminnan kautta, niin Paavali asettaa hänet vertaisekseen. Vaikka Paavalilla olisi ollut "paljon rohkeutta käskeä" Filemonia, hän ei kuitenkaan tee niin. Tämä jae aloittaa uuden osion Paavalin kirjeessä. Se sisältää kirjeen ytimen. Siinä Paavali vetoaa Filemoniin, että tämä ottaisi vastaan karanneen orjansa Onesimuksen.

Paavali kulki Onesimuksen rinnalla. Hän käytti suhteitaan hyödyttääkseen Onesimusta. Voimme pitää veljellistä rakkautta tämän kirjeen pääaiheena. Se on seurakuntakirje, mutta se ei ole sitä muodollisen kirkollisen hierarkian puolesta vaan yhteisen kristillisen rakkauden puolesta. Paavali asetti itsensä alttiiksi toisten puolesta. Hän ei elänyt itselleen. Samanlaista asennetta seurakunta tarvitsee tänäkin aikana. Elämme surullisen itsekeskeisyyden ajassa. En sano menneisyyden olleen nykyistä aikaa parempi. On silti ikävää nähdä se, miten lammaslaumasta on tullut hyeenalauma. Jokainen ajaa pelkästään omaa etuaan. Se ei ole Jumalan tahto. Olen nyt vedonnut korkeimpaan auktoriteettiin eli Jumalaan. Hänen Sanansa on kertomus rakkaudesta. Se sanoo, että rakkaus "ei iloitse vääryydestä, vaan iloitsee yhdessä totuuden kanssa" (1. Kor. 13:6).

Rakkaus ymmärretään maailmassa monin erilaisin tavoin. Monet käsittävät sen olevan tunteiden huumaa. Puhutaan rakastumisesta eikä rakastamisesta. Jumalan Sana on aivan eri linjoilla rakkauden suhteen kuin tämä maailma. Meille tarjotaan Jumalan ikuista rakkautta Jeesuksessa Kristuksessa. Saamme olla Jumalan rakkauden kohteita Pyhässä Hengessä, Jeesuksen nimessä. Jotkut sekoittavat todellisen rakkauden lihalliseen himoon. Todellinen rakkaus ei ole himoa, vaan se on kaukana siitä. Vaikuttaa siltä, että maailmassa puhutaan enemmän rakkaudesta kuin seurakunnassa. Monille kristillinen usko on vain sääntöjen noudattamista. Monet ovat ymmärtäneet Jumalan väärin. Hän ei ole vaativa orjapiiskuri vaan rakastava Isä. Olemme saaneet Jumalan rakkauden osaksemme. Sen tähden meidän tulee rakastaa toisiamme. Koska Jumala rakasti meitä, niin hän lähetti meille Jeesuksen, oman Poikansa. Jumalan ikuinen rakkaus ja evankeliumi Herrasta Jeesuksesta ovat vastaus maailman pahuuteen. Vaikka et olisi rikollinen, niin olet kuitenkin syntinen, ja näin ollen tarvitset Jeesusta. Hän tuo sinulle Jumalan armon, kun otat hänet vastaan uskon kautta. Veljellisen rakkauden tulisi toteutua kristillisissä seurakunnissa. Olemme vapaita rakastamaan Jumalan armon vaikutuksesta. Kiitos siitä Herralle.

Filem. 1:9   "niin rakkauden tähden minä kuitenkin mieluummin pyydän, ollen tämmöinen kuin olen, minä vanha Paavali, ja nyt myös Kristuksen Jeesuksen vanki –"

Apostoli Paavali käyttää kirjallista tehokeinoa. Hän ei käske vaan pyytää. Tämän hän tekee "rakkauden tähden". Näin ollen meille käy yhä ilmeisemmäksi se, että veljellinen rakkaus on hänen kirjeensä läpi kulkeva aihe. Paavali on tekstissään hyvin voimallisesti läsnä. Hän ei puhu yleisistä totuuksista. Sen sijaan kirjeen yksityinen sävy ilmenee selvästi hänen sanoistaan. Hän kirjoittaa Filemonille. Silti tällä lyhyellä kirjeellä on historiallinen tausta. Sen kirjoittamisen syy on Onesimuksen tilanne. Paavali vetoaa Filemoniin, että hän ottaisi karanneen orjansa Onesimuksen takaisin. Veljellinen rakkaus ei ole abstrakti käsite, vaan se liittyy ihmisten välisiin suhteisiin. Emme tule toimeen yksin. Tarvitsemme toisiamme. Varsinkin kristillisessä seurakunnassa tulisi olla tuo ihmisrakkaus. Sen tulisi ilmetä tekoina. Raamattu sanoo: "älkäämme rakastako sanalla tai kielellä, vaan teossa ja totuudessa" (1. Joh. 3:18). Tässä on kasvun paikka, ainakin minulla.

Meidän on nöyrryttävä rakkauteen. Meidän on tehtävä parannus rakkaudettomuudesta. Tarvitseeko tämä maailma lisää kovia sydämiä ja kylmäveristä toimintaa. Ei, tämä maailma tarvitsee vain rakkautta. Se ei ole pinnallisia ihmissuhteita vaan syvää hengellistä yhteyttä. Jeesus valitsi kourallisen miehiä Jumalan rakkauden apostoleiksi. Nuo kaksitoista mullistivat Jeesuksen lähettäminä silloisen maailman. Veljellinen yhteys toimii pienissä yhteisöissä. Apostoleja oli kaksitoista. Jeesuksen lähimmät miehet olivat Pietari, Jaakob ja Johannes. He olivat apostolien johtoryhmä. Jos sinulla on kolme läheistä, niin olet menestynyt ihmissuhteissasi. Usko ei vaikuta pelkästään kohti taivasta. Se vaikuttaa myös kaikessa maailmassa. Mikäli meillä on Jumalan rakkaus, niin sen tulisi vaikuttaa meidän kauttamme niihin, joita tapaamme arjessamme. Jumala lähetti Poikansa tähän maailmaan, koska hän rakasti ihmisiä. Jumalan rakkaus Pyhässä Hengessä ja Jeesuksen nimessä saa ihmiset liikkeelle hukkuvien sielujen luokse. Seurakuntayhteys on tarkoitettu rakkaudelliseksi kiintymykseksi. Mikäli rakkaus ei vaikuta seurakunnan sisällä, niin uskon liekki on vaarassa sammua. Raamattu sanoo: "Mutta se minulla on sinua vastaan, että olet hyljännyt ensimmäisen rakkautesi" (Ilm. 2:4).

Evankeliumi sytyttää meitä Jumalan tulella. Jumala rakastaa meitä. Jeesus on kuollut puolestamme. Hän uhrasi kalliin verensä meidän vuoksemme. Jeesuksen elämä oli täydellisen puhtaan jumalallisen rakkauden läpäisemä. Meidän tulisi elää niin kuin hän. Meidän tulee kuolla itsellemme ja rakastaa lähimmäistämme niin kuin itseämme. Meidän tulee kiinnittää katseemme Jeesukseen ja oppia hänestä. Vaikuttaako Jumalan armo ja rakkaus kauttasi tänä päivänä?

Filem. 1:10   "pyydän sinua poikani puolesta, jonka minä kahleissani synnytin, Onesimuksen puolesta,"

Paavalin veljesrakkaudellinen kirjoitus jatkuu. Kirjeensä alkuosassa hän on lähentynyt varsinaista aihettaan hyvin varovaisesti. Tämä on jae, jossa Paavali ensimmäisen kerran mainitsee Onesimuksen eli Filemonin karanneen orjan. Hän tahtoo lähettää Onesimuksen takaisin Filemonin luokse. Evankeliumin näkökulmasta me kaikki olemme tarvinneet palauttajaa todellisen isäntämme luokse. Olemme pakoilleet Jumalaa. Nyt Jeesus on kuitenkin tullut palauttamaan meidät takaisin Isän Jumalan yhteyteen. Olemme Jumalan omia. Kuulumme hänelle. Emme ole pelkästään vastuussa Jumalalle teoistamme, vaan meidän tulee myös palvella häntä. Jeesus on palauttanut sen yhteyden, joka oli poikki Jumalan ja ihmisten välillä. Hän on ratkaissut syntiongelman vuodattamalla verensä Golgatalla noin kaksi tuhatta vuotta sitten. Hän on lunastanut sinut vapaaksi synnin orjuudesta. Paavali siis esiintyy Onesimuksen puolestapuhujana. Hän vetoaa Filemoniin, että tämä ottaisi hyvin vastaan karanneen orjansa. Onesimuksesta oli tullut vankilassa Jeesuksen Kristuksen opetuslapsi. Paavali oli julistanut hänelle ilosanomaa Herrasta Jeesuksesta, ja Onesimus oli tullut uskoon.

Myös Filemon oli tullut jo aikaisemmin kristityksi apostoli Paavalin julistustoiminnan seurauksena. Siksi Paavali kirjoitti tälle rohkeasti. Paavalin kirje Filemonille on yksi hänen vankilakirjeistään. Apostoli joutui vankilaan evankeliumin vuoksi. Tänäkin päivänä on kristittyjä, joita vainotaan uskonsa vuoksi. Heitä sorretaan, ja monia vangitaan. Mutta meillä täällä Euroopassa on hyvin erilainen kenttä vastassamme. Saatana on myrkyttänyt ihmisten mielet niin, etteivät he tahdo ottaa Jeesusta vastaan. Euroopan seurakunnat tarvitsevat hengellisen uudistumisen. Meidän tulee viskata pois rahamme ja kaikki ne esteet, joiden vuoksi seurakunnat ovat heikkoja. Meidän tulee polvistua Herran eteen ja laittaa kotialttarimme kuntoon. Saakoon Jumalan tuli levitä seurakuntiin. Saakoon uskovat täyttyä Jumalan Pyhällä Hengellä. Karitsan veri vuotaa Golgatan keskimmäiseltä ristiltä. Meidän tulee puhdistautua siinä lähteessä ja tehdä parannus synnillisistä tottumuksistamme.

Evankeliumin Herra odottaa, että uskovat lähtevät liikkeelle voittamaan sieluja rukouksen hengessä. Hän tuntee hitautemme evankeliumin asialle. Herra nuhtelee seurakuntia innottomuudesta lähetystehtävän suorittamisen suhteen. Jumalan tahto ja tarkoitus on, että hukkuvat sielut pelastuvat. Jumala kutsuu sinua kentälle. Oletko valmis leikkaamaan satoa ikuiseen elämään Kristuksessa? Saat toimia leikkuupuimurina Jumalan elonpellolla hänen kunniakseen. Seuraa Jumalan johdatusta kypsän viljan luokse, ja korjaa se talteen. Amen.

Filem. 1:11   "sinulle ennen hyödyttömän, mutta nyt sekä sinulle että minulle hyödylli-
sen;"

Orjat ovat isäntänsä omaisuutta. Toiset orjat ovat kuitenkin omistajilleen hyödyllisempiä kuin toiset. Onesimuksesta tulisi olemaan hyötyä omistajalleen Filemonille. Paavali ja hänen tavoitteidensa kannalta Onesimus oli myös hänelle hyödyllinen. Evankeliumi meni eteenpäin, ja Paavali iloitsi siitä. Kun tulet uskoon, niin älä jää pois työstäsi. Se, että teet maallista työtä, on hyvin hyödyllistä. Vaikka et saavuta sillä suurta taloudellista menestystä tai kunnia-asemaa seurakunnassa tai yhteiskunnassa, niin Jumala arvostaa työtäsi. Älä etsi etusijaa ihmisten silmissä. Olemme Jumalan lapsia Kristuksessa Jeesuksessa ja näin ollen samanarvoisia. Saat elää mahdollisimman tavallista elämää. Sinusta on toisille yhä enemmän hyötyä, jos elät evankeliumin todeksi arjessasi. Jumalan valtakunta on sinussa. Herran kirkkaus leviää kauttasi siellä, missä olet. Uskon, että tavallinen kristitty voittaa sieluja paremmin kuin äärikarismaattinen julistaja. Ihmiset tarvitsevat rinnalla kulkijoita. He eivät kaipaa lisää käskijöitä. Siitä on kysymys Filemon-kirjeessä.

Paavali kirjoittaa siinä veljellisestä rakkaudesta. Se on hänen kirjeensä ydinaihe. Hän opettaa veljellisestä rakkaudesta, joka ylittää rajat eri luokkien ja säätyjen välillä. Vaikka Filemon oli isäntä ja Onesimus oli orja, niin he olivat silti uskonveljiä Jeesuksessa Kristuksessa. Juuri tätä seikkaa apostoli Paavali halusi peräänkuuluttaa. Hän opetti Hengen luomasta yhteydestä. Tuo yhteys ilmeni myös käytännössä. Onesimuksesta tulisi Filemonille hyvin hyödyllinen. Paavalin kirjeestä näkyy, että Onesimuksen mieli oli muuttunut. Raamattu sanoo: "Jos nyt joku puhdistaa itsensä tämänkaltaisista, tulee hänestä astia jaloa käyttöä varten, pyhitetty, isännälleen hyödyllinen, kaikkiin hyviin tekoihin valmis" (2. Tim. 2:21). On siis astioiden jalo käyttö ja arkinen käyttö. Ilmeisesti Onesimus oli tarkoitettu arkiseen käyttöön. Silti hän sai olla käytössä ja hyödyksi.

Mikäli olet tarkoitettu arkikäyttöön, niin tyydy osaasi, ja kiitä siitä Herraa. Kaikista ei tarvitse tulla kiertäviä apostoleja tai julistajia. Saamme palvella Herraa juuri sillä paikalla, jonne hän on meidät tarkoittanut. Tämä ei ole vaikeasti tajuttavaa. Eihän? Olen varma siitä, että meillä kaikilla on Jumalan meille antamia lahjoja, ja ne on tarkoitettu hyödylliseen käyttöön. Palvele Herraa lahjoillasi. Se on hänen kunniansa. Muista rukouksin oman paikkasi löytymistä. Tunnet kyllä sen, oletko hyödyksi vai haitaksi. Siinä kannattaa kuunnella myös toisten mielipiteitä tekemästäsi työstä: Oletko tehnyt tulosta vai vahinkoa?

Filem. 1:12   "hänet minä lähetän sinulle takaisin, hänet, se on: oman sydämeni."

Paavalin kirje Filemonille ei ole kuivan asiallista proosaa, vaan se sisältää paljon tunnetta, kuten huomaamme tästä jakeesta. Siinä on paljon kohteliaisuuksia. Itse asian Paavali olisi voinut esittää paljon lyhyemminkin, vaikka kyseinen kirje on Paavalin lyhyin. Paavali oli niin kiintynyt Onesimukseen, että hän käyttää voimakasta tunneilmaisua tässä jakeessa. Veljellisen rakkauden teemasta on jo ollut puhetta tässä teoksessa. Se saa jonkinlaisen huippulukeman käsillä olevassa jakeessamme. Niin apostoli kuin Paavali olikin ja Jeesuksen Kristuksen lähettiläs, hän ei ollut uskonnollinen mahtailija vaan Jumalan koulussa pieneksi kasvanut Herran palvelija. Paavali oli Herransa Jeesuksen ja muiden apostolien tavoin vakuuttunut rakkauden ensisijaisesta tärkeydestä. Suuret hengelliset johtajat, kuten Paavali, eivät johda ylhäältä vaan rinnalta. Heillä ei ole uskonnollista pätemisen tarvetta, vaan he innostuvat evankeliumista ja innostavat sen kautta myös muita. Koska olemme saman Jumalan armon alaisia, emme tarvitse seurakunnallista hierarkiaa vaan palvelevaa johtajuutta.

Paavali ei siis ollut pelkästään älyllinen pohdiskelija, vaan hänellä oli myös monenlaisia tunteita, aivan kuten hänen kirjeistään saamme huomata. Tässä jakeessa näkyy elävän uskon syvän ihmisläheinen puoli. Jumalasuhde ei ole pelkkä suhde ihmisen ja Jumalan välillä, vaan se vaikuttaa myös ihmisten välisiin suhteisiin. Armo on Jumalan rakkautta myös ihmisten kesken. Olemme saaneet paljot syntimme Kristuksen tähden anteeksi. Siksi meidän tulee osoittaa armoa myös muille. Paavalin kirjeessä Filemonille ilmenee ihmisrakkaus parhaimmillaan. Siinä ei niinkään ole kysymys orjuudesta vaan vapaudesta. Ihmiset ovat vapaita rakastamaan toisiaan.

Rakkaudesta on puhuttu ja kirjoitettu hyvin paljon. Sen nimissä on laulettu ja filmattu. Silti se ei ole pelkkää tunnekuohua. Rakkaus on Jumalan sydän ihmisten keskuudessa. Tähän meitä ohjaa myös kultainen sääntö: "kaikki, mitä te tahdotte ihmisten teille tekevän, tehkää myös te samoin heille; sillä tämä on laki ja profeetat" (Matt. 7:12). Näin siis opetti Jeesus itse. Rakkaus ei ole teoriaa, vaan se on käytäntöä. Niin kuin olemme samojen luonnonlakien alaisia, niin samoin meihin toimivat samat hengelliset totuudet ja periaatteet. Veren sanotaan olevan vettä sakeampaa. Mikäli tunnet rakkautta ihmisiin, olet sisällä elämässä. Todellinen rakkaus ei ole passiivista vaan aktiivista. Ehkä juuri sen takia Paavali kirjoitti Filemonille näinkin monisanaisesti. Kirje ei ole siinä mielessä teologinen tutkielma, koska se ei suoraan opeta Jumalasta. Mutta vaikka Paavalin mielenkiinto onkin ihmisissä, niin täytyy muistaa se, että ihmisten takana Jumala toimii. Näin ollen ainakin epäsuorasti Paavali opettaa tässä kirjeessä myös Jumalan luonteesta. Hyvä niin, sillä ennen kaikkea ihmiset kaipaavat rakkautta, tuli se sitten Jumalalta tai ihmisiltä. Amen.

Filem. 1:13   "Olisin tahtonut pidättää hänet tykönäni, että hän sinun sijassasi olisi palvellut minua, joka olen evankeliumin tähden kahleissa;"

Tästä jakeesta ilmenee kaksi asiaa. Niistä ensimmäinen on se, miten Paavali kuolee omalle tahdolleen lähettämällä Onesimuksen Filemonille. Huomaamme samalla, millainen oli tuo aika, jossa he elivät. Orjat olivat kuin karjaa. He olivat isäntiensä omaisuutta. Toinen jakeesta ilmenevä seikka on Paavalin vankeus. Hän oli "evankeliumin tähden kahleissa". Tuo ei ole aivan huono syy joutua vankilaan. Tarkoitan tietenkin sitä, että evankeliumin vuoksi kannattaa kärsiä. Paavali ei kuitenkaan korosta vankeuttaan. Hän ei ollut katkera. Hänen kirjeestään Filemonille huokuu kypsän kristityn lämpö. Hän hyväksyi vankeutensa tapahtuneena tosiasiana. Kirjeessään hän ei puhu kovin paljon Jumalasta, mutta hän puhuu ihmisistä sitäkin enemmän. Kirje Filemonille on yksityiskirje, joka on osa Raamatun kaanonia. Sen teologinen anti liittyy veljelliseen rakkauteen. Paavali ei puhu siinä profetian tai ilmestyksen sanoja. Hänen motiivinsa juontuvat käytännön tilanteesta.

Onesimus, Filemonin orja, tuli vankilassa uskoon Paavalin julistuksen seurauksena. Apostoli halusi nyt palauttaa hänet omistajansa luokse. Tästä huomaamme, miten Paavali kantoi vastuuta uskoviksi tulleista. Hän ei jättänyt heitä oman onnensa nojaan vaan opetuslapseutti heidät. Paavali oli todella Jumalan valitsema Jeesuksen Kristuksen apostoli. Samanlaista asennetta kuin hänellä tarvittaisiin enemmän nykyisinkin. Mikäli olet tullut uskoon, niin mielesi on muuttunut. Älä enää elä vanhan minäsi vaan uuden minäsi mukaan. Vaella Herran edessä. Pyri nuhteettomuuteen. Tähän Jumala ohjasi myös Aabrahamia. Hän sanoi tälle näin: "Minä olen Jumala, Kaikkivaltias; vaella minun edessäni ja ole nuhteeton" (1. Moos. 17:1).

Opetuslapseuttaminen on kristillisten seurakuntien avaintehtävä. Kuka huolehtii uskoviksi tulleista? Se on seurakunnan tehtävä. Kristinusko ei ole hengellinen kotisi vaan paikkakuntasi seurakunnista se, mikä on sinulle läheisin. Sana ja rukous ovat opetuslapseuttamisen keskeisiä välineitä. Meidän ei tarvitse muuttua tämän maailman mukana. On asioita, jotka tulee säilyttää ennallaan. Niitä ovat Sana ja rukous. Apostolit opettivat Jumalan Sanaa Jerusalemin alkuseurakunnassa. He palvelivat sitä rukouksin. Kun Jumala kutsui Paavalin apostolikseen, niin hänestä tuli kristinuskon innokkain levittäjä. Hän perusti seurakuntia, ja sanoma Jeesuksesta levisi suureen osaan silloista maailmaa. Me nykyajan uskovaiset elämme jännittäviä hetkiä. Meidän tulee valvoa ja rukoilla, ettemme joutuisi kiusaukseen. Emme saa laiminlyödä rukousta. Evankeliumi on tärkein asia elämässäsi. Älä menetä sitä. Pyydä Herralta hedelmää uskollesi. Voita sieluja Kristukselle. Hän puhdistaa motiivisi, ja kannat yhä runsaamman sadon. Pysy Herrassa ja hänen voimavaikutuksessaan, niin perit hänen taivaallisen kirkkautensa.

Filem. 1:14   "mutta ilman sinun suostumustasi en tahtonut tehdä mitään, ettei hyvyytesi olisi ikäänkuin pakollinen, vaan vapaaehtoinen."

Paavalin sanansäilä on hyvin kohteliasta. Hän vetoaa Filemoniin täydestä sydämestään. Hänelle uskonnollinen vallankäyttö oli vierasta. Paavali otti hyvin huomioon Filemonin itsemääräämisoikeuden. On selvää, että Filemonin yhteiskunnallinen asema oli parempi kuin Onesimuksen. Tietyllä tavalla Paavali asettuu kirjeessään puolustamaan Onesimusta. Hän myös käyttää hengellistä auktoriteettiaan mutta tekee sen rakkaudellisesti. Meille säilynyt Paavalin kirje Filemonille on lyhyt viesti uskonveljeltä toiselle. Siinä Paavali kirjoittaa vankilasta. Hän puhuu sydämen tasolta. Ehkä se on syy, miksi Paavalin tyyli on osaltaan muodollista. Hän ei ilmaise pelkkää asiaansa vaan rönsyilee asian vierestä. Kuitenkin se yhteys, joka näiden veljien kesken vallitsi, on kirjeen kantava teema.

Apostolista rakkautta voidaan siis pitää kirjeen kokoavana ja yhdistävänä tekijänä. Sen valossa Paavalin kirje Filemonille on hyvin yhtenäinen. Miksi seurakunnat kuihtuvat ja kuolevat? Syynä siihen on ennen kaikkea rakkauden puute. Mikäli veljellinen rakkaus saisi hallita seurakunnissa, niin ne olisivat voittamattomia. Tämän seikan pitäminen esillä on tarpeen siinä pinnallisessa kulttuurissa, jossa elämme. Paavalin kirjeellä Filemonille on siis tärkeä paikkansa Uuden testamentin kaanonissa. Se opettaa Jumalan rakkautta käytännössä. Jumala on tarkoittanut ihmiset rakastamaan toisiaan. Se voi ilmetä myös heikomman veljen puolelle asettumisena. Aikamme heikompiosaisten puolustaminen on Jumalan tahto ja tarkoitus. Meille on annettu mahdollisuus toimia oikein. Nähdessämme sortoa ja väkivaltaa meidän tulisi käyttää aikaa myös sen kysymyksen pohtimiseen, että kenen oikeutta harjoitetaan ja millä keinoilla. En usko, että tarkoitus pyhittää keinot. Jumalan laki näyttää meille, että mikä on oikein ja mikä on väärin. Niin armahdettuja kuin olemmekin, vastuu heikommista painaa harteillamme. Meidän tulee rakastaa ja tehdä laupeuden tekoja.

Hyvät teot siis kuuluvat kristinuskoon. Eräänä päivänä meille näytetään, mikä oli elämämme perusta. Mikäli käytät elämäsi oman etusi ajamiseen, niin et ollut elänyt todeksi evankeliumia. Jeesus Kristus on ainoa kestävä perusta. Rakenna siis elämäsi hänen varaansa. Noudata Jumalan Sanan jaloimpia periaatteita. Ota Raamattu ainoaksi ohjenuoraksesi. Kuuntele Jumalan Sanaa. Seuraa Jeesuksen Kristuksen opetusta. Tee täyttä totta apostolisesta uskosta. Rakkaudellinen suhtautuminen lähimmäisiin tulee heijastumaan sinulle takaisin. Saat palkkaa hyvistä teoistasi jo nyt. Jumalan armon apostoli, Paavali, opetti Jeesuksen elämäntapaa. Sen mukaan meidän tulee kuolla itsellemme ja elää Jumalalle, lähimmäistemme eduksi ja hyödyksi. Jeesuksen tie ei ollut helppo. Se oli ristin tie. Sitä seuraten tulee meidänkin kulkea. Vaella Jumalan luokse hänen ohjeitaan noudattaen. Rakasta hänen lakiaan. Anna Pyhän Hengen valaista sinut, ja elä evankeliumin arvon mukaan.

Filem. 1:15   "Sillä ehkäpä hän sentähden joutui eroamaan sinusta ajaksi, että saisit hänet takaisin iäksi,"

Paavali valaisee Filemonin mieltä antamalla teologisen selityksen Onesimuksen pakenemiselle. Kaikella on tarkoitus. Paavali pyrki palauttamaan Onesimuksen Filemonin luokse. Niin hän teki nostamalla Onesimuksen ihmisarvoa. Vaikka Onesimus oli Filemonin omaisuutta, niin Filemon oli Jumalan omaisuutta. Yhteiskunnallinen asemasi ei määritä asemaasi Jumalan lapsena. Saat tuon siunatun aseman ottamalla Jeesuksen vastaan. Jos olet uudestisyntynyt, niin yhteiskunnallisella tai seurakunnallisella asemallasi ei ole niin suurta väliä. Jumalan tunteminen Jeesuksessa Kristuksessa on tärkeämpää kuin ihmiskunnia. Suurin asemanmuutos, mikä sinulle voi tapahtua, on Jumalan lapseksi tuleminen. Hän adoptoi sinut. Vaikka olisit vankilassa tällä hetkellä, niin Jumala on sielläkin kanssasi. Jumala ei ole riippuvainen ihmisistä, vaan ihmiset ovat riippuvaisia Jumalasta. Olit sitten juutalainen tai ei-juutalainen, niin pelastut vain uskomalla Jeesukseen Kristukseen.

Uskontosi ei tuo ratkaisua pelastuskysymykseen. Syntiongelmaa ei voida ratkaista myöskään rahalla. Ihmisviisaus ei auta sinua synnin hirmuvaltaa vastaan. Sen tekee vain Jeesus, Jumalan Poika. Ainoa oikea tunnustus on elävän kristinuskon lause: "Jeesus Kristus on Herra". Saat tuntea Jumalan Jeesuksen kautta. Ei ole muuta tietä. Kaikki uskonnot johtavat umpikujaan. Myös kristinuskon nimissä tapahtuu harhaanjohtamista. Totuus on yksi ja ainoa. Totuus on henkilö. Hänen nimensä on Jeesus. Saat tutustua häneen Jumalan Sanan ja Pyhän Hengen kautta. Saamme rukoilla Herraa niin, että evankeliumi menee eteenpäin kaikkialle maailmaan. Herra on ainoa toivomme. Hän pelastaa hukkuvat sielut. Vain Jeesus tuo valon tämän maailman pimeyteen. Vain hän on vastaus maailman turmelukseen. Valheen valta on murrettu. Jeesus teki sen. Hän nousi kuolleista kolmantena päivänä. Hän voitti kuoleman.

Saakoon ilosanoma Jeesuksen voitosta levitä kauttasi. Julista evankeliumia hänestä Pyhän Hengen voimassa ja voitelussa. Saakoon Jumalan rakkauden hyökyaalto pyyhkäistä yli koko Euroopan. Saakoon Jumalan tuli sytyttää seurakunnat. Saakoon Pyhän Hengen öljy palaa sydämessäsi. "Suloinen on voiteittesi tuoksu, vuodatettu öljy on sinun nimesi" (Kork. 1:3). Jos sinulla ei ole öljyä, niin sinulla ei ole myöskään tulta. Näin sinulta puuttuu sekä valo että lämpö. Rukoile siis Herraa, että hän vuodattaisi Pyhän Hengen öljynsä sinuun. Käänny hänen puoleensa. Odota hänen aikaansa. Seuraa Jumalan johdatusta. Olkoon rukouksesi harras. Jumala siunatkoon sinua. Varjelkoon hän sinua. Laskekoon hän armonsa ja rauhansa sinun yllesi. Kaikki riippuu Jumalasta. Kuulumme hänelle. Kiitos siitä Herralle. Amen.

Filem. 1:16   "ei enää orjana, vaan orjaa enempänä: rakkaana veljenä, ylen rakkaana jo minulle, kuinka paljoa enemmän sitten sinulle, sekä ihmisenä että Herran omana!"

Jos katsomme, että veljesrakkaus on Paavalin kirjeen pääaihe, niin on tämä jae hyvin keskeinen. Emme tiedä Onesimuksesta kovin paljon. Paavalin teksteistä tiedämme hänen olleen orja, jonka Filemon-niminen mies omisti. Paavalin kirjeen muotona ei muutenkaan ole historiallinen kuvaus, vaan hän tuo oman persoonansa täysillä mukaan kirjeeseensä. Paavalin kirjeen sävy on hyvin lämmin ja rakkaudellinen. Hän ei käske ja komenna Filemonia vaan suhtautuu tähän kuin veljeen.

Veljellinen rakkaus ylittää taloudellisia ja sosiaalisia rajoja. Olemme Jeesuksessa samanarvoisia. Uskoon tultuamme olemme saaneet ymmärryksen Jumalan todellisuuteen. Jos olet orja, niin se ei kuitenkaan määritä sinun ihmisarvoasi. Jeesus rakastaa sinua. Hän on antanut itsensä alttiiksi sinunkin puolestasi. Hän on vuodattanut oman verensä Golgatalla maksaakseen syntivelkamme. Pääsy Jumalan armoon tapahtuu uskomalla Herraan Jeesukseen Kristukseen. Jumala lähetti oman Poikansa pelastamaan ihmiskunnan, koska hän rakastaa meitä. Olemme luodut hänen kuvikseen. Meistä on myös tullut Jumalan lapsia evankeliumin kautta. Mikäli olemme saman Jumalan armon alla, niin emme ole toinen toistamme parempia tai huonompia. Jeesuksessa Kristuksessa sinua ei auta omaisuus tai maallinen asema vaan elävä usko. Jumalan rakkaus toteutuu sinunkin kohdallasi, kun otat Jeesuksen vastaan. Se kannattaa. Suosittelen lämpimästi. Älä torju evankeliumia. Älä käännä selkääsi Jeesukselle.

Uskovaisten kesken tulisi vallita veljellinen rakkaus. Nykyinen elämänmalli suosii kuitenkin itsekkyyttä. Suuri osa ihmisistä ajaa vain omaa etuaan. Tämä valitettava suuntaus näkyy myös seurakunnissa. Monet ovat täysin maallistuneita. He eivät etsi Jumalaa vaan nautintoja, rikkauksia ja asemaa. Jumala on kuitenkin ainoa auttajasi. Et ole oman onnesi seppä. Jumala siunaa sinua. Menestymisesi on hänen hallinnassaan. Älä pelkää. Saatat joutua kokemaan ahdistusta ja tuskaa. Näet, että ihmiset kääntävät sinulle selkänsä. Muista silloin Jeesusta. Hän oli "ihmisten hylkäämä" (Jes. 53:3). Veljellinen rakkaus ei ole teoriaa vaan käytäntöä. Muutenkin rakkaus on elävän uskon käytännön ulottuvuus. Sydämen usko näkyy teoissasi. Palvelit sitten seurakunnassa tai maailmassa, niin kumarra vain ja ainoastaan Jumalaa. Anna kaikki kunnia hänelle. Älä koskaan luovu Jeesuksesta, vaan vahvistu hänen rakkaudessaan. Koe Jumalan armo. Tee uskosi täydelliseksi. Palvele lähimmäistäsi. Paavali on kirjoittanut toisaalla: "Pitäkää pyhien tarpeet ominanne" (Room. 12:13). Näin sanoo selvä Raamatun sana, Jumalan ilmoitus. Laupeuden harjoittaminen on Jumalan armoa käytännössä. Saakoon se toteutua kauttasi. Saakoon veljellinen rakkaus vahvistua seurakunnissa.

Filem. 1:17   "Jos siis pidät minua toverinasi, niin ota hänet luoksesi niinkuin minut;"

Kirjeen varsinainen asia ilmenee tästä jakeesta. Paavali pyytää Filemonia ottamaan Onesimuksen luokseen. Hän vetoaa siihen veljesrakkauteen, joka vallitsi heidän välillään. Hän peräänkuulutti tuota samaa rakkautta myös Filemonin ja Onesimuksen välille. He olivat uskonveljiä. Heistä oli tullut uskovia Paavalin julistaman evankeliumin kautta. Tässä lyhyessä jakeessa siis ilmaistaan se syy, että miksi Paavali kirjoitti Filemonille. Siksi tätä jaetta voidaan pitää kirjeen avainjakeena. Vaikka kirje on lyhyt, niin sen tässä jakeessa esille tuotu asia ei olisi välttämättä vaatinut näinkään pitkää selontekoa. Kirje on aika tunnepitoinen. Siinä apostoli Paavali kirjoittaa oman sydämensä tasolta. Siitä on hyvin kaukana jäykkä ja muodollinen uskonnollisuus. Sen sijaan siitä huokuu kristillinen lämpö ja rakkaus. Paavali kirjoittaa herkällä otteella. Hän ei saarnaa totuuksia korkealta ja kovaa vaan tuo esiin sitä rakkautta, jonka usko Jeesukseen saa aikaan.

Kristinusko ei ole pelkästään Jumalan ja ihmisten välinen juttu. Siinä on kysymys myös ihmisten välisistä suhteista. Usko Jumalaan vaikuttaa rakkautena ihmisiin. Ilmeisesti esimerkiksi Paavalin kirje galatalaisille edusti apostolin varhaisempaa tuotantoa Filemon-kirjeeseen verrattuna. Ne poikkeavat toisistaan myös sisältönsä ja muotonsa puolesta. Kirje Filemonille on siis kirjoitettu suhteellisen myöhään. Paavali oli tuolloin jo vanha mies. Hän oli saanut nähdä paljon ja kärsiä Jeesuksen nimen vuoksi. Hän ei ollut katkeroitunut, vaikka hän oli joutunut kärsimään. Hän oli noussut Jumalassa olosuhteitten yläpuolelle. Älä sinäkään katkeroidu, tuli mitä tuli. Se ei kannata. Anna anteeksi kaikki se paha, jolla ihmiset ovat sinua loukanneet. Olet saanut Jumalan armon Kristuksessa. Anna siis sinäkin anteeksi. Kohoa Jumalassa hengellisiin korkeuksiin. Opi pitkämielisyyttä ja itsehillintää. Ne ovat arvokkaita eväitä uskovan vaelluksella tämän maailman halki.

Paavalin kynästä heijastuu kypsän ja kokeneen kristityn rakkaus lähimmäiseen. Näyttää kuin Paavali ei olisi tässä kirjeessä esillä niin kiivaana kuin vaikkapa Galatalaiskirjeessä. Tuntuu kuin Paavalin vanhuudessa kirjoittamat kirjeet huokuisivat enemmän maanläheisyyttä kuin hänen varhaisempi tuotantonsa. Niissä keskitytään enemmän ihmiseen kuin Jumalaan. Toki Jumala vaikuttaa kaiken taustalla ja on kaiken lähtökohta ja päämäärä, mutta Paavalin tekstistä välittyy siltikin evankeliumin inhimillinen ulottuvuus. Paavali ei ollut ylihengellinen. Hän toimi ihmisenä ihmisille ja heidän parhaakseen. Näemme tässä myös Paavalin toiminnan evankelisen puolen. Hän ei eristäytynyt ihmisistä vaan meni maailmaan kertomaan Jeesuksesta. Opetuslasten synnyttämisen lisäksi hän huolehti heistä. Hän otti heistä vastuuta. Näin tulee seurakuntien toimia tänäkin päivänä.

Filem. 1:18   "mutta jos hän on tehnyt sinulle jotakin vääryyttä tai on sinulle jotakin vel-
kaa, niin pane se minun laskuuni."

Tässä kohden näkyy eetillinen painotus. Paavali vetoaa Filemonin hyväntahtoisuuteen. Hän haluaa tasata tilivälit Onesimuksen ja Filemonin välillä. He olisivat nyt veljiä Herrassa. Tilivälien nollaus koski sekä taloudellista että muuta toimintaa. Tämänkaltaista rinnalla seisomista kuin Paavali tässä esittää tarvittaisiin seurakunnissa. Kaiken toistemme syyttelemisen ja panettelemisen sijasta meidän tulisi puhaltaa enemmän yhteen hiileen. Kristittyjen tulisi tiivistää taistelurivejään. Yhdessä tekeminen kehittää yhteishenkeä. Seurakunnilla on yhteinen missio eli sielujen voittaminen. Oikeastaan se on vain osa tuota suurta tehtävää. Uskosta osattomien saavuttamisen lisäksi meidän tulee puhua kokonaisvaltaisesta opetuslapseuttamisesta. Se on paljon enemmän kuin pelkkä uskoontulo. Se on koko elämän vievä prosessi. Sen yhteydessä tulee puhua hengellisestä kasvusta. Silti opetuslapseuttaminen on enemmän kuin yksittäisen kristityn kypsyminen ihmisenä ja Jumalan lapsena. Siinä on kysymys seurakuntakasvusta.

Opetuslapseuttamisessa voidaan nähdä periaatteessa kolme ulottuvuutta. Ne ovat uskosta osattomien saavuttaminen evankeliumilla, uskoon tulleiden valmistaminen kastetta ja seurakuntaan liittämistä varten sekä Jumalan Sanan opettaminen uskoville ja heidän ehtoollisyhteytensä. Näiden hahmottaminen voi olla haastavaa. Ne eivät ole yhden ihmisen tehtävä, vaan ne sitovat paljon voimia ja resursseja. Saattaa olla, että toimivan seurakunnan minimijäsenmäärä on sadan henkilön tienoilla. Sanon tämän varauksella. Yhteinen missio tulee olla jokaisen kristityn mielessä kristallinkirkkaana. Saat olla aivan oma itsesi. Aitoudellasi saavutat suurempia voittoja kuin ulkokultaisuudella. Paavali eli evankeliumin todeksi. Hän valjasti voimansa evankeliumin työhön. Hän ei toiminut yksin.

Jeesuksen seurakunnille antama tehtävä on yhä voimassa. Saakoon hän pukea seurakunnat vanhurskauteensa. Se, mitä maailma ennen kaikkea tarvitsee, löytyy Raamatun kansien välistä. Jeesus, jonka Pyhä Henki kirkastaa, on tämän hukkuvan maailman ainoa toivo. Seurakunnat voittavat Pyhän Hengen voimassa. Uskovat hylkäävät synnilliset tottumuksensa. Nämä ovat hyviä uutisia. Ne saavat tilaa Euroopassa. Tästä alkaa herätys ja seurakuntien uudistuminen. Jumala katselee ihmiskuntaa suurella mielenkiinnolla. Kun kristityt heräävät ja jumalattomat kääntyvät, niin hän iloitsee. Ylistetty olkoon Herran nimi. Jumala saa kunnian, ja me saamme hänen armonsa. Se on niin ja Amen!

Filem. 1:19 "Minä, Paavali, kirjoitan omalla kädelläni: "Minä sen maksan"; saattaisinpa sanoa: pane se omaan laskuusi; sillä sinä olet minulle velkaa oman itsesikin."

Filemon oli tullut uskoon Paavalin julistaman evankeliumin kautta. Siksi hän saattoi kirjoittaa hänelle näin. Myöskään me emme ole luonnostamme velattomia Jumalan edessä. Ilman Jeesusta syntivelka painaa harteillamme kuin lyijy. Emme voi tehdä tuota velkaa tyhjäksi. Se on liian suuri. Tarvitsemme siihen ulkopuolisen auttajan. Hän on Jeesus. Hän on maksanut syntivelkamme. Tämä on totuus, joka saavutti Paavalin, Filemonin ja Onesimuksen. Se on sama totuus, joka on vapauttanut niin monet. Jeesus sovitti syntimme. Hän maksoi lunnaat. Hän osti meidät vapaiksi synnin orjuudesta verellään. Jeesus kuoli puolestamme. Hänet tapettiin meidän syntiemme vuoksi. Olemme syyllisiä hänen kuolemaansa. Mutta se oli vapautemme hinta.

Monissa seurakunnissa ei ole ymmärretty erästä evankeliumin ulottuvuutta. Jeesus nimittäin täytti lain. Mooseksen laki tuomitsee kuolemanrangaistukseen synnistä. Se ei voinut näyttää toteen sitä, että Jeesus olisi tehnyt syntiä. Jeesus ei rikkonut lakia vaan täytti sen. Pelastusteko ei perustu meihin vaan Jeesukseen Kristukseen. Lakiliitto täytettiin Jeesuksessa. Siksi hänessä emme ole lain alla vaan armon alla. Koska Jeesus täytti lain, niin emme ole enää synnin alla. Olemme päässeet vapaiksi synnin rangaistuksesta. Jeesus kuoli, jotta me saisimme elää. En kuitenkaan julista Jumalan armoa ohi ristin. Se, mitä Golgatalla tapahtui, toi meille pääsyn Jumalan armoon, jonka saamme omistaa uskon kautta Jeesukseen Kristukseen. Ilman Jeesusta uskoltamme katoaa pohja ja perustus. Laki on kieltoja ja käskyjä. Se näyttää ihmisille, mikä on Jumalan tahto meihin nähden. Laki paljastaa synnin olemuksen. Pelastus ei perustu lakiin vaan armoon. Koit hengessäsi mitä tahansa, niin et voi tehdä noista kokemuksistasi perustaa uskollesi. Jumalan Sana on uskomme ainoa kestävä pohja ja perustus. Evankeliumi Herrasta Jeesuksesta on ainoa pelastava tie. Saakoon sanoma Jumalan vapaasta armosta Kristuksessa tuoda sinulle levon Herrassa. Jumalan tahto ja tarkoitus on täytetty Jeesuksen Kristuksen kautta.

Olet vanhurskas Jumalan silmissä Jeesuksen ansiosta. Kelpaat Jumalalle Jeesuksen tähden. Hän hyväksyy sinut sellaisena kuin olet. Jos kerran pelastus ei perustu meihin vaan Jeesukseen ja hänen täytettyyn tekoonsa puolestamme, niin miksi säntäilet ympäriinsä levottomana etsien Jumalaa? Hän on ilmoittanut itsensä meille Pojassa. Jeesus ei vie sinua lain alle vaan sieltä pois. Kun olet saanut maistaa Jumalan armoa, niin et enää tahdo muuta. Koska uskomme Jeesukseen syntiemme sovittajana, niin emme saa luottaa itseemme. Uskonnollinen ihminen luottaa itseensä. Hän luulee voivansa täyttää lain. Näin ei asia kuitenkaan ole. Olemme saaneet vapautuksen laista, koska Jeesus on sen täyttänyt.

Filem. 1:20   "Niin, veljeni, jospa saisin sinusta hyötyä Herrassa; virvoita sydäntäni Kristuksessa."

Aikaisemmissa jakeissa apostoli Paavali on sivunnut omistamisen teemaa. Sen lisäksi hän on kirjoittanut veljellisestä rakkaudesta, joka on tämän kirjeen avainaihe. Hän on ollut varsinaiseen asiaansa nähden monisanainen ja kohtelias. Hän on vedonnut Filemonin tunteisiin. Koska olemme Jumalan omaisuutta, niin meillä ei ole mitään syytä pyrkiä asettumaan toinen toistemme yläpuolelle. Olemme samanarvoisia. Koska olet Jumalan omaisuutta, niin samoin myös se, mitä omistat, kuuluu Jumalalle. Et siis kuulu itsellesi. Olet Jumalan oma sekä luomisen että lunastuksen perusteella.

Uskossa ei kuitenkaan pohjimmiltaan ole kysymys omistamisesta eikä vallasta. Siinä on niiden sijaan kysymys rakkaudesta. Koska tämä on sana, joka on hyvin laajasti ymmärretty väärin, niin meidän on rajattava sen tarkoitus. Välttämättä tämä maailma ei tarvitse enempää rakkautta. Mitä se siis tarvitsee? Ollakseni mahdollisimman selkeä ja ilmaistakseni asian mahdollisimman yksiselitteisesti pyrin hyvin lyhyeen ja tarkkaan ilmaisuun. Mikä on se asia, jota tämä maailma tarvitsee? Oikeastaan se ei ole se vaan hän. No, ketä maailma tarvitsee? Kysymys sisältää vastauksen. Tämä maailma tarvitsee Jeesusta. Hän on hukkuvan maailman ainoa todellinen toivo ja pelastus. Elämämme päämäärän täytyy olla Jeesus. Hänen täytyy olla elämämme perustus ja sisältö.

Saakoon Herra Jeesus hallita. Hän on vanhurskas ja laupias. Sellainen on myös hänen tapansa hallita. Jeesus on nöyrä. Maanpäällisen elämänsä aikana hän ei etsinyt omaa kunniaansa. Hänet korotettiin Isän Jumalan oikealle puolelle, koska hän nöyrtyi Jumalan tahtoon ja oli kuuliainen hänelle. Isä Jumala herätti Poikansa Jeesuksen kuolleista kolmantena päivänä. Tämä on ilouutinen tälle hukkuvalle maailmalle. Isän Jumalan kirkkaus tuli Jeesukseen ja herätti hänet. Kuoleman valta murtui. Jeesus nousi kuolleista ja astui taivaaseen, jossa hän yhä elää ja rukoilee meidän puolestamme. Älä siis pelkää. Jeesus on kanssasi. Älä murehdi. Hän on täällä. Saakoon levoton sielusi levon ja rauhan Kristuksessa. Löydä virvoituksen lähde Jeesuksessa. Saakoon Herra Jeesus virvoittaa sinua Sanallaan ja Hengellään. Ankkuroi itsesi Jumalan Sanaan. Anna Pyhän Hengen kirkastaa Kristus sinulle ja sinussa. Hän on Voittaja. Jeesus on Herra. Tähän tunnustukseen minäkin nojaan. Se on alkuseurakunnan apostolinen uskontunnustus.

Käymme sotaa, mutta olemme Voittajan puolella. Käärmeen pää on murskattu. Jeesus teki sen. Hän on kaikkien valtojen ja voimien yläpuolella ja hallitsee niitä. Käymme sotaa, jossa oma voimamme ei ratkaise. Jumalan voimalla saamme voittaa. Saakoon Jumalan kirkkaus ja kunnia levitä yli kaiken maan. Amen!

Filem. 1:21   "Luottaen kuuliaisuuteesi minä kirjoitan sinulle, ja minä tiedän, että sinä teet enemmänkin, kuin mitä sanon."

Paavalin teksti herättää varsin suurta luottamusta. Paavali luottaa Filemonin kuuliaisuuteen ja alttiuteen. Paavali ei kirjoittanut hänelle komentaakseen tätä. Periaatteessa hänellä olisi ollut siihen mahdollisuus, mutta hän ei käyttänyt sitä. Meille tarjotaan vapaata pääsyä Jumalan luokse Jeesuksessa Kristuksessa. Jumalan vapaa armo meitä kohtaan perustuu Jeesuksen sovitustyöhön ja ylösnousemukseen meidän edestämme. Tämä ei ole harhaa vaan totta. Jeesuksen Kristuksen kuuliaisuus Isän Jumalan tahdolle lasketaan eduksemme, kun otamme hänet vastaan. Isän tahto täyttyi Jeesuksessa, Pojassa. Mitä siis jää meidän osaksemme? Vapaus. Saamme levätä itsekeskeisestä suorittamisesta Herrassa. Niin kuin Filemon palveli Herraa, niin samoin mekin saamme. Jumala johtaa meidät armosta pyhyyteen ja pyhyydestä palvelukseen.

Tunne hätä hukkuvista sieluista raskaana ylläsi. Pukeudu Jumalan armoon, ja osoita sitä myös muille. Sinut on lähetetty voittamaan sieluja. Oli toimintakenttäsi missä tahansa, niin rukoile uskosta osattomien puolesta, että he tulisivat elävään uskoon. Anna Pyhän Hengen todellisuuden vaikuttaa sinussa ja sinun kauttasi, niin Jeesuksen Kristuksen nimi kirkastuu. Paavalin kirjeen Filemonille pääaihe on veljellinen rakkaus. Se välittyy hyvin voimakkaasti. Se on eräs evankeliumin ulottuvuus, joka ei liene kaikkein tunnetuin. Paavalin kääntymiskokemus oli hyvin radikaali ja äkillinen. Jumala pysäytti hänet. Jeesus ilmestyi hänelle. Pyhä Henki täytti hänet, ja hän otti kasteen. Näin Paavalista tuli Jeesuksen opetuslapsi ja evankeliumin julistaja innokkaimmasta päästä. Jeesus otti hallinnan Paavalin elämästä ja johdatti hänet "Viheriäisille niityille" (Ps. 23:2).

Meille tarjotaan pelastusta Jeesuksessa. Vain hänessä on yhteys elävään Jumalaan ja iankaikkinen elämä. Joka ei tunne Jeesusta, se ei myöskään tunne Jumalaa. Jeesus on Jumalan ilmoitus. Kaikki uskonnot ovat pelkkää epäjumalien palvontaa. Aito kristinusko ei ole uskonto vaan evankeliumi eli pelastava sanoma. Meille tarjotaan vapautta uskonnosta. Emme pelastu omien tekojemme kautta vaan Jeesuksen Kristuksen ansiosta. Hänet Jumala lähetti, ja hän kuoli puolestamme Golgatan keskimmäisellä ristillä jo kauan aikaa sitten, aivan niin kuin Raamattu todistaa. Ole siis valmis elämään Jeesukselle ja kuolemaan hänen vuokseen, niin perit ikuisen elämän taivaassa hänen luonaan. Saakoon ylistyslaulusi tulla aina kuulluksi Herran edessä ja evankeliumi mennä kauttasi eteenpäin kaikkialle maailmaan. Lähetyskenttä avautuu edessäsi. Älä palvele tämän maailman epäjumalia, "vaan ole sinä uskovaisten esikuva" (1. Tim. 4:12). Näin tehden saat taivaassa katoamattoman perinnön ja ikuisen kirkkauden Herrassa. Amen.

Filem. 1:22   "Lisäksi vielä: valmista minulle maja luonasi; toivon näet, että minut rukoustenne kautta lahjoitetaan teille."

Paavalin kirje Filemonille on pyörinyt lähinnä veljellisen rakkauden teeman ympärillä. Nyt kirje lähestyy loppuaan. Tässä jakeessa voimme nähdä pilkettä vanhan apostolin silmäkulmassa. Ensinnäkin hän olettaa, että Filemonin kodissa oleva seurakunta rukoilee hänen puolestaan. Toiseksi hän käyttää hauskaa sanontaa "minut rukoustenne kautta lahjoitetaan teille". Totisesti; vaikka Paavali oli vankilassa, hän ei ollut menettänyt huumorintajuaan. Näen tässä erään yhtymäkohdan Galatalaiskirjeeseen. Molemmat näistä Paavalin kirjeistä käsittelevät osaltaan kristillisen vapauden teemaa. Mahdollisesti Galatalaiskirje enemmän periaatteen ja Filemonkirje enemmän käytännön näkökulmasta. Paavali siis eli niin kuin opetti. Hän ei ollut langennut uskonnolliseen ulkokultaisuuteen tai lihalliseen maailmanmielisyyteen. Hän pysyi armon alla. Galatalaiskirjeessä hän puolusti evankeliumin totuutta lainopettajia vastaan. Samoin kuin Galatalaiskirjeessä, niin myös kirjeessä Filemonille Paavali ajaa seurakunnan etua.

Hän kirjoitti seurakunnille ja niiden vuoksi. Hän ohjasi kirjeillään laajoja alueita, joihin kuului useita seurakuntia sekä myös yksittäisiä kristittyjä. Paavali oli hyvin motivoitunut julistamaan evankeliumia uskosta osattomille ja opettamaan Jumalan Sanaa seurakunnille. Hänen työnsä hukkuvien sielujen voittamiseksi ei suinkaan ollut päämäärätöntä säntäilyä sinne tänne, vaan hän oli erityisesti pakanoiden apostoli. Paavalin kirje Filemonille ei ole evankelioiva traktaatti vaan yksityiskirje uskonveljeltä toiselle. Vaikka Paavali saavutti suunnattomia voittoja julistamalla evankeliumia uusilla alueilla, niin hänellä riitti voimia myös opetuslapseuttamiseen. Hän huolehti niistä, jotka olivat tulleet uskoon. Juuri tämä on eräs piirre, joka näkyy hänen kirjeessään Filemonille. Vaikka Paavalin teksti ei ole niin opillisiin periaatteisiin keskittyvää kuin monissa muissa hänen kirjeissään, on kirje Filemonille aivan yhtä fundamentaalinen kuin ne.

Totuuksien omaksumisen tulisi johtaa käytännön tekoihin. Elävän uskon tulisi vaikuttaa rakkautena. Jumalan rakkaus on yhtä ehdotonta kuin Jeesuksen sovitustyö puolestamme. Myös näin on kirjoitettu: "usko ilman tekoja on kuollut" (Jaak. 2:26). Saavuttaaksemme mahdollisimman kattavan kuvan Jumalan Sanasta meidän on hyväksyttävä se kaikilta osin. Näin opimme tuntemaan Jumalan yhä paremmin, ja rakennumme hengellisesti. Meidän tulee lukea Sanaa myös seurakunnan rakentamiseksi.

Filem. 1:23   "Tervehdyksen lähettävät sinulle Epafras, minun vankitoverini Kristuksessa Jeesuksessa,"

Paavalin kirje Filemonille lähestyy loppuaan. Siinä apostoli lähettää terveisiä Filemonille niiltä, jotka olivat vankilassa hänen kanssaan. Tästä näemme hyvin sen konkreettisen tilanteen, jossa tämä kirje syntyi. Usko Jeesukseen saattaa johtaa vankilaan tai jopa kuolemaan. Se on silti kannattavaa. Nykyinen elämä on hyvin lyhyt. Se on kuin ikuisuuden eteinen. Epafras oli myös joutunut vankilaan. Ilmeisesti hän oli toiminut Paavalin työtoverina, ja hänet oli evankeliumin tähden vangittu. Löydämme hänestä pari mainintaa Paavalin kirjeestä kolossalaisille (Kol. 1:7, 4:12).

Evankeliumi vapauttaa synnin orjuudesta. Vaikka olisit vangittu fyysisesti, niin saat olla vapaa hengellisesti Jeesuksessa Kristuksessa. Hän on voittanut synnin ja kuoleman vallan. Hän vuodatti kalliin verensä vuoksemme. Ota vastaan Jeesus Kristus, niin saat syntisi anteeksi, ja astut sisälle iankaikkiseen elämään. Jumalan tuomio menee ohitsesi, ja pääset sisälle hänen armoonsa. Kuolema merkitsee Raamatussa erilaisia asioita. On eri asia kuolla uskossa kuin epäuskossa. Uskoontulo on vain asian alku. Sen päämäärä on pääseminen perille Jumalan taivaaseen. Paavali puhuu toisaalla ruumiin ylösnousemukseen liittyen. Hän kirjoittaa: "Kristuksessa kuolleet nousevat ylös ensin" (1. Tess. 4:16).

Kristityn elämän toivo ei ole tässä ajassa vaan tulevassa. Emme voi saada sekä maailmaa että taivasta. Meidän on tehtävä valinta niiden välillä. Elämäntapamme heijastelee arvomaailmaamme. Elämä tulee koettelemaan uskollisuutemme Herralle. Pidä siis lujasti kiinni Jeesuksen kädestä, koska elämä riippuu hänestä. Jeesus on hukkuvien sielujen ainoa pelastuksen toivo. Hukumme ilman Jeesusta. Mikäli etsit tarkoitusta elämällesi, niin Jeesus on vastaus. Hän täyttää vanhurskauden nälkäsi ja totuuden janosi. Mikäli etsit hyväksyntää, niin saat sen Jumalan armosta Jeesuksessa Kristuksessa. Jumala antaa sinulle myös viisautta.

Vaikka maailma herjaisi sinua Jeesuksen nimen tähden, niin älä luovu Kristuksesta. Kirjoitettu on: "Autuaita olette te, kun ihmiset minun tähteni teitä solvaavat ja vainoavat ja valhetellen puhuvat teistä kaikkinaista pahaa. Iloitkaa ja riemuitkaa, sillä teidän palkkanne on suuri taivaissa. Sillä samoin he vainosivat profeettoja, jotka olivat ennen teitä." (Matt. 5:11–12.) Saamme siis pilkasta palkkaa. Palkkamme taivaassa vaan kasvaa sitä mukaa, kun meitä vainotaan. Olemme sodassa mutta emme Jumalaa tai ihmisiä vastaan. Tuon sodan luonne on hengellinen. Kun taistelemme pimeyden voimia vastaan, niin emme voita oman voimamme kautta vaan Jumalan voimalla. Saakoon evankeliumi mennä eteenpäin kaikkialle maailmaan. Saakoon Pyhän Hengen hyökyaalto ravistaa tätä maailmaa ja uudistaa seurakunnat. Amen.

Filem. 1:24   ”Markus, Aristarkus, Deemas ja Luukas, jotka ovat minun työtovereitani.”

Paavali mainitsee ne, jotka olivat työskennelleet hänen kanssaan. Jo näinkin varhainen teksti kuin Paavalin kirje Filemonille osoittaa meille sen, ettei seurakuntatyö suinkaan ole yhden miehen show. Kyseessä on muutenkin ennen kaikkea palvelutehtävä. Jeesus Kristus, Ihmisen Poika, syntyi varsin vaatimattomiin oloihin. Vaikka työnteko ei ollut hänelle vierasta, niin hän ei ollut rikas mies. Hän kuoli köyhänä. Miksi me siis pyrkisimme kunnia-asemaan tässä maailmassa? Älä sinäkään tavoittele rikkauksia. Deemakselle kävi huonosti. Paavali kirjoittaa hänestä: ”tähän nykyiseen maailmaan rakastuneena jätti minut Deemas ja matkusti Tessalonikaan” (2. Tim. 4:10).

Oletko valmis seuraamaan Jeesusta köyhyyteen ja vaikeuksiin? Oletko valmis luopumaan etusijasta tässä maailmassa saavuttaaksesi Herran kirkkauden taivaassa? Oletko valmis hylkäämään syntisi ja elämään kieltäymyksessä? Oletko valmis hillitsemään itsesi ja elämään kuria ja kohtuutta noudattaen? Oletko valmis kuolemaan itsellesi ja elämään Jumalalle? Sinun tulee hillitä mielesi ja kielesi. Kuinka voisit toimia kristillisenä johtajana, jos et hallitse edes itseäsi? Herran palvelija ei saa olla himojensa orja. Hänen tulee olla moraaliltaan puhdas ja ryhdikäs. Hänen tulee rakastaa Jeesusta enemmän kuin maailmaa. Hän ei saa olla rahanahne. Hän ei saa olla epäjumalanpalvelija. Hänen elämänsä tulee olla puhdas. Hänellä tulee olla altis sydän rukoilemaan toisten puolesta. Jumalan palveleminen on muutakin kuin puhetta Jumalasta. Saat tehdä työtä Jumalan kunniaksi tässä maailmassa. Pidä etuoikeutenasi työskennellä ei-uskovien kanssa. Se on mahdollisuus evankeliumille. Olet siellä etulinjassa. Evankelistatkaan eivät menesty ilman rukoustukea. Parasta on kypsän viljan korjaaminen eli se, kun joku tulee uskoon.

On ilmeistä, että Filemon oli kristillinen johtaja. Apostoli Paavali osoitti hänet luottamuksensa arvoiseksi ja kirjoitti hänelle tämän kirjeen. Jos Paavali opetti Galatalaiskirjeessä, että mihin evankeliumi perustuu, niin kirjeessä Filemonille hän opetti evankeliumin vaikuttamasta veljellisestä rakkaudesta. Paavalin kirje Filemonille on tavallaan paimenkirje. Siinä hän tahtoo yhdistää kahden kristityn, Filemonin ja Onesimuksen, välit. Paavalin paimenen sydän sykkii tässä kirjeessä. Kuuletko sen? Se on evankeliumin ääni. Paavali kantoi evankeliumin soihtua maan ääriin asti. Hän palveli Kristusta elonpellolla kylväen ja korjaten. Saarnaa sinäkin evankeliumia uskosta osattomille, ja puhu Jumalan Sanaa uskoville. Löydä oma palvelutehtäväsi, ja anna Jumalan puhdistaa motiivisi työtään varten. Saakoon evankeliumin tuli levitä kaikkialle maailmaan: pimeimmän pakanuuden ja penseimmän uskonnollisuuden keskelle.

Filem. 1:25   "Herran Jeesuksen Kristuksen armo olkoon teidän henkenne kanssa."

Kunpa onnistuisimme rakentamaan sillan apostolisen uskon ja itsemme välille. Kunpa saisimme tulla täyteen elävää uskoa. Hukkuva maailma ei tarvitse enää yhtään uskontoa. Se tarvitsee pelastajakseen vain yhden ainoan miehen, ja hänen nimensä on Jeesus. Hän on se sama Jeesus, joka kuoli Golgatan keskimmäisellä ristillä lähes kaksi tuhatta vuotta sitten ja maksoi syntivelkamme. Hän on se, joka Isän Jumalan herättämänä nousi kuolleista kolmantena päivänä. Hän on se, joka on johtanut meidät Jumalan tuomion alta hänen armoonsa. Vain hänen nimessään saamme syntimme anteeksi. Vain hänen kauttaan pääsemme Isän Jumalan läsnäoloon. Vain hän vuodattaa Pyhän Hengen meihin.

Jeesus on pelastuksen ehto. Hän on ikuisen elämän lähde. Elävä vesi virtaa hänestä. Juo hänen suloisuutensa virrasta. Anna Pyhän Hengen virrata sinuun. Täyty Jumalan rakkaudesta ja armosta. Jeesus naulittiin puiseen ristiin seitsemän tuuman roomalaisilla rautanauloilla. Ne lävistivät hänen nilkkansa ja ranteensa. Häntä pilkattiin ja syljettiin. Hänen vaatteensa revittiin hänen yltään, ja hänet ruoskittiin. Orjantappurakruunu painettiin hänen päähänsä. Hänet tuomittiin. Hän oli yksin. Jumalan tuomio vyöryi Jeesuksen yli Golgatan pimeydessä. Tämä kaikki tapahtui Jeesukselle meidän syntiemme takia. Maailma ei suhtautunut Jeesukseen välinpitämättömästi. Maailma ja sen hallitsijat vihasivat häntä. Maailma ei ole muuttunut. Älä käännä selkääsi Jeesukselle. Käännä ennemmin selkäsi maailmalle ja sen ruhtinaille. Jeesus todella oli Jumalan Poika. Hän maksoi sen velan, jota kukaan muu ei voinut maksaa.

Näe se laaja kuva, minkä Raamattu välittää meille. Jeesus todella oli ainoa, joka pystyi maksamaan syntivelkamme. Hän oli kuninkaallista sukua. Hän oli Daavidin Poika ja Daavidin Herra. Hänellä oli laillinen oikeus Israelin valtaistuimeen. Syntiemme sovitus lepää siis Jeesuksen uhrikuoleman ja ylösnousemuksen varassa. Raamattu sanoo, että Jeesus "on alttiiksi annettu meidän rikostemme tähden ja kuolleista herätetty meidän vanhurskauttamisemme tähden" (Room. 4:25). En päätä tätä kirjaa harhaopeista varoittamiseen vaan Jumalan ylistämiseen. En ole julistanut teille Jumalan armoa ohi Jeesuksen ristinkuoleman.

Todellisuudessa Jumalan armolle ei ole vaihtoehtoa. Se on ainoa tila, jossa meille annetaan Jeesuksen tähden syntimme anteeksi. Se on ainoa polku, joka johtaa Jumalan vanhurskauteen. Armossa ei ole kysymys kenestäkään meistä. Siksi meidän tulee kiittää häntä. Siksi meidän tulee kiinnittää katseemme Jeesukseen ja rukoilla häntä "Pyhässä Hengessä" (Juud. 1:20). Tuo siis palvontasi Herran eteen. Astukaamme yhdessä hänen rakkauteensa. Antakaamme ylistys Herran nimelle. Tuokaa kaikki kunnia Jumalalle. Tulkaa hänen armoonsa. Älkää vaihtako Jumalan armoa mihinkään. Luovuta itsesi Kristukselle. Lepää hänessä. Armo kantaa sinut ikuiseen elämään. Amen.